U0442848

被动成交

CONTINUOUS SALES IMPROVEMENT

The Secret of Achieving Your Peak Sales and Personal Potential

让业绩质变的微进步指南

[美] 埃里克·洛夫霍尔姆（Eric Lofholm） 著
许军 译

中国原子能出版社　中国科学技术出版社
·北京·

The original English language edition of Continuous Sales Improvement: The Secret of Achieving Your Peak Sales and Personal Potential published by Morgan James Publishing, Copyright © 2021 by Eric Lofholm.
Simplified Chinese Characters-language edition Copyright © 2024 by China Science and Technology Press Co., Ltd. and China Atomic Energy Publishing & Media Company Limited.
All rights reserved.
Copyright licensed by Waterside Productions, Inc., arranged with Andrew Nurnberg Associates International Limited.
北京市版权局著作权合同登记　图字：01-2023-0993。

图书在版编目（CIP）数据

被动成交：让业绩质变的微进步指南 /（美）埃里克·洛夫霍尔姆（Eric Lofholm）著；许军译 . — 北京：中国原子能出版社：中国科学技术出版社，2024.1

书名原文：Continuous Sales Improvement: The Secret of Achieving Your Peak Sales and Personal Potential

ISBN 978-7-5221-3170-2

Ⅰ . ①被… Ⅱ . ①埃… ②许… Ⅲ . ①销售—方法—指南 Ⅳ . ① F713.3-62

中国国家版本馆 CIP 数据核字（2023）第 242453 号

策划编辑	何英娇	执行策划	陈　思
责任编辑	马世玉　陈　喆	文字编辑	杨少勇
封面设计	东合社·安宁	版式设计	蚂蚁设计
责任校对	冯莲凤　焦　宁	责任印制	赵　明　李晓霖

出　　版	中国原子能出版社　中国科学技术出版社
发　　行	中国原子能出版社　中国科学技术出版社有限公司发行部
地　　址	北京市海淀区中关村南大街 16 号
邮　　编	100081
发行电话	010-62173865
传　　真	010-62173081
网　　址	http://www.cspbooks.com.cn

开　　本	710mm×1000mm　1/16
字　　数	342 千字
印　　张	22.25
版　　次	2024 年 1 月第 1 版
印　　次	2024 年 1 月第 1 次印刷
印　　刷	北京盛通印刷股份有限公司
书　　号	ISBN 978-7-5221-3170-2
定　　价	79.00 元

（凡购买本社图书，如有缺页、倒页、脱页者，本社发行部负责调换）

致我的妻子希瑟（Heather）：

2014 年，作为单亲父亲，我独自抚养两个小孩，住在一间两室的公寓里。我开始审思我的人生、审思我的人生追求，并列出对于今后人生伴侣的 9 点期望。2015 年 3 月 21 日，你走进了我的生活。你不仅符合我的所有期望，还有其他 9 点或更多我没想到的优点。交往一周后，我就决定要和你结婚。

你是我的挚友、妻子、灵魂伴侣，我的美梦因你成真！谢谢你，你就是我最完美的妻子。

前言

只有一部分书能改变我们的生活和事业。

埃里克·洛夫霍尔姆写的这本书就是其中之一。

大多数关于销售的书都集中在技巧（如"如何开发客户""如何成交"等）上，注重于提出一种销售方法（如"需求营销""方案营销"等），或提出某种销售哲学（如"非操纵营销""双赢营销"等）。

所有这些书都很有价值，但本书给我们绘制了一幅全新、令人激动的蓝图。

持续提升销售能力（后文简称 CSI）包含许多强有力、效果显著的销售技巧，同时兼顾双赢营销理念、以人为本，是一种谙练而完整的销售方法。事实上，这种销售方法还远不止于此。

CSI 可以作为我们赖以生存的行为准则、心态和价值观，它影响的不仅是你的职业生涯，甚至还有你的退休生活。因此，这本书的眼界和追求远超其他所有关于销售的书。

一、培训问题

大多数销售培训项目不过是"开始就等于结束"的投机活动，人们对其期望很高，收效却甚微。一个公司或个人满怀激情和期望地参加一个新的销售培训项目，但几乎不可避免地，一段时间后，激情就消退了，培训项目被搁置或忘却。然后，几个月或一年后，再次充满激情和热情地加入另一个新的培训项目，结果几周或几个月后再次淡出。就这样周而复始地"开始—结束—开始—结束—开始—结束"。

二、解决之道

CSI 既是一种行为准则又是一种心态，它影响深远，效果显著。

你应该下定决心或对自己承诺要持续提升销售能力，并在余下的职业生涯里，每周花 15 分钟到 1 个小时或更多时间来提高销售能力和端正销售心态。毫无疑问，这可以持续增加你的销售额、改善你的销售技巧，使你的销售能力更上一个台阶。

持续提升销售能力，你会一天比一天好，变得更加自信、更加坚强，每一天都更加达观、更加博洽多闻。当然，这需要你每天坚持，一周至少花 15 分钟来提升销售能力并端正销售心态。

这项提升不再是那种"开始等于结束"的活动。你不再像一名参与销售活动的业余人员，而是像一名真正的专业人员那样练习你的销售技巧。如果你了解专业人士，无论是职业运动员、乐师、外科医师或其他技术熟练的医生、律师，还是其他专业人员，就会知道，他们都会持续学习行为准则、持续地练习。

在本书里，埃里克·洛夫霍尔姆终于给销售行业带来了和其他领域一样专业的行为准则和心态标杆。更重要的是，埃里克还通过典型案例的方式展示了怎么充满激情和热情、开心地参与 CSI。

如果公司的销售员参与 CSI，公司的销售额和利润基本都能得到增长，因为销售员的销售知识和销售能力都得到了提升。

如果你参与 CSI，作为一名专业销售员，你的销售额、收入甚至自信也能得到增长，因为你的销售知识和销售能力得到了快速提升。

三、成效佐证

我怎么知道 CSI 有效？因为我既在客户身上看到了它的效果，也亲自体验了它的效果。

我叫唐纳德·莫伊（Donald Moine），美国第一批全日制市场营销心理学博士。我在大学里学了 9 年销售，读博期间，我撰写了第一篇关于明星销售员使用的强力语言模式的论文。

我研究的所有明星销售员都致力于CSI。获得博士学位后,我有幸遇到并研究了一些明星销售员的工作方式,如班·费德雯大师(Ben Feldman)——世界上最伟大的寿险销售员。班一直在学习、记笔记、致力于CSI。

班·费德雯能够在数年内以同样的价格销售同样的产品,销售额却是其他寿险销售员平均销售额的100倍,这并不是巧合!

20多岁时,我受聘于华尔街两家顶级证券经纪公司,有幸与年薪几十万到上百万美元的股票经纪人和理财规划师共事并指导他们进行销售。我亲眼见到了这些华尔街顶级专业人员怎么致力于培养和践行CSI。这就是CSI有效的明证。

在之后的30年里,我目睹并与许多行业和产业的优秀销售员共事,他们都致力于CSI的培养,包括理财、保险、医疗设备、高科技产品、投资、石油天然气、清洁能源(大型风力涡轮机和太阳能)、防卫系统、卫星系统、汽车、房地产(住宅、商用及投资)等领域的销售,甚至还有我受聘过的法律事务所、咨询公司、培训公司等行业,还有其他可以帮助他们发展业务的产业。所有这些优秀销售员都在践行CSI。这也是CSI有效的明证。

埃里克·洛夫霍尔姆自己本身就是明证。20世纪90年代初,我遇到埃里克时,他还在著名房地产投资商、教育家但丁·佩拉诺(Dante Perano)手下工作。我给但丁做了一些咨询工作,后来又分别受聘于但丁麾下的一些优秀销售员和合伙人,如托尼·马丁内斯(Tony Martinez)和泰德·托马斯(Ted Thomas)。他们后来都在各自的行业里赚取数百万美元年薪。

埃里克当时在但丁·佩拉诺的公司里属于底层销售员。当他看到与我合作的客户取得的成就后,他决定聘请我教他销售。我不知道他哪来的钱(那个年代250美元每小时的费用相当昂贵),但不管怎样,他凑齐钱聘请了我。

更重要的是,埃里克将我教他的东西学以致用。他致力于CSI(当时我们都不这么叫它)。他下定决心要掌握我教授的一些最有效的销售技巧,就这样,他逐步成了但丁·佩拉诺公司的顶级销售员。

数年后,埃里克仅仅二十几岁,就成立了他自己的电话营销公司,而我还是继续帮助他。又过了数年，他受聘于托尼·罗宾斯（Tony Robbins），帮托尼做市场推广。

托尼·罗宾斯带着埃里克在全国不同城市之间飞来飞去，开展活动。而埃里克的工作就是尽量走访当地的大型销售机构，如房地产事务所、车行、保险公司、理财公司和他能拜访的所有有销售团队的公司。埃里克首先给这些销售员免费讲授 1 小时课程，给他们讲授一些销售技巧，然后再向他们推销托尼接下来的活动。

埃里克为托尼·罗宾斯工作时也继续聘请我帮助他。埃里克一直坚持 CSI，这让他从托尼·罗宾斯公司的众多销售员中脱颖而出，成了这个公司的首席销售专员。这也是 CSI 效果极佳的明证。

在托尼·罗宾斯公司取得顶级销售员的成就后，埃里克决定自立门户，成立"埃里克·洛夫霍尔姆国际培训公司"（Eric Lofholm International）[1]。这时，我还是继续帮助他，并助力他践行 CSI。

与埃里克共事 10 余年，我了解到他的销售能力令人惊讶，且渐显竞争力。埃里克于是决定和我一起开展系统的销售培训活动。

时至今日，自我在内华达州的里诺市遇到埃里克·洛夫霍尔姆已经有大约 28 年了，当时他还是一家销售公司的底层销售员。如今，埃里克和我都已经是许多培训团队和一个智囊团的领导者，带领着来自全世界的学生和成员，我也帮助埃里克把它的公司发展至年收入 600 万美元的规模了。

从一家销售公司的底层销售员到拥有一家世界上最成功、最知名的培训公司，这完全就是 CSI 效果极好的明证。

对埃里克·洛夫霍尔姆而言，CSI 不仅仅是"纸上谈兵"的一个概念或一种哲学，而是言出必行的实践指南。埃里克时刻践行 CSI。他和他的学生、客户都是 CSI 效果的明证。

---

[1] 该公司培训销售的艺术和科学。——译者注

四、帮助客户一年赚取 60 万美元，接下来可能是 5000 万美元

迈克·P.（Mike P.）的经历进一步展示了 CSI 的效力。

迈克在南加州一家小型科技公司工作，该公司为外科医生和外科手术开发高保真耳机和其他创新型医疗设备。

迈克通过电子邮件和电话向客户宣讲投资这家创新公司的好处，为公司筹集资金。埃里克和我于 2020 年开始与迈克合作，帮助他完善电子邮件营销、电话讲解和 Zoom❶ 宣讲。

作为一名真正的专业销售员，迈克也致力于 CSI，这让他成功筹集到越来越多的资金。在目标时限前一个月，迈克就已经筹集到超出他目标的资金。

迈克并不满足于此。最后经过努力，靠着他的专业精神，又筹集到更多的资金，这使得他 2020 年的收入达到 60 万美元，远远高于他的预期目标。

2021 年，迈克践行 CSI，为这家高科技公司进行了第二轮资金筹集。公司老板对迈克出色的销售业绩非常满意，许诺了迈克部分股票和认购权，公司预计 2021 年或 2022 年上市。

按预计的首次公开募股（IPO）价格计算，迈克获得的股票价值可能达到 5000 万美元！这生动地说明了 CSI 的巨大财富创造能力！埃里克和我也被许诺了一些股票，这也激励我们更加努力地帮助迈克和他的老板取得更大成功。

并不是所有人都能像迈克一样，有机会赚取这么多钱。但践行 CSI 对任何专业销售员的生活都有巨大的积极影响。

与埃里克和我一起合作的部分客户去年可能只赚了 10 万美元左右。通过实施和践行 CSI 行为准则，他们今年很有可能赚更多的钱，甚至比去年增长 50%。在这些人中，既有人生导师，也有保险代理人。

---

❶ 一款云视频会议软件。——译者注

还有些客户去年赚了20万美元，利用CSI的力量，他们今年可能取得巨大进展，有望赚到30万到40万美元。

重要的不是赚多少钱的问题，而是坚持CSI行为准则和心态能够让我们有条不紊地实现目标。

五、师生身份转换

我指导埃里克许多年了，并将继续与他一起发展埃里克·洛夫霍尔姆国际培训公司。但是指导并不是单向的，不仅仅是我指导着埃里克，特别是过去的十年里，我从埃里克那里也学到了很多东西。学生已经转变成老师。

我是那种发誓永不加入社交媒体的人。我在世界各地都有公司客户和个人客户，我觉得没有时间去维护，也不需要社交媒体。

然而，新冠肺炎疫情暴发后，我原本期望完成的合同和工作任务却没有完成。

2020年夏天，我向埃里克咨询，他建议我加入领英❶（LinkedIn）社交平台，以此来践行CSI行为准则，并熟悉这种网络交流方式。

闲暇时，我花了大量时间研究领英平台上的营销大师们在做什么，并且与他们中的一些人建立了联系。

基于CSI行为准则，我在领英平台上建立了个人账户，与客户进行沟通。现在，我每周都会在领英添加上百个好友。

在使用领英平台的前5个月里，我交了2500多个好友，与他们中的一些建立了友好关系，也获得了不少大客户。有了这个账户，我相信，如果我想的话，我每年可以在领英平台多交大约5000个好友。

我现在正在向一些客户介绍我的领英平台营销，目的并不是要多交多少好友，而是将那些潜在的理想客户添加为好友。

---

❶ 一个面向职场的社交平台，总部设在美国加利福尼亚州的森尼韦尔。——译者注

如果你想掌握领英平台营销，以此促进你的销售增长或业务增长，我现在可以用个人经验告诉你，运用 CSI 的行动准则和树立 CSI 的心态是正确的选择！

六、除了 CSI，别无选择

在与不同产业和行业中如此多明星销售员共事并给他们指导的过程中，我学到的最重要的一个经验就是"除了 CSI 外，别无选择"。

除了持续提升销售能力，还能有什么选择？是选择"不持续"提升销售能力，还是选择间歇式接受销售培训？还是说当你的销售业绩下降、感到绝望时，再接受销售培训？很明显，这些都行不通。

CSI 对销售员个人和公司销售团队都是一种双赢策略。在与美国电话电报公司（AT&T）❶、苏黎世保险公司（Zurich Insurance）❷等公司的销售团队合作时，我发现，销售业绩最好的销售团队都会持续提升其销售员的销售能力并端正其心态。

埃里克·洛夫霍尔姆国际培训公司的新部门正在设计新的突破性 CSI 培训项目，并面向美国和加拿大公司的销售团队开放。

记住，没有人生来就具备 CSI 技能、行为准则和心态。我也没有，埃里克也没有，我们的那些明星销售员客户也没有。

你在这本书中将学到的强大技能都是后天习得技能。鼓舞人心的是，一旦你学会了这些技能，只要你持续践行 CSI，你就永远拥有了这些强大的赚钱技能！

这本书既全面又创新，看到目录你就会感到兴奋，你会发现 CSI 就是一幅助你实现高收入，同时拥有令人满足的销售生涯的蓝图。

没有人能够否认或忽视 CSI 的强大效力。CSI 是一套强大的技能、一种

---

❶ 一家美国电信公司，美国第二大移动运营商。——译者注
❷ 瑞士最大保险公司，总部位于瑞士苏黎世。——译者注

行为准则、一种心态，它经得起时间的考验，永远不会过时。CSI 的践行者，诸如埃里克和我自己，会持续更新关于 CSI 的内容，每周都会加入有效的新策略，你会发现，CSI 一直那么新颖、令人兴奋和与时俱进。

当你沉浸在本书中，随着你的销售能力提升和收入增长，你的自信也会激增。

埃里克和我都愿意"分享胜利"。胜利，无论是你最喜欢的运动队取得的胜利，还是个人销售取得的胜利，只有当它被分享时才会让人心满意足。

你可以跟埃里克和我分享你的胜利；在领英平台上跟我们联系，告诉我们你是怎么运用 CSI 在某次大型销售（或多次中小型销售）活动中获得成功的。我们或许会在将来的书里加入你的故事，或在我们的某篇文章中提及你的经历，让你比今天更有名气！

你不会独自踏上这段旅程，埃里克和我会陪伴着你，尽我们所能支持你。

那么，现在就行动起来吧！细细品味本书，领略一段思想拓展、职业提升、改变生活的经历！

预祝成功！

唐纳德·莫伊博士

市场营销心理学家

人生导师，高管教练

个人和公司咨询与培训，业务发展与融资专家

人类成就协会股份有限公司，加利福尼亚，帕罗斯维尔德

目录

| 引　　言 | 我成功销售的秘诀—001 |

| 第 一 章 | 为什么要实施 CSI—005 |

一、什么是 CSI—008

二、为什么需要 CSI—010

三、如何进行 CSI—015

| 第 二 章 | 实践 CSI 的四个关键—019 |

一、实践 CSI 的四个关键—021

二、兼顾实践 CSI 的四个关键—023

| 第 三 章 | 关键一：持续自我提升—033 |

一、心态—034

二、目标设定—035

三、时间管理—036

四、身心健康—036

五、人际关系—037

六、精神状态—037

| 第 四 章 | 如何树立端正的心态—041 |

一、你的销售心态是什么—042

二、潜意识中你如何看待自己—043

三、心态如何决定行为—044

四、青蛙与蝎子—044

五、如何通过重复激励言语来利用信念法则—045

六、将失败转变为乐观—047

七、热爱销售——047

八、销售促成岁差值——048

九、激励言语促成积极的销售心态——050

十、坚持得 7 分，努力得 10 分——050

第五章 如何进行目标设定——061

一、什么是目标设定——062

二、为什么需要目标设定——063

三、写下目标的重要性——064

四、十步目标设定法——065

五、将 CSI 应用到目标设定中——067

第六章 如何进行时间管理——077

一、时间管理就是做出更好的时间选择——078

二、树立时间管理大师的心态——079

三、时间管理真理——080

四、三步时间管理法——082

五、将 CSI 应用于时间管理——084

第七章 关键二：持续提升销售能力——097

一、销售优化要点——098

二、构思愿景——099

三、开发客户——099

四、成交——099

五、异议处理——099

六、回头客——100

七、客户转介——100

第八章 销售优化要点：模式、次序、脚本——103

一、销售模式——105

二、销售次序——106

三、销售脚本—112
四、销售方法示例—113

第九章 如何构思成功销售的愿景—129

一、有愿景是一种可以学习的思维—131
二、Z 策略—133
三、四个阶段策略—134
四、20 层楼策略—136

第十章 如何专业地进行客户开发—145

一、为什么需要客户开发技能—147
二、客户开发大师心态：无论如何都会赢—148
三、开发客户的目的是开发，不是销售—149
四、多种客户开发方法，最大化开发—149
五、一对多客户开发—151
六、优选客户开发方法：价值 25 万美元的策略—152
七、用诱饵吸引客户—153
八、自动收集新客户信息—154
九、使用脚本创造客户开发机会—155
十、面对面客户开发—156
十一、社交媒体客户开发—156
十二、电子邮件客户开发—158

第十一章 如何成交—161

一、成交的基础知识—163
二、培养成交的心态—164
三、熟悉成交的次序和构成—166
四、使用成交脚本—167
五、模仿成交大师的心态—168
六、学会识别购买信号—171
七、选用多个成交脚本—172

八、提升成交技能的十大方法—174

第十二章 如何通过异议处理挽救销售机会—177

一、异议处理基础知识—178
二、树立"与客户共舞"的心态—179
三、明确异议处理在"销售山峰"次序中所处位置—180
四、使用异议处理脚本—181
五、改变心态—182
六、把握异议处理的节奏—183
七、利用案例回应异议—184
八、有时只需要坚持—185
九、14个顶级异议处理技巧—186

第十三章 如何利用回头客增加收入—189

一、认识到客户的终身价值—190
二、成为客户的持续价值来源—192
三、规划终身客户关系,培养回头客—192
四、利用交叉销售和升级销售—194
五、开发回头客的十大顶级技巧—196

第十四章 如何利用转介使利润最大化—199

一、树立转介大师心态—202
二、吸收品牌代言人—202
三、请求转介—203
四、将转介纳入"销售山峰"次序—203
五、构建转介客户开发方法—204
六、将转介纳入销售次序—206
七、创建转介脚本—207
八、10种顶级转介方法—208

第十五章 关键三：持续更新产品和服务知识—211

一、通过更新产品和服务知识来提升销售业绩—213
二、研究产品和服务时，思考一些实际问题—215
三、开发更新产品和服务知识的方法—215
四、定期更新产品和服务知识—216

第十六章 关键四：持续更新销售技术—219

一、技术给予销售显著优势—221
二、采用技术并不难—222
三、销售技术类别—223
四、制定技术升级时间表—225

第十七章 如何使用自动化工具实现智能销售—227

一、自动化销售和业务流程—229
二、使用分析工具记录业绩—230
三、利用商业智能规划增长—232

第十八章 如何利用当今的交流工具—235

一、将销售技巧应用到不同的媒体上—237
二、智能手机—238
三、短信—239
四、社交媒体—240
五、电子邮件—241
六、视频—243

第十九章 如何运用数字营销策略—251

一、在销售过程中建立数字营销渠道—253
二、博客营销—254
三、微博营销—256
四、社交媒体营销—257

五、短信营销—258
六、视频营销—259
七、音频营销—260
八、电子书营销—261
九、电子邮件营销—263
十、结合多种方法扩大销售结果—265
十一、营销自动化平台—266
十二、将数字营销外包，以获得最佳结果—267
十三、12个顶级数字营销技巧—267

第二十章　如何自动化客户关系管理—277

一、数字化存储联系方式—279
二、整合多个来源的数据—281
三、存储客户历史记录—281
四、给客户打分—282
五、设计个性化销售演示—283
六、管理销售团队—284

第二十一章　如何让客户的购买更容易—287

一、支付越容易，客户越有可能购买—288
二、支付方法—289
三、按需求使用最佳方法—291
四、支付指引脚本—292
五、测试和跟踪观察支付效率—292

第二十二章　如何利用客户服务技术建立持久关系—295

一、客户服务越好，回头客和转介越多—297
二、客户服务技术—297
三、为客户提供多种帮助选择—300
四、将脚本与客户服务技术相结合—300
五、记录和测试你的客户服务效果—301

第二十三章 如何运用基本办公软件辅助销售—303

一、会计应用程序—305
二、生产力应用程序—306
三、电子表格—306
四、文字处理程序—307
五、演示程序—307
六、创新型工具—307
七、时间管理应用程序—307
八、任务和项目管理应用程序—308
九、应用程序集成工具—309

第二十四章 如何利用数字化外包服务—311

一、不必事事亲力亲为—312
二、确定什么要外包—313
三、聘请外包伙伴—314

第二十五章 掇菁撷华：顶级销售技巧合集—317

致 谢 —333

后 记 持续提升销售能力永不停息—334

引言
我成功销售的秘诀

成功销售的秘诀是什么？我会在这本书里告诉你我的秘诀是什么。我不仅要告诉你，还会向你展示怎样运用它改善你的销售业绩。

我的名字叫埃里克·洛夫霍尔姆，从事销售业将近 30 年，做销售培训师也有 20 多年了。在销售这行，我的客户听取我的建议，赚取了超过 5 亿美元的收入，我培训的学生超过 10000 人。我曾任著名演说家托尼·罗宾斯的销售培训师，与销售界传奇人物，如唐纳德·莫伊博士、莱恩·布朗（Les Brown）和汤姆·霍普金斯（Tom Hopkins）合作过。我得到了一些畅销书作者的认可，如麦克·格伯（Michael Gerber）。我自己也写了几本畅销书。可以说我的销售生涯很成功。

回顾我的职业生涯，我常常问自己，我成功销售的最大秘诀是什么？

是不是因为我不是天生的销售员，所以不得不从麦当劳的厨师工作做起，一路滚爬才能在销售方面取得成功？有坚持不懈的毅力当然是好的，但这不是答案。大多数从底层、技术含量低的工作做起的人也没能在销售业中有所成就。

是不是在房地产投资商但丁·佩拉诺那里获得了第一份销售工作，但因为首次销售就以失败告终，所以我不得不在工作中努力学习才能保住工作？在压力下学习怎么工作肯定是可取的，但这也不是答案。许多销售员都不得不在销售实践中学习怎么销售，但却没有成为明星销售员。

是不是早期我从销售策略大师唐纳德·莫伊博士那里获得的指导？的确，没有莫伊博士就没有今天的我，我非常感谢他帮助我取得了成功。但是，除了我，他还指导了其他许多人，他们却没有我这么成功。是什么使我能够将他教的东西学以致用？

是不是我在汤姆·霍普金斯手下当销售培训师时获得的经验？那段经历是宝贵的，它完善了我的销售知识体系，磨砺了我的演讲技能以及在压力下工作的能力。但是，除了我，其他在汤姆·霍普金斯手下当销售培训师的人也没有像我这么成功。那区别在哪呢？

是不是我经营销售培训公司20年获得的经验？经营销售培训公司确实开拓了我的眼界，使我更熟悉销售的流程。在帮助学生和客户克服销售困难的同时，我也学到了很多。但是，其他经营销售公司的人也没有像我这么成功。

那究竟什么是我成功的关键？

反复斟酌多年，我最终认识到，我之所以能如此成功，是因为我致力于持续提升销售能力，我把它称为CSI（Continuous Sales Improvement）。

正如在接下来的章节里我们将谈到的，CSI是一种坚持、是活到老学到老、是不断提升自我与提升销售能力到更高水平。这类似于运动员的坚持，他们不断地提升运动技能以赢得比赛。

比如科比·布莱恩特（Kobe Bryant）之所以能成为有史以来最伟大的篮球运动员之一，正是他不断提升自我的结果。作为美国职业篮球联赛（NBA）球员的儿子，科比在很小的时候就开始锻炼他的球技，12岁就参加了篮球夏令营。虽然那时他在比赛中一分也没得到，但他受到迈克尔·乔丹（Michael Jordan）的启发，开始比周围的人更加努力地训练。他早上5点就来到球馆，一直练习到晚上7点，在他的职业生涯中，他一直坚持着这个习惯。高中毕业时，他的篮球比许多职业球员都打得好。到退役时，他在NBA历史得分榜上排名第四。他的成就包括一场比赛独得81分，仅次于威尔特·张伯伦（Wilt Chamberlain）。科比在球技上持续提升，使他从一个一分都得不到的球员变成了有史以来最伟大的"得分王"之一。

同样，CSI是区分成功销售员和失败销售员的标志。它可以把一名较好的销售员变成优秀的销售员，把优秀的销售员变成销售明星。

坚持CSI促使我从麦当劳的一名厨师起步到在但丁·佩拉诺手下谋得第一份销售工作。

坚持CSI促使我向莫伊博士学习销售能力，目的是保住我的第一份销售工作。

坚持 CSI 促使我将从莫伊博士学来的销售知识应用到托尼·罗宾斯给予我的工作中。

坚持 CSI 促使我利用为托尼·罗宾斯工作获得的经验，成立了我自己的公司。

坚持 CSI 促使我将公司发展到今天这么成功。

坚持 CSI 也能促使你成为一名优秀的销售员。如果你也赞同引言中对 CSI 的定义，你甚至不用读本书的余下部分，你就已经获得了高于本书价格许多倍的价值。思想的价值可以用它们创造的财富来衡量。例如，发明灯泡的想法使托马斯·爱迪生（Thomas Edison）成了千万富翁；创造 iPhone 的想法使苹果公司（Apple）成了一个价值数万亿美元的公司。对于一个努力工作的销售员或公司老板来说，CSI 概念可以在其一生创造数千、数百万甚至数十亿美元的价值。

想想看，假设你或你的销售团队每月可以完成 50 笔交易。现在，你再不断提升成交技巧，这样很快就能每月完成 75 笔或 100 笔交易。这对你一个月的收入有多大影响？一年呢？假设你坚持 CSI，你的业绩可能翻一倍，甚至两倍。CSI 在一年里对你价值几何？5 年呢？10 年呢？这就是 CSI 的价值所在。

你现在就在学习怎么抓住这种价值。在本书中，我将向你揭示 CSI 的秘密，向你展示如何将 CSI 付诸实践。在下一章中，我会解释什么是 CSI、怎么将 CSI 付诸实践。关于如何实施 CSI，我找出了四个关键点。此外，我还会向你展示如何将每个关键点运用到你的销售活动中去，实现成功销售。我会分享 100 多种将 CSI 付诸实践的方式。我还会提供一些案例供你学习和模仿，这些案例都是源自一些销售大师或我的学生，他们都成功地运用了本书中的知识。每章还会有应用练习，你可以尝试学以致用。每章结束后还会有个总结，总结每章的要点。

我想布置的第一个练习是请你参与持续提升销售能力。持续提升销售能力的过程始于下定决心投入一定比例的时间和精力来实施 CSI。下面的练习需要你跟着做。

> ✎ **练习：加入 CSI 行动**
>
> 　　你想增加销售额，从而增加你的收入并实现最高个人价值吗？你愿意投入一些时间和精力来达成这个目标吗？在这里，我想知道你愿不愿意加入 CSI 行动。从现在开始，直到职业生涯结束，坚持每周花 15 分钟到 1 个小时或更多时间来提升销售能力。
>
> 　　为了下定决心，你可以拿一个本子把你的承诺写下来，包括计划提升销售能力的日程，或者在电脑或手机里建一个备忘录。然后进入第一章，开始学习如何将 CSI 付诸实践。

引言要点回顾 🔍

1. CSI 是一种坚持，是活到老学到老，是不断提升自我、提升销售能力到更高水平；
2. 练习：加入 CSI 行动，每周花 15 分钟到 1 个小时或更多时间来持续提升销售能力。

第一章

为什么要实施 CSI

据我所知，在销售培训领域，我是最早提及"持续提升销售能力"并使用 CSI 这个术语的人。其实，优秀的销售员一直都在践行 CSI 的原则，尽管他们不这么称呼它。约翰·亨利·帕特森（John Henry Patterson）❶，现代销售培训先驱之一，向我们展示了为什么 CSI 如此重要。

1844 年，帕特森生于美国俄亥俄州代顿市，他出身卑微，但志存高远。他出生于农场，在父亲的锯木厂打过工。从达特茅斯学院（Dartmouth College）毕业后，帕特森做了 3 年运河收费员，管理过"南俄亥俄煤矿和钢铁公司"（Southern Ohio Coal and Iron Company）。后来，他购买了"国家制造公司"（National Manufacturing Company）的股份，这家公司最早出售收银机❷。在两年内，帕特森和他的兄弟就从这家公司购买了足够的股份，收购了这家公司，包括其专利。1884 年，这家公司更名为"国家收银机公司"。

当时，收银机的生产成本很高，加上商家没有意识到其价值，导致收银机销售很困难。帕特森找到了一种销售收银机的好办法。他提出一个系统的销售管理策略，形成了一系列原则，一直沿用至今。帕特森聘请他的妹夫约瑟夫·H. 克兰（Joseph H. Crane）撰写了第一本销售培训手册，这是一本 1887 年出版的小册子，也就是众所周知的《NCR 入门书》（*NCR Primer*）。该手册汲取了众多销售员的销售技巧，他们销售的产品包括人寿保险、《圣经》和地图集等。这本手册将销售分为四个步骤：接近（approach）、提案（proposition）、演示（demonstration）和结束（close），详细指引销售员在每个步骤应该做什么；还提供了详细的销售文本，告知销售员应该说些什么才能完成销售。《NCR 入门书》出版后不久，作为其补充，又出版了《参与集》（*A Rulebook for Arguments*），里面回应了一些关于

---

❶ 约翰·亨利·帕特森（1844—1922），被称为现代销售之父。——译者注

❷ 1879 年，詹姆斯·利蒂（James Ritty）以"Ritty's Incorruptible Cashier Machine"申请了世界上第一个收银机专利。1881 年，拥有这项专利的公司更名为"国家制造公司"。——译者注

销售的共性问题及质疑。

即使帕特森就此作罢，他也已经可以说是历史上最具创新性、最具影响力的销售先驱之一了。但这仅是他的事业起点，他把销售员派到不同的地区去工作，驱逐了当地的竞争者。他还通过设定目标销售额和布置任务，以及举办销售会议或竞赛来激励销售员。

帕特森不断地寻求销售方法的改善。他注意到，有些销售员经常因为不够了解产品而售不出收银机，因此，他决定建立一所销售培训学校。1894年，帕特森正式建立了第一所销售学校。最早选择的上课地点是在他自己的公司里。随着NCR销售培训队伍的扩大，帕特森将学校迁至山坡上一块空旷露营地，命名为"枫糖营"（Sugar Camp）。这里有一片枫树林，可以鸟瞰代顿市的全貌。成百上千的销售员依次来这里学习销售技巧。后来，学校在这里搭建了一些大小不一的坚固房屋，以供学习和生活。

帕特森要求销售培训师常去更新《NCR入门书》，使之不断完善。培训学校建立后，他将《NCR入门书》与《参与集》合二为一。新的手册融入更多培训师的销售经验，页数达到了近200页。为了便于销售员记忆，他们决定删减页数。

帕特森也不断更新销售方法，以跟上新兴技术的步伐。随着无声电影的流行，NCR与当时著名的电影公司——埃森内电影公司（Essanay Film Manufacturing Company）合作录制销售培训影片。埃森内电影公司当时因拥有查理·卓别林等影星而名声大噪。这些销售培训影片戏剧化地展示了没有收银机的生意有多难做，以及收银机如何帮助公司实现盈利。

帕特森一直致力于持续提升销售能力，直到1922年他逝世。他不单单满足于销售收银机，还涉足其他技术领域。去世前两天，他还在与现代空军之父比利·米切尔（Billy Mitchell）将军会晤，计划在代顿市建立一个航空研究中心。赖特-帕特森空军基地（Wright-Patterson Air Force Base）就是为纪念他侄子而命名的，他侄子在一次军机失事中遇难。第二次世界大战期间，NCR还为军队生产飞机部件，"枫糖营"成为海军密码破译中心。

帕特森致力于提升销售能力的精神对美国的商业和销售培训留下了长久的影响。他创立的公司于1925年上市，市值5500万美元，是当时发行规模最大的一只股票。NCR 公司也一直延续至今，即现在的"美国计算机服务公司"（NCR Corporation），它的业务范围也从收银机发展到其他技术产品，如销售点终端机（POS）、自助服务亭和自动取款机（ATM）。由于帕特森的销售和商业实践大获成功，NCR 也成了其他美国企业领导者的顶级培训场所之一。20 世纪的前几十年里，大约有六分之一的企业高管都有在 NCR 受训的经历。国际商业机器公司（IBM）和通用汽车公司（General Motors Company）的创始人都是从 NCR 走出来的，他们利用从帕特森那里学来的东西建立了自己的商业帝国。

帕特森不朽的成就充分证明了 CSI 的强大，证明了 CSI 能够创造成功。

但是，究竟什么是 CSI 呢？为什么要用它获得成功呢？如何将它付诸实践呢？本章将开始回答这些问题。

一、什么是 CSI

我们已经看到了一些 CSI 发挥作用的例子。但究竟什么是 CSI？从坚持 CSI 的案例中，我们一次又一次看到他们超越常人的某些品质，这些品质的三个方面就是 CSI："持续"（continuous）、"销售"（sales）和"提升"（improvement）。

（一）想要"提升"

让我们从"提升"（improvement）谈起。提升意味着让一些东西变得更好。CSI 旨在提升四个方面：

1. 成为成功销售的个人品质；
2. 销售能力；
3. 产品知识；
4. 业务技术知识。

CSI 既是一种自我提升的途径，又是一种销售能力提升的方式。后面章节会详细谈到，自我提升与销售能力提升是相辅相成的。

（二）"持续"进步

CSI 不只是提升，它还是"持续"（continuous）提升。这种方式不局限于一次自我提升或销售提升，而是一直一步步朝前、向上，不断攀登高峰、不断产出更高的业绩。CSI 意味着要使提升伴随一生，成为一种习惯。

（三）持续提升应用于"销售"行为

CSI 的第三个品质是"销售"。正是"销售"这一点使得 CSI 区别于其他类型的持续提升。除了销售，持续提升还可以在其他业务领域和生活领域中见到。例如，可以不断改进产品设计、提升业务效率或客户服务。在个人层面，也可以在健康、人际关系和精神生活方面不断提升。CSI 具有一般性原则，可以运用到销售领域。CSI 的践行者坚持持续提升，不仅提升个人和业务素质，还提升特定的销售能力，从而实现卓越的销售业绩。

（四）CSI 和持续提升

商业管理理论和实践明确提出了持续提升的概念，而 CSI 赋予了它更广泛的含义。持续提升的商业哲学可以追溯到一位名叫沃特·A. 休哈特（Walter A. Shewhart）的物理学家，他被尊称为"统计质量控制（SQC）之父"，他的统计方法被广泛应用于制造业和其他行业。

20 世纪早期，休哈特受到统计学理论的启发，尝试用统计方法提升贝尔电话公司（Bell Telephone Company）的通信传输质量，贝尔电话公司后来更名为美国电话电报公司（AT&T）。休哈特使用统计数据识别出因固件问题，如零件损坏或设计缺陷，而产生的通信传输变化。他试图将这些变化与因维护不善等而产生的变化区分开来。他认为，只有当这些固件问题产生的变化导致了对实际通信传输问题的统计控制❶增加，公司才有必要改变设备制造工艺。也只有这样才是高效的，并能节约成本。休哈特最早于 1924 年提出了质量控制图（quality control chart），被运用在贝尔电话公司的

---

❶ 根据概率统计的原理，利用统计方法对生产经营活动进行的控制。——译者注

运营中，最终也证实了他的想法。

休哈特的想法被在美国农业部和美国人口调查局工作的，同为物理学家兼工程师的 W. 爱德华兹·戴明（W. Edwards Deming）采纳。第二次世界大战后，美国控制了日本，戴明被要求向日本企业家传授美国的"统计过程控制"（statistical process control）❶方法，作为重建美日关系和抵消苏联在亚洲的影响的工具。丰田（Toyota）等日本公司采用了戴明的方法，并很快利用这一生产方式与美国的汽车公司展开竞争。在日语中，戴明的方法被称为"*kaizen*"，意思是"改善、提升"。在英语中，"*kaizen*"常常被翻译成"持续提升"（continuous improvement）。

成功的国际公司，如 AT&T 和丰田，他们知道，在商业实践中运用会持续提升有多强大。企业管理学校也教授持续提升知识。顶级商业顾问，如杰·亚伯拉罕，都强调持续提升的重要性。托尼·罗宾斯把它称为"CANI"，代表"不断、永不停滞的提升"（Constant and Never-ending Improvement）。

虽然许多商业领袖都熟悉这一原则，但大多数中小型企业的销售培训师并不知道如何将其应用到优化销售过程中。如今的数据分析技术使任何人都可以很容易地使用休哈特和戴明的统计方法来优化销售，这一点我们将在后面的章节探讨。但是，在 CSI 中，你甚至不需要采用这种先进技术就能获益，你只需要简单地坚持持续提升你的销售能力，就可以给你自己和业务都带来巨大的益处。

二、为什么需要 CSI

采纳 CSI 的方法对你和你的业务有什么用呢？应用 CSI 能够产生连锁反应，改善你的业务方方面面，包括销售模式、保底销售额等。CSI 也会给

---

❶ 应用统计技术对商业过程中的各个阶段进行评估和监控，并保持每个流程都处于可接受的并且稳定的水平，从而保证产品与服务符合规定的要求的一种质量管理技术。——译者注

第一章
为什么要实施 CSI

你生活的其他方面带来益处，在提升销售能力的同时，也促进了自我提升。下面让我们看看 CSI 可以给你带来的一些益处。

益处一：激发动力、引导成功

CSI 最大的益处之一就是为你铺就一条激发你做事的动力和达成你的目标的路。CSI 提供了一些可以用来达成销售和生活其他方面的目标的方法。但是，要实施 CSI，你首先需要为自我提升和销售业绩提升找到一个动机。这个动机就是一个令自己信服的理由，让你有提升的愿望。我把这称为"找到努力的原因"（finding your "why"）。

"找到努力的原因"是"目标设定三角形"（goal setting triangle）的一个角，这个三角形也包含 CSI 原则，而 CSI 又构成了更大的宏图。三角形的第一个角——"找到努力的原因"就是达成目标的动机。"目标"（goal）是三角形的第二个角。达成目标的操作"计划"（plan）是第三个角，即 CSI。

为了说明三角形各角的作用和关系，我们举如下例子。假设你的目标是成为所在部门的顶级销售员，这就是三角形的第一个角——目标。为了达成这个目标，你意识到你需要多打一些推销电话，这是三角形的第二个角——行动计划。但假设你不喜欢给陌生人打电话推销，你宁愿做其他努力也不愿意多打推销电话。那么，为了激励自己多打几个电话，除了要有目标和计划外，你还需要一个理由，一个让目标足够吸引人、让你坚持执行计划的理由。比如，你想要成为部门顶级销售员或许是因为你想结婚，想买你的第一套房子。这就是目标背后的动机，这就是努力的原因。

找到努力的原因是达成目标的关键。大多数人未能达成目标的主要原因就是没有找到足够让自己信服的理由去努力。每当你想要达成一个困难的目标时，你肯定会遭遇阻碍。为了克服这些阻碍，就需要足够强烈的动机。这就是要找到努力的原因。

让我们举一个戒烟的例子。想象一下，在过去的六年里，你一直在尝试戒烟，因为你知道吸烟有害健康。你尝试过电子烟、尼古丁口香糖、催眠和戒烟活动，但似乎都不起作用。然后有一天，你去看医生，发现自己患了肺癌。医生告诉你，如果你现在戒烟，你还能再活 10 年，但如果你继续吸烟，你只能再活1年。你现在有没有强烈的动机戒烟？你现在的戒烟动机肯定会比以前强烈得多，因为1年内死亡的可能性远比只是意识到吸烟可能有害健康更加直接。你戒烟成功的概率会上升，因为有了强烈的动机戒烟。

这与销售类似。需要足够强烈的动机促使你行动起来，这样才能达成销售目标。没有强烈的动机，达成一个困难目标的概率就会很低。而有了足够强烈的动机，这种概率就会增加。

那么怎样找到一个令自己信服的努力原因？名为神经语言规划（Neuro-linguistic Programming，NLP）的心理学分支将动机分为两大类：一是希望获得积极结果或回报；二是希望避免消极结果或惩罚。托尼·罗宾斯将这些动机称为获得快乐的愿望或避免痛苦的愿望。这一点可以通俗地比喻成用胡萝卜或棍子驱使骡子。胡萝卜代表你想要达成的目标。而棍子代表一种消极目标，你只想远离它。你可以选择用胡萝卜还是棍子来激励自己。

根据我的经验，两种动机都是有用的。我在刚开始从事销售，还在试用期时，就有必须完成的固定销售额，我的动机是提升销售业绩，保住工作。这是棍子类的动机。而当我发现自己擅长销售时，我的动机就变成想要成为世界上最优秀的销售培训师。这就是胡萝卜类的动机。

对别的销售员，胡萝卜可以是想要把收入增长到六位数。而棍子可以是背负了沉重的债务，而他又不想任由债务越来越重。

你想要提升自我和提升销售业绩的动机是什么？你想要努力的原因是什么？只要找到答案，你就能够激励自己去做那些你曾经认为困难或不可能的事情。本章最后有一个练习，可以帮你找到你愿意为之努力的原因。

益处二：改善销售模式

实施CSI可以显著地改善销售模式。许多销售员和销售部门都没有清晰、明确的销售模式，纯靠天资和运气来销售，这种情况下，销售成绩就真的看运气了。大一些的公司可能有一个简单的销售模式供参考，但基本没有持续审查或更新完善过。这种情况下，销售量可能可以保持稳定，但销售能力也会停滞不前、难以提升。

当你实践 CSI，你会不断寻求改善销售模式、调整销售次序和优化销售脚本。这样可以不断地找到更多的新客户，然后把更多的新客户变成未来潜在客户，从此实现更多的销售。

益处三：消除销售障碍

当你专注于改善销售模式，就会对阻碍你销售成绩提升的原因更加清晰。你可能会发现自己没有开展足够的营销活动吸引新客户，或者营销活动举办得不得当；也可能会发现你无法让新客户有购买意愿；也可能会发现，你获得了购买意愿，让客户将购买提上日程，却在最后阶段失去了机会；可能会发现，你们的技术支持不够，导致客户放弃网站购物车的订单，因为他们很难在网上下订单；还可能会发现，客户不再信任你们公司，因为你们的客户服务环节存在缺陷。

当你注意到诸如此类的问题之后，就可以采取措施去纠正。但是，如果你不实施 CSI，你可能注意不到这些问题。

益处四：销售额最大化

实践 CSI 可以让你进入销售收入持续增长的上升通道。如果你一直使用一贯的销售模式，就只能得到一贯的销售结果。但是，当你开始寻求改善销售模式，想要扩大销售量时，你的销售收入自然而然就会增加了，高收入是高销售量的副产品。你会发现自己以更高的销售额平均值（average value per sale）卖出了更多的产品；同时，更高的顾客终身价值（customer lifetime value）给你带来了更多的回头客。此外，你还提高了客户的满意度和信任度，从而推销出更多的产品。

益处五：跟得上产品变化

许多销售员对他们销售的产品和服务不够了解。他们可能根本没有彻底了解过产品，或者只肤浅地了解过一点，但在产品更新后却没有跟上变化。

这使得销售员无法有效地展示产品的功能，很难回答客户提出的问题。

而客户可能是想要把你的产品与其他产品进行对比。如果潜在客户觉得你只关心营销而非产品，这就给他们留下了坏印象，没准就另投别家。

CSI 实践包括持续了解产品，即销售员应该随时了解产品和服务的最新动态。同时也意味着随时了解竞争对手的产品和服务，这样才能明确你自己产品的竞争优势。

益处六：跟得上技术变化

CSI 的另一个重要方面是跟得上技术的变化。如今已是数字时代，技术落后可能意味着失去销售机会。例如，互联网和智能手机的普及已经将越来越多的销售工作从实体交易转移为在线交易。这意味着没有数字业务的公司将会失去很大一部分潜在的销售机会。而许多小公司甚至连公司网站都没有。

CSI 要求销售员跟上那些可能会影响到你销售的技术变化。这并不意味着你必须成为技术专家，只需要了解你的客户和竞争对手正在使用什么技术，以及聘请什么样的专家帮助你利用最新的技术。

益处七：跟得上竞争对手

CSI 帮助你跟上竞争对手的步伐。如今，你不去改善销售模式，但是你的竞争对手却不会止步不前。如今行业中领先的大公司都在不断寻求最新的方法、创新的技术以吸引更多的客户、扩大销售量。如果你没有这样做，就处于相当的劣势中。

另外，如果你实践 CSI，就等于积极主动地利用先进的销售技术和技术工具。你可以变成潮流的引领者，其他公司都不得不跟随你的脚步。最终你成了市场的领导者，客户想要买产品时也首先会想到你。

益处八：整体业务绩效提升

CSI 给销售带来的益处表现在整体业务绩效的提升。首先，高销售意味着高收入，同时也增加了公司的现金流，让你更快地实现财务自由。其次，CSI 的理念可以融入你公司文化的一部分，影响你其他业务领域。例如，你可以将 CSI 运用到市场营销、客户服务和项目管理等领域。

益处九：增强自信

自信乐观的销售信心可以促进销售成交。当你对自己有信心时，你在别人眼中对自己的产品也是很有信心的，这让买家对你的产品也更有信心。反之，缺乏自信会让你的产品听起来不可靠，导致客户怀疑是否可以信任你。此外，自信能让你克服因为要接近陌生人并与之交谈而生出的恐惧，这一点对成功销售至关重要。

实践 CSI 是可以增强自信的。当你专注于提升销售能力时，也会下意识地关注到自己的优势所在。你还会注意到自己的技能提升如何转化为更高的销售业绩。这会给你一种成就感，增强你的自信。

益处十：提升自我

提高销售业绩需要在那些影响销售表现的关键领域提升自我。例如，想要达成更多销售，你就得在新客户开发、预约安排方面作息规律。这也有助于你激励自己，提升目标设定和时间管理能力。想要在销售层面有所成就，你还得在人际交往、分析推理和批判性思维等方面提升自己，因此，你在提升销售能力的同时也能提升营销和商务技能。在所有这些甚至其他领域，CSI 都是一种自我提升的工具。

三、如何进行 CSI

既然知道了 CSI 的价值，那该如何将之付诸实践呢？CSI 之旅始于一个决心：要持续提升销售能力和销售业绩。我在引言中建议过，开始的时候你就要下定决心，每周留出 15 分钟到 1 个小时来提升销售能力的某一方面，比如成交技能。坚持下来，你会惊讶地发现，看似很小的决定却能随着时间的推移产生巨大的效果。

做出决定后，你就需要制订计划来实施。在本书中，我将介绍一些提升销售能力的关键问题，以及一些解决这些关键问题的策略和技巧。有了这些知识，你就可以制订一个适合自己的计划来训练你想提升的销售能力。

但在你开始训练前，有必要先确定你是否有想要实施 CSI 的动机。

> ### ✎ 练习：你努力的原因是什么？
>
> 正如本章前面所解释的那样，你努力的原因就是你追求目标的动机。为了达成目标，你确定的这个原因必须足够强烈，足以激励你即使在这个过程中遇到任何困难和挑战，也能坚持目标不动摇。为了顺利实践 CSI，你也需要一个足够强烈的动机。
>
> 想一想与本章前面所描述的"目标设定三角形"相关的努力原因是什么。努力原因（三角形的第一角）是达成目标（第二角）的动机，计划（第三角）是达成目标的过程。
>
> 例如，我创办销售培训公司时，确立的努力的原因是想要成为像金克拉（Zig Ziglar）[1]或博恩·崔西（Brian Tracy）[2]一样的顶尖销售培训精英。我的目标是建立一家国际销售培训公司。正是为了达成这个目标，即我努力的原因，我选择实践 CSI。运用这个三角形结构，我现在成功成立了一家国际销售培训公司。
>
> 你想要实践 CSI 的原因是什么呢？这个原因足够强烈吗？强烈到能够激励你坚持下去，坚持做到引言中提到的每周花 15 分钟至 1 个小时来提升自己、提升你的销售能力吗。如果不够强烈，另外再想一个，想一个足够激励你的原因。你可以想想，如果你实践 CSI，你可以达成什么。同时也想一想，如果你不实践 CSI，会有什么后果。
>
> 你努力的原因可能是多种多样的，可能是：
>
> （1）个人原因；
>
> （2）经济原因；

---

[1] 国际知名演说家、作家及全美公认的销售大王暨最会激励人心的大师。——译者注
[2] 当今世界在个人职业发展方面最成功的演说家和咨询家之一。——译者注

（3）销售业绩原因；

（4）经营业绩原因；

（5）健康原因；

（6）家庭原因；

（7）精神原因。

除了这些，可能还有其他更多的原因。关键的还是要找到一个对你有效的、强烈的驱动因素。

如果你从事销售工作，可能会有特定的销售动机。比如高薪酬，只要你达到一定的月销售额门槛，就能额外获得 3000 美元的奖金。努力提升销售能力的原因可能包括：

（1）达到销售门槛；

（2）提升销售排名；

（3）赢得销售比赛；

（4）成为公司或销售行业的佼佼者。

根据自身条件和所处环境，你可能还有其他动机。找一个对你有效的、强烈的动机。

当你确定了努力的原因后，拿一个笔记本或在电脑里写下一段话，一段在确定的努力原因驱动下，你要如何坚持实践 CSI 的话。一旦写好，就没事反复读一读。读完之后，扪心自问"我努力的原因足够强烈吗？能不能激励我自己克服在实践 CSI 时遇到的困难和阻碍？"如果答案是否定的，再想一想你努力的原因，重新写下一段话。

你可能会发现，你努力的原因会随着时间的推移而变化。一些原因原本能够激励你，但突然不那么强烈了，无法再激励你了；一些事情原本不那么重要，但可能会随时间推移变得重要。你可以定期回到这个章节，反思你努力的原因，不断重启驱动力。如果你觉得不太想实践 CSI 了，也回到这个章节，重新找寻你不得不努力的原因。

小结

本章中，我们首先举了一个 CSI 的例子，然后定义了什么是 CSI，继而指出 CSI 能够带来的一些好处。其次，概述了如何将 CSI 付诸实践。最后，详细叙述了如何确定一个可以激励你努力的原因，这是将 CSI 付诸实践的第一步。在下一章中，我们会继续这个过程，指出实施 CSI 的四个关键。

第一章 要点回顾

1. CSI 分为三个主要部分：决定要提升、小步的持续提升、销售能力的持续提升；
2. CSI 的原则也适用于除销售外其他业务及生活的方面；
3. CSI 的实施成功与否取决于有没有强大的驱动力（努力的原因）来促使你达成目标；
4. CSI 的好处不仅能够提升销售能力，还包括提升自我；
5. 要成功实践 CSI，可以一次选择一个小领域提升；
6. 练习：你努力的原因是什么？

第二章

实践 CSI 的四个关键

谈到成功销售的故事，没有比苹果公司联合创始人史蒂夫·乔布斯（Steve Jobs）的例子更恰当了。乔布斯的职业生涯从一名在雅达利公司（Atari）工作的辍学生开始，做到世界上最赚钱公司之一的首席执行官（CEO）。2011年乔布斯逝世时，他的净资产达70亿美元。在《财富》世界500强公司名单上，苹果公司排名第35位，领先于其长期的竞争对手——微软（Microsoft）和戴尔（Dell）。

乔布斯具有深远的技术眼光，是一位商业奇才，同时也是一位市场营销和销售大师。他有一种非凡的天赋，能够在产品还没有形成市场，有时候甚至其他人还没有想到这个产品之前，就能预见到这个产品的功用以及市场吸引力。

乔布斯第一次看到家用电脑的潜力是来自他的朋友斯蒂夫·沃兹尼亚克（Steve Wozniak）❶。斯蒂夫在1975年参加完一个业余爱好者俱乐部聚会后受到启发，打算自制电脑。在接下来的几十年里，乔布斯预见了许多技术创新产品的销售潜力，包括鼠标控制的电脑界面、激光打印机、教育软件、电脑特效、数字音乐、智能手机和平板电脑等。

乔布斯将这种预测消费者需求的特殊能力与其他促成他自己和苹果公司成功的品质相结合。他的个人品质使他非常适合销售产品。例如，当他致力于达成一个目标时，就会全身心投入，坚持不懈地去实现目标，即使周围的人都劝阻他。他对自己的愿景有着坚强的信念，这也激励了苹果公司的每个员工，同时激发了消费者对苹果公司的信任。

乔布斯对销售模式也有着深刻的理解和掌握，包括了解如何理解客户的感受、疑问和需求的重要性。针对苹果专卖店员工的培训手册特别强调情感联结在销售和客户服务中所起到的关键作用。

乔布斯成功的秘诀还包括他对产品的全面了解。与其他CEO不同，无

---

❶ 苹果公司另一个联合创始人。——译者注

论是从工程师视角还是客户视角，乔布斯都了解他公司产品的技术细节。乔布斯还希望苹果专卖店能够利用关于产品的专业知识来向客户介绍产品。苹果公司的内部培训要求员工了解苹果公司自己和其竞争对手的产品。苹果专卖店还设置了专门让客户咨询技术问题的区域。

乔布斯的产品技术知识也有助于他理解销售方面的技术。在他整个职业生涯中，他利用自己对技术与用户体验的关系的了解，使得苹果产品的设计更加贴近用户，非常易于使用。他还利用技术使苹果公司获得了市场营销和销售优势。比如推出便携式多功能数字多媒体播放器（iPod）和免费数字媒体播放应用程序（iTunes），使得苹果公司在在线音乐市场上占据了主导地位，让消费者能够收听下载的数字音乐，而不用局限于某台电脑。

从乔布斯和苹果公司的发展，我们可以看到许多关于实践 CSI 的关键例子。在本章中，让我们看看这些关键是什么，又有什么具体内容。

一、实践 CSI 的四个关键

当你在思考是什么让像史蒂夫·乔布斯这样的销售明星如此出色时，你会发现可以将其因素归为四类：

（1）个人品质；

（2）销售能力；

（3）产品和服务知识；

（4）技术运用。

实践 CSI 正是在这些方面不断提升。让我们进一步看看这些方面具体又包含些什么内容。

关键一：持续提升自我

要在销售上取得成功，你得具备一定的个人品质。首先要有一个良好的心态，要充满自信，即使面对阻碍和挫折，也能继续为发展潜在客户而努力；其次需要有设定目标的技能，用以激励自己，并优先确定能够创收的活动；再者需要有时间管理的能力，以确保参与足够多的有收益的活动，从而达到销售目标；然后需要有充足的体力、精力和情绪控制力，即使不喜欢也能坚持进行销售活动；还需要有优秀的人际交往能力，能够与潜在客户建立良好关系，赢得他们的信任，了解他们的需求。而如果有确定事物优先级和激励自己渡过难关的能力，则更会事半功倍。

优秀的销售员往往在不同程度上拥有部分或全部这些品质。更优秀的销售员则还会不断寻求提升这些品质，不仅为了提升销售能力，也是为了提升自我。为了提升这些品质，他们会专门参加一些训练活动。这些活动包括各种大小型演讲活动、培训课程、资料阅读、听播客（podcasts）、观看培训视频，甚至冥想和独自思考。

关键二：持续提升销售能力

除了诸多优秀的个人品质外，顶级销售员往往还拥有一套至关重要的销售能力。他们会采用一种适合自己产品和市场的销售模式。举个例子，在一些关键要点上，销售汽车的方式与销售人寿保险是不同的，尽管它们之间也有一些共通之处。

顶级销售员也会坚持自己的销售模式，这种坚持有利于他们一步步地从和新客户首次接触一直到最后成交。成功的销售员也知道在销售过程中的每个环节都该说些什么，他们会选择最有说服力的词语来描述产品的功用、促进成交并回应质疑。

为了彻底发掘你作为销售员的潜力，你需要不断提升这些技能。你要衡量你的销售模式是否适合你销售的产品和所处市场。如果产品和市场发生了变化，还要更新销售模式，定期反思你的销售模式，看其是否在当下还是最佳方法，避免因为反复犯错而失去销售机会。还需要反复审视你使用的语言习惯，看换一种新的表述内容是否能够促进成交。最优秀的销售员还经常会通过培训、角色扮演和测试等方式在这些技能方面寻求提升。

关键三：持续更新产品和服务知识

顶级销售员对他们的产品了解得都很透彻。他们熟悉产品和相关服务的外观或形式、给人的感觉、有什么功能以及不同的使用方式；他们知道产品或相关服务能为客户解决什么问题；知道产品或相关服务怎么才能给潜在客户带来好处；知道哪些优势会吸引哪些类型的买家；知道为什么他们的产品或相关服务代表了某种伟大的价值主张；他们知道有些还没成交的人为什么应该购买他们的产品或服务。此外，他们对竞争对手的产品和相关服务也知道得足够多，从而能够在交谈中说明为什么自己的产品和相关服务更值得购买。

优秀的销售员充分了解销售产品或服务是为了完成销售任务。更优秀的销售员则还会不断复查、完善和更新这些知识，这样他们就可以达成更多的销售。要达到销售的顶峰，你也需要留出时间定期更新你的产品和服务知识。

关键四：持续提升科技水平

当今的顶级销售员和管理人员都能有效地利用信息技术。他们知道如何使用分析工具跟踪监测他们的工作效果。他们也知道如何使用智能手机、社交媒体、视频和电子邮件等通信技术与潜在客户沟通；知道如何通过数字市场营销平台发现新客户；知道如何使用客户关系管理软件培育新客户并管理销售过程；知道如何使用数字支付技术进行在线销售；还知道如何通过有效使用客户服务技术获取客户的信任并让客户成为回头客。

优秀的销售员具备一些业务知识，知道这些技术工具有助于推进销售进程。而更高级的销售员或管理人员则还会不断更新自己在这方面的知识体系，熟悉如何利用技术简化销售过程，创造相对于竞争对手的比较优势。

二、兼顾实践 CSI 的四个关键

这四个关键方面最好能都兼顾到。大多数销售员仅提升他们擅长的方面，因为他们只对某些特定的技能感兴趣，如如何成交。虽然有意扩大自己优势的想法令人赞赏，但如果想充分发挥自己的销售潜力，更应该补足劣势、弱点。否则，即使在某个方面非常强大，也无法在销售表现中脱颖而出，因为你没有完整的销售方法。

销售方法可以比作军队作战体系。狙击手是军队中较为训练有素的士兵，他们不仅擅长使用各种武器，还掌握许多其他重要技能，包括顺利潜入敌方阵营、潜伏在敌后方、侦察地形和推测距离等。在战场上，狙击手特别重要，他们可以监控整个战场、消灭特定目标以及压制敌军。现代军队离不开狙击手，但如果一支军队只有狙击手，没有步兵、坦克、战船、战机、防空炮兵、工兵、医务兵或指挥官，这支军队会怎么样呢？会因为兵种太过单一而无法进行有效作战。要赢得胜利，兼顾各兵种是必须的。

销售也是如此，均衡的销售能力必不可少，这样才能发挥出全部销售潜力。这就是要全面学习包含前文四个关键销售能力的原因。

下面，我用一个例子来说明为什么这很重要。许多企业家在新冠病毒肺炎疫情期间遭受了巨大的损失，因为他们完全依靠与客户面对面的交流方式。在很多情况下，公司没有有效的数字化营销策略，不会通过网络发掘新客户或者进行销售。这些公司或许在实体销售方面表现强劲，但在电子商务方面表现疲软，他们的收入会随着时间下滑。如果在面对面销售策略的基础上，配合均衡的、基于技术的远程销售策略，这些公司的情况会好不少。

这就是我努力学习新技能来提升销售能力的原因。比如，我至今也不太会使用"照片墙"（Instagram）❶，尽管它已经成为最重要的商业社交媒体平台之一。我意识到这是我销售能力中的一个弱点，所以开始专门学习使用这个平台。你最好也评估下自身对于实践 CSI 四个关键的整体准备程度，寻找一个平衡点，做到更加兼顾、全面地提升你的销售能力。

✎ 练习：检测对实践 CSI 四个关键的具备程度

如果想要提升销售业绩，就得提升上述的四个关键。最好的方法是一次提升一个关键能力。每个关键都有很多层次，往下读你就会了解。你不可能一次性提升所有关键能力，所以正确的方法是先选择一个你想要提升

---

❶ 脸书开发的一款移动终端社交应用软件。——译者注

的关键，并专注去提升它。下面有几个问题可以帮你检测你对前文提到的几个关键的准备程度，并找出你想提升的一个或多个方面：

1. 我对自己的销售能力有信心吗？我是否对销售成绩感到特别焦虑？
2. 我擅长设定并坚持达成目标吗？
3. 我能有效管理时间吗？
4. 我有足够的体力、精力和情绪控制力进行必要的销售活动吗？
5. 提升人际交往能力能帮助我提升销售业绩吗？
6. 我目前的销售模式是否适合我销售的产品或服务？
7. 我最近有没有反思我的销售流程，看看有没有哪里可以改进？
8. 我最近有没有反思我的销售进程？
9. 我对销售的产品或服务了解多少？
10. 还有我没有使用的重要销售技术吗？

仔细考虑以上这些问题，或许能够找到一些有待提升的方面。你可以先将这些方面全部找出来，然后再挑出你最想先提升的三个关键。最后，从这三个方面中选出一个先着手去提升。

小结

本章中，我们指出了实践 CSI 的四个关键，并概述了每个关键所涉及的内容。在接下来的章节里，我们将深入研究每个关键点，深入研究其细节。首先是持续个人提升。

第二章 要点回顾

1. 实践 CSI 应具备四个关键点：个人提升、销售能力提升、产品和服务知识更新及技术升级；
2. 要兼顾四个关键点；
3. 练习：检测四个关键点的准备程度。

"大师面对面"：采访罗素·布伦森（Russell Brunson）

连续创业家罗素·布伦森在网上有数百万粉丝，出版了数十万册销量的畅销书，并推广了销售"漏斗"（funnels）的概念，同时联合创立了一家名为"点击漏斗"（ClickFunnels）❶的软件公司，这家公司帮助成千上万的企业家将他们的信息传递到市场上。罗素向埃里克讲述了他致力于学习市场营销、公众演讲和科学技术的一生。罗素向你描绘了一幅成功图景，只要你能够将 CSI 的诸多要素聚于一身，就可立于不败之地。

埃里克： 准备好了吗？

罗素： 准备好了。

埃里克： 好。

罗素： 好。

埃里克： 我正与摩根·詹姆斯（Morgan James）出版公司合作出书。我知道你以前也与他们合作出过书，我这本书预计 2021 年出版，名为《被动成交：让业绩质变的微进步指南》。这本书借鉴了戴明的"持续提升"（continuous improvement）概念、托尼·罗宾斯的"不断、永不停滞的提升"（Constant and Never-ending Improvement，简称 CANI）概念和我自己的经验。我一直坚持提升销售能力，现在也是。我也一直研究我自己的销售能力。所以，这本书是关于追求提升的。我只是很好奇你的观点，也正在学习它。你认为这与你取得成功有关吗？

罗素： 是的，当然。事实上，别人总取笑我说："你怎么总是买市场营销培训方面的书？"因为我对这些东西着迷。是的，我确实是这样做的，我买下每本相关的培训书，然后寄给我兄弟。我兄弟收到后将他们转成有声读物，然后我就把有声书导入我的手机，我手机里现在大概有 700 或 800 本培训书，每个人的都有，比如亚伯拉罕（Abraham）的，还有其他人的，只要我看到，我就会把他们的书装进我的手机。然后，我想听什么就会选一本，不一定是什么书，我也有不想学这个、那个或其他什么的时候。但是

---

❶ 一款用于营销的软件。——译者注

我随时可能想听的书都在手机里。无论什么时候我想听,心里会有"我想马上学这个"的想法,然后只需一秒,手指一按就可以学习了。

埃里克: 很有意思。我第一次知道。大家可能正是因为你的市场营销专业知识高得令人吃惊而知道你的。

我的下一个问题是,许多人,比如我现在就是50岁,还有其他许多40、50、60或70岁的人,他们不怎么熟悉信息技术、社交媒体,当然,主要是因为他们生活的那个年代还没有这些,那他们自然而然就觉得自己不擅长这些。那么,对于这些50、60或70岁的人,这些人喜欢说:"唉,我做不到。我不擅长信息技术,也不擅长社交媒体。"你想对他们说什么?你对此有什么看法?

罗素: 新冠病毒肺炎疫情暴发后,传统销售网络基本都瘫痪了,人们没办法再通过传统的方式开发新客户或者面对面进行销售活动,客户都不来了。在这种情况下,社交媒体之类的东西就显得很重要。当然,还是有挺多传统方式也可以做很多事情,只是效率低多了。我的意思是,如果你在点击漏斗上开展一个线上活动或者设计一个新网页,或是在脸书❶上买些广告位,没准可以在一周内获得1万个新客户。这是其他方式办不到的。直接发邮件做不到、通过广播电台或其他方式都做不到。所以,考虑到传播速度、人们所处的地点和他们的关注点,运用社交媒体是可以理解的。而诸如"我不懂信息技术"之类的问题不像"人们在哪里"那么难以解决。因为新技术并不是那么难学。你只要明白,新技术就是新机会。所以,我觉得花时间和精力去学习新技术是完全值得的,否则你会错过很多有用的东西。

埃里克: 的确,说得很有道理。对了,你曾在社交媒体上提到你会摔跤。你在摔跤爱好中有没有不断进步的信念?

罗素: 是的,事实上这是很有趣的一件事。刚学摔跤时,我做得不是很好。但我父亲痴迷摔跤,我参加的每场比赛他都会去,还会拍视频。他还会拍别人,比如我们曾拍过一场锦标赛,他拍下了赢得比赛的那个选手。晚上回到家,他会再看一次那场比赛,比较着我的比赛影片,分析我输在哪

---

❶ 已更名为"元宇宙"(Meta)。——译者注

里。他会看那些表现非常非常好的选手，找出他们做了而我没有做的动作。

我记得，每天早上我要是在上学前或父亲起床前起床，我那时还年少无知，比如会说："哦，好吧，我爸还在家。"他则会说："嘿，罗素，我给你看看我昨晚学到的动作。"就这样，每天早上，我们在地毯上钻研这些东西。然后我再去上学，去练习摔跤。每天摔跤练习一结束，父亲就会穿着摔跤鞋，满头大汗地走进来，说："我们来练练。"他会回看我所有的比赛，挑出我做得不对的地方，帮助我纠正姿势等。此外，他还会说："现在我们来看看这个人的比赛，他是这么做的，我们来练练。我又看到这个人是这样做的，我们来练练这个动作。"就这样，高中时期的每天，我都会和父亲进行晨练和夜练，专门针对我犯错的地方或那些从优秀选手身上学到的东西，以此来弥补我的不足，或保持进步。

对我来说，我在体育方面就是这么做的，所以在我开始创业时，这些习惯也在一定程度上影响了我。开始的时候，我在互联网上做些事业，也会在一些活动上进行演讲。有意思的是，在我参加的前五或六次活动中，我在演讲中尝试销售产品，但没有任何人购买。这种情况你可能也经历过，你站在台上，下面却没人动，实在太尴尬了。我记得我当时曾说："太可怕了，我再也不做这件事了。"

但是我一直留意着其他人干得怎么样。所以，我选择坐在观众席上。在一次比较典型的活动上，当时好像有15个演讲者，每个人都是来卖东西的。我坐在后排，观察他们每个人，比如"他们正在做什么？他们是怎么说的？他们的肢体语言是什么？他们又在做什么？"我会把他们说的话、怎么说的，以及怎么销售的、怎么成交的都记下来。我会将记下的这些内容尝试融入我自己的演讲。

就这样过了两年，我参加了很多活动，见到了很多演讲者。大多数演讲者会在走廊里徘徊、在休息室休息或做其他事情，而我则坚持参加了每场活动，我想看看每个人都是怎么销售的、怎么演讲的、怎么做所有那些事情的。甚至到了今天，我还会这么做。我既去我们自己的活动，也去别人的活动。我就当自己是一个学生，在台下当观众，听他们的演讲内容，但主要还是看他们的演讲风格、怎么演讲的、怎么销售和说服人购买的。这就是我一直在寻找的东西，比他们说的具体内容更加重要。你明白我的意思吧？

埃里克： 明白。很有意思，我也会观看不同行业的网络直播，我妻子或其他人会说："你在看什么？你不是不喜欢这个话题吗？"是的，我不关心这些话题，我关心的是这个人，我想弄明白"他们做的有什么不一样？我还是不理解"。比如，声网（Agora）就组织过一些很好的网络直播，但都是金融方面的，而我不喜欢投资之类的东西。

罗素： 是的，知己知彼百战不殆。我喜欢看其他人怎么销售的。

埃里克： 的确很有趣。我高中时也有相似的经历。我打篮球，但我只不过是一个普通的球员，打得并不好。上大学后我没有学打篮球，也没有参加过其他培训，高中时也从没想到过研究优秀球员的录像。那的确很有趣，比如你就通过看录像取得了巨大进步。鲁西·博尔顿（Ruthie Bolton）是两届奥运会篮球赛的金牌得主，我与她交谈时，她说她也是这样做的。她和她们球队都会看录像，不过她会以自己的方式看更多录像。后来她成了奥运会篮球队首发成员，获得了金牌。我想说的是，你在业界是知名的市场营销专家，当然，你还懂信息技术。没想到的是，你还是一位演说专家，有高超的演讲技能。似乎你对销售演讲的研究比我多，我只是做销售的，这的确很有意思。你还创下过通过演讲销售的最高纪录，好像是在格兰特·卡尔登（Grant Cardone）的活动上，你创下了 90 分钟 320 万美元的销售额，那是一个从来没有人达到过的记录。然后你举行了自己的年度活动，一个大约要 2 万美元的活动，好像就在这个房间进行的？

罗素： 是的，一个 2.5 万美元的活动，在这个节目上，我们曾在一场展示中达成 1300 万美元的销售额。

埃里克： 大多数人都会想，比如"如果我能赚 1 万美元，那就已经很好了，死都值得了"。而你在格兰特·卡尔登的活动上赚了 320 万美元，又在你自己的活动上赚了 1300 万美元。我赚过最多的也就 6 万或 7 万美元，好像是在 T. 哈维·艾克（T. Harv Eker）的活动上，在我的职业生涯中，那是最多的了。很难想象一场演讲赚取数百万或上千万美元，太不可思议了。精彩！

罗素： 谢谢！但大家会问："你是怎么做到的？"可能是因为十年来观

看每个演讲者，试着弄清他们是做什么的、是怎么做的。这就像是一种递增的变化。每次我做演讲时都会纠正自己，比如"啊，这里感觉不对，课件得改改"。

我创办点击漏斗也是出于这个目的。我为点击漏斗准备了第一场演讲，演讲现场很成功。我当时想："太棒了。"我记得，第二天早上我离开酒店去赶飞机，酒店大厅里一位女士在那里等着。她说："你昨天的演讲很棒，但是我想我不会买这个产品。"我说："你为什么不买？是买不起吗？"她说："我不做保健品生意。"我说："你为什么会这么说？"她说："你在演讲中举了一些关于保健品公司如何使用点击漏斗的例子。我是名培训师，我用不上。"我说："等一下，我也是培训师，但我一直都使用它。"她说："真的？等等。"她跑回房间，一会儿跟她两个朋友一起出来，手里拿着订单递给了我，她非常激动。

我们都知道培训师是可以使用点击漏斗的，然后在返航中我回看我的幻灯片。我当时想："好吧，听众被搞糊涂了，那我就改改这个幻灯片。"所以我就修改了这些幻灯片，添加了一些东西，解决了这个问题。

我记得回到家后，我又连线参加了两场网络直播，好像是周二或周三。其中一场在上午，大约有600人参会，会议很成功，我们售出了三四万美元的东西。

我记得回到家后，我从GoToWebinar[1]导出了直播间里的所有提问，我读着这些有时间标记的问题。对于这场演讲，有很多人提了这样那样的问题。我找出了让他们困惑的地方，又对幻灯片做了修改，这样，就能在他们提问前解决掉那些问题。之后我回顾了整个课件，从头到尾又编辑了一次。4小时后，我用这个课件向同等规模的听众进行了一次演讲，这一次我们达成了12万美元的成交额。会后，我又导出所有提问，继续修改幻灯片。那个演讲我连续做了近80次，每次我都会导出提问、修改、直播、再导出、再修改、再直播。通过这个演讲，我们成立了1亿美元市值的公司，这都得益于多年来大小修改的成果。

---

[1] 一款在线视频会议软件。——译者注

第二章
实践 CSI 的四个关键

埃里克：哇，太精彩了。让我们换个话题，你说你也进行营销。这方面我是个新手。我通过脸书给你发过信息，说我们已经准备好构建一个漏斗来创作广告。你也知道，我的销售方法主要是演讲。对我来说，学习广告营销需要信念的转变。这就像是一种完全不同的大脑工作方式。你对那些刚开始创作营销广告的人有什么建议呢？

罗素：是的，这很有趣。有些人从他们现在从事的业务转到营销广告会感到紧张。但学学广告营销真的很有意思。大多数时候我会想"好吧，我打算放一个广告在这儿，看看有什么效果"。但在互联网上，就不一样了，不是创作一个广告然后放在网上就行了，你需要创作很多营销广告，需要许多不同的创意。这些创意不必包含太专业的视频、图片什么的，只要能吸引人就可以了。

就像我上本书《客源秘密》（*Traffic Secrets*），里面有个部分叫"给公众下'钩子'的故事"（hook-story-offer）所说的。广告的真正目的是足够久地吸引别人的注意力，久到可以向他们讲一个故事，然后就可能将他们转化成客户了。那么，在社交媒体上，什么能够吸引他们的注意？我喜欢描绘一个场景来说明这个问题：有个人无聊地坐在沙发上刷着手机，希望看到一些让他开心的东西，因为他太无聊了。现在这种情况还挺普遍的。

所以我们在广告中就要创造一些吸引他们注意力的东西。那么，这个"钩子"是什么？钩子可以是任何东西，从广告标题到视频，再到背景，可以是任何东西。你不知道什么会吸引别人的注意力。

正因为如此，我会制作很多营销广告，而大多数广告都是当我在一个还不错的地方时在手机上创作的。就像现在，我在家里的办公室，我面前有一座壁炉。所以如果我要创造一种氛围，壁炉是不错的选择。我拿起我的一本书，再给自己盖上毯子，就像天气很冷一样，我把这些快速录进手机，再配上"大家好，我是罗素，现在是凌晨 4 点，天气很冷。我没睡是因为我的新书出版了"的声音。就这样，我一下子就钩住他们了。然后再简短讲个故事，最后给大家推荐"如果想免费要一本我这书，你可以访问网站 trafficsecrets.com，去免费申请一本吧"之类的，不错吧？

这就是广告。这个广告可能有用，也可能没用，但也就花了我 1 分钟时间，仅此而已。每当我到了一个有趣的地方，我都会录制一些，1周可以录制10来个短片。无论在车里、在办公室、在餐馆或其他什么地方，我总会拿出手机录制一个短广告，因为你永远不知道哪些可能有用。我们有可能会在某个广告上花上10万美元，投放后却连一个水花儿都没见到。其实根本没必要那么麻烦，比如，在我跟孩子玩些幼稚的游戏的时候，我拿出手机，录下小孩们说的"你应该买我爸爸的书"，就可能因此售出1万本书。你永远不知道一条广告的反响会怎样。

这更像是创作许多东西，然后发布出去，而非费力去制作一个承载了太多期待的完美广告。你永远不知道市场会做出什么反应，而这种短广告测试起来也很便宜。只要花100美元就可以测试一下，看它有没有效果。所以，只要制作一大堆这样的广告进行测试，如果有作用，特别关注那种类型就可以了。这就等于创作许多的迷你短广告一样。

传统思路中，视频是营销广告的主要方式。我想说的是，大约70%的广告是视频，而还有30%是文本。所以文本也是可以的。的确，视频有很多方式可以吸引别人的注意力，但如果别人只是浏览新闻推送的话，就得给文本取个亮眼的标题。用视频的话，除了标题，你还有面部表情，有个背景，还可以挥手示意，可以使用很多方式引起别人注意。老实说，视频创作起来要容易些，只要拿出手机录制，很快就好了，然后就可以拿去发布。

埃里克： 这是我听过最疯狂的事情了。那么，罗素，感谢你抽空过来。我知道你忙着管理公司的同时还要照顾家庭，祝你一切顺利。谢谢你今天花了这么多时间解答我的问题。

罗素： 不客气，很高兴受到你的邀请。你的书什么时候出版？

埃里克： 好像9月有个发布会，那个时候应该就出版了，我还打算将我们今天的部分谈话放进去，我会提前告诉你。

罗素： 好的。

埃里克： 好的，罗素，祝你今天开心。

罗素： 好的，也祝你开心。

第三章

关键一：持续自我提升

销售史上最有影响力的书之一是拿破仑·希尔（Napoleon Hill）的《思考致富》（Think and Grow Rich）。自 1937 年出版以来，这本书就跻身有史以来最畅销的十大励志国书之列。出版 70 年，《思考致富》的销售量依然强劲，在 2007 年《商业周刊》（Business Week）畅销书排行榜上的平装书榜中排名第六。2006 年票房奇迹纪录片《自然法则之吸引定律》（The Secret）及其同名畅销书的主要思想很大程度上源自《思考致富》。

尽管这本书对销售方法有一定影响，但它实际上更多的是一本励志书，而不是销售方面的书。但它的确又对销售产生了巨大影响，因为它致力于提升成功销售员的个人品质和业务技能。希尔非常重视创新思维、动机、可见性、规划、目标设定和坚持不懈等优秀品质是如何塑造出成功人才的。许多销售员和商业领袖都发现希尔在这些问题上的建议有利于改善他们的销售行为。

如上所述，成功销售的秘诀包括某些个人品质。我将培育这些品质称为掌握销售的"内部规则"和"行为表现"。大多数销售员都知道一些销售的"外部规则"，包括销售策略和技巧。但并不是所有知道销售技巧的人都能取得同样的销售业绩，因为业绩的多少在很大程度上还取决于你的内部品质和你的行为水平。提升这些可以显著地提高你的销售业绩。本章中，我将列举六大类极大影响销售最终结果的个人品质，它们一起构成了个人的内部品质和行为表现。

一、心态

受到流行文化的影响，每个人多多少少都有一定的销售理念。在培训课堂上，我问大家，一想到销售员，他们是什么感觉。人们经常用如下形容词来回答，如"强迫的""压力大的"和"人为操纵的"等。对大多数人来说，二手汽车销售员固有的蹩脚表现就代表着销售行业整体。

销售员自己也会下意识地对销售持有负面看法，毕竟这是文化传承下来的。他们也会看不起自己的销售行为。问销售员他们喜不喜欢销售或者擅不擅长成交，大多数人可能会不假思索地说"不"，只有少数人会积极地说"是"。

这些消极信念是因为周围其他人口中的销售而潜移默化形成的，又因为偏见而固化下来。假如你不断告诉自己"我不擅长给陌生人打电话"，那么你就会越发坚定地认为你就是不擅长给陌生人打电话。

这种固化的信念最终形成了销售心态，而心态又直接影响到销售行为。如果你一直在告诉自己"我不适合销售"，那你对销售就持消极态度。这种态度会阻止你采取本可以让你成功的行动。

另一方面，积极的心态会对销售行为产生积极的影响。如果你相信自己擅长开发新客户，不断告诉自己"我擅长开发新客户"，你就会对开发新客户活动持有积极态度。这种态度使得你愿意去进行开发新客户的活动，比如使用社交媒体和电话联络潜在客户。

幸运的是，心态不是固定的，是可以改变的。销售心态可以通过不断加强积极信念和对自己销售能力的肯定来改变。持续提升心态是 CSI 的重要组成部分。

二、目标设定

你的销售目标是什么？大多数销售员会给出一个模糊的答案，比如"增加销售量"。如果追问他们，本季度他们打算增加多少销售量，他们可能会犹豫一下才能回答。如果再问他们，本季度他们打算采取怎样的不同做法来达成比上季度更多的销售量，他们很可能回答不出来。

如果没有清晰的销售目标，就没有明确的方向引导你的行动，你也不知道要做些什么才能更接近目标，因为你不知道你的目的。你也无法知道你的行为是否能让你更接近目标，因为没有明确的标记测量你的进步。

缺乏明确的目标也会导致无法确定优先进行哪些销售活动，因为你不知道哪些方法对实现你的目标最重要。这就可能导致将精力浪费在那些无法增加销售额的活动上，而忽略那些能够创造更多收入的环节。

成功的销售员都有明确的目标，然后通过写下目标、确定优先级、制订详细的计划和衡量进步情况等步骤努力达成目标。你可以通过练习这种成功的策略，学着提升目标设定的能力。CSI 也包括持续提升目标设定的能力。

三、时间管理

你每周花多少时间进行销售活动呢？其间，你会做什么活动呢？与预约销售相比，你在新客户开发上花了多少时间？对比寻找其他机会，你在最可能成为你潜在客户的人身上花了多少时间？你的时间是否花在让你时薪最大化的活动上？

对这些问题的回答能反映出你的时间管理能力。一个不擅长管理时间的销售员往往会把时间花在他们的兴趣所向，故意拖延其他事情，因为这样做压力比较小。花时间做喜欢做的事情，而不是能够增加销售额的事情，结果就是既浪费了时间也损失了收入。

你可以像做开销预算那样做时间规划来提升时间管理能力。这需要你花些时间规划时间表。我会教我的学生管理时间的具体方法。提升时间管理能力也是 CSI 的一部分。

四、身心健康

成为一名顶级销售员需要大量的精力。与朝九晚五的普通员工相比，你工作时间可能更长；你没准得经常出差；可能还需要耗费大量心力去实现销售目标、激励自己开展销售活动，甚至担忧能不能实现销售目标。

如果健康状况欠佳，你可能就很难有足够的精力实现销售目标。你没准会发现销售活动耗尽了你的精力。一天下来，你只觉身心疲惫，这种疲惫感会极大地削弱你的积极性，你就更没有开展活动的精力了。积极性消退，销售业绩就会受到影响、压力会增大，从而进一步削弱你的积极性。这就成了一个恶性循环，既影响销售业绩，也损害身心健康。

为避免陷入这种挫败自我的模式，对于销售员，保持身心健康很重要。睡眠、饮食、锻炼等习惯都会影响身体健康。压力缓解能力既影响心理健康，也影响身体健康。为了持续提高销售业绩，你还需要注意调整健康状况。

本书的主题不是健康，我在此就不赘述更多了。我想强调的是健康对销售业绩很重要，而且其他领域的持续自我提升理念一样适用个人健康。如果健康给销售业绩拖了后腿，你就可以将 CSI 理念用到健康管理方面，做些健康方面的研究。

五、人际关系

像健康一样，人际关系也影响着销售。事实上，你仔细想想就知道，销售跟整个商业系统一样，都是建立在人际关系上的。开发一个新客户标志着与潜在客户关系的开始，这种关系发展得怎么样决定了新客户能不能成为买家。要将新客户变成买家，你就需要建立互信且融洽的关系。要牢牢留住旧买家，也需要建立互信和融洽的关系。

个人关系也会影响销售关系。良好的人际关系取决于人际交往技巧，如倾听、沟通和谈判。缺乏这些方面的技巧很影响人际交往，并带来压力，进而让你无法专心开展销售活动。此外，如果缺乏人际交往技能，很可能在处理销售和商业关系时举步维艰。

同样地，提升人际关系技能不仅能改善人际关系，也能改善销售关系。不断努力提升人际交往技能，你就会在实践 CSI 的过程中取得更大的成功。

跟健康一样，本书就人际关系也不会再赘述，但我还是想强调人际关系的重要性。持续自我提升的原则同样适用于人际关系技能提升。如果觉得有必要改善人际关系，我建议你考虑将本书讲到的 CSI 原则用到人际关系建立中，或许你也可以从人际关系专家那里或相关书籍中找到答案。

六、精神状态

大多数人不会想到将销售与精神状态联系起来，但是精神生活确实会影响到生活的方方面面，进而影响到销售行为。精神状态与坚定的信念和高尚的价值观有关。即使你不信鬼神，你也会有基本的信念和价值观，它们会左右你的思想和行为。

精神取向会以多种方式影响销售行为。比如，精神信念会影响你的全部信念，从而影响你的销售信念。精神取向也有助于你确定优先的价值观和目标，进而影响你确定销售目标优先级。信念坚定与否也会影响到你排除干扰、集中注意力、缓解压力等方面的能力。

通过这些或其他方式，精神力量既可以促进，也可以抑制销售的成功。持续提升精神状态有助于实践 CSI。

本书不是谈精神信念的，在这里我就不再展开了。我想说的重点是，持续提升自我与提升精神状态是相通的。如果你觉得有必要在这方面提升，可以依我上面建议的调整心态，用提升目标设定和时间管理技能一样的方式提升精神状态。

> ## 练习：找到需要自我提升的方面
>
> 审视一下你自身存在的上述几个方面：心态、目标设定、时间管理、健康、人际关系和精神状态，找出你在每个方面的优势和劣势，看看哪些对目前的销售成绩影响最大。选择一个可以提升的方面去提升你的销售业绩。然后，在阅读下面章节时，留意每个章节中关于这个方面的提升技巧。

小结

本章中，我们指出了个人提升的六个方面，它们属于销售活动的内部规则和行为表现。在接下来的章节中，我们将深入探讨其中一些方面，并为你在这些方面的提升给出一些策略和技巧。

> **第三章
> 要点回顾**

1. 持续自我提升是"内部规则"和"行为表现",是CSI的组成部分。
2. 持续自我提升包括以下几个方面:
　　(1)心态;
　　(2)目标设定;
　　(3)时间管理;
　　(4)身心健康;
　　(5)人际关系;
　　(6)精神状态。
3. 练习:找到需要自我提升的方面。

第四章

如何树立端正的心态

在销售培训师帮助销售员树立端正的心态这件事上，诺曼·文森特·皮尔（Norman Vincent Peale）是影响最大的人物之一。作为一名牧师，皮尔研究宗教和心理学之间的关系，因出版了畅销书《积极思考》（*The Power of Positive Thinking*）而闻名。这本书于 1952 年出版，在畅销书排行榜上坚持了 186 周，其中 48 周位居非小说类图书榜首，销量超过 500 万册。皮尔的书对金克拉等顶级销售培训师产生了巨大的影响。皮尔和金克拉都为一家名为"美国销售大师"（American Salesmasters）的公司代言，该公司是最早为销售员和销售管理人员制作音频和视频资源的公司之一。

皮尔的书强调了心态对生活质量的影响。他谈论了如何通过视频资源等技术培养自信，通过重复积极的思想和激励性言语来消除消极思想。

这些技术帮助了像金克拉这样的销售主管和成千上万的销售员建立了信心，并提高了他们的销售业绩。在本章中，我将分享一些树立端正心态的技巧，这都是我教给自己学生的知识。

一、你的销售心态是什么

一想到销售员，你会想到什么？是不是想到了蹩脚的二手汽车推销员、咄咄逼人的电话推销员，或吵闹的电视节目推销员？当我问听众这个问题时，他们用了一些形容词来描述销售员，如"自私""人为操纵""强迫性"和"压力大"等。你可能听过这个笑话："怎么判断销售员在撒谎？只要他的嘴唇在动就是。"

当电视上和周围的人反复这样描述销售员时，一种对销售的负面印象就进入你的潜意识。这是一种文化催眠。催眠可以看成让人非批判地接受一种思想。一遍又一遍听到同一思想，就会在你的头脑中强化一个信念，即使这个信念并不是真的或不全是真的。

通过这种催眠式的重复，许多销售员和销售培训师都下意识地认可了对销售的消极看法。他们消极地看待他们正在做的事情，以为其他人也消极地看待他们。这种心态可以从无法令人信服的成交技巧看出来。许多销售员都不敢逼单。即使逼单，他们的语言也十分胆小，而不是强有力的、有说服力的。比如，他们或许会递给别人一张名片，说："需要的话给我电话。"这种话根本没有用，有经验的销售员都知道。

为了给学生灌输关于销售的积极看法，我这样定义销售：

"销售 = 服务"

如果想正面看待销售，就要诚实、正直、富有爱心地去销售。销售并不是人为操纵的、强迫性的或给人压力的。销售是帮助客户找到他们需要的产品或服务。销售不是强行销售，而是用心销售。专业的销售员引导客户购买是因为觉得这有益于客户。交易只不过是详细的销售宣讲的自然结果。

二、潜意识中你如何看待自己

潜意识是一种本能，一种确保自我形象感知与自我身份认定一致的本能。你可以通过倾听自己的心里话来深入了解自己是怎样认定自己身份的。当你思考销售时，留意在"我"之后，你心里跟自己说了什么。你可能会听到自己说：

"我不擅长销售。"

"我不擅长成交。"

"我不擅长吸收新客户。"

"我讨厌销售。"

"我讨厌给陌生人打电话。"

如果你这样跟自己说，就在潜意识地向自己推销这些消极想法。你肯定会相信自己对自己说的话，所以你肯定会接受这个想法。讽刺的是，当你告诉自己你不擅长销售时，你却成功地向自己推销了你不擅长销售这个想法。

三、心态如何决定行为

潜意识告诉自己的信息不仅塑造了信念，还决定了源于这些信念的行为。下面的例子可以说明对坚定的自我认知如何决定你的生活。

许多年前，我在"饥饿者的丰收"（Harvest for the Hungry）做了一场励志演讲，这是一家由玛丽·马希（Mary Mahy）创办的无家可归者收容所。玛丽自己曾经也无家可归，后来受到鼓舞建立了这样一个组织，专门为其他无家可归者提供食物。我受邀去做一场励志演讲。我很高兴地跟他们分享了一些想法，希望鼓励他们有一天也能租得起或买得起房子。

演讲结束后，我邀请了其中一人共同进餐，问他："无家可归是什么感觉？"

他看着我，眼神中就像觉得我疯了似的，反问道："你在说什么？"

"我只是好奇"，我回答道，"无家可归是什么感觉？"

"我不是无家可归。"他回答道。

"你不是？"

"不"，他说，"我只是住在外面。"

你可能以为他这是在开玩笑，但他就是认真的。他没有将自己看成无家可归者，只是认为自己住在外面而已。他也没有动力租房或买房。这种心态决定了他的行为，让他没能采取任何可能获得一个住处的行动。

就像自我认知使他无家可归一样，你对销售的信念也会让你无法在销售业中有所成就。你认为自己是一名底层销售员吗？还是认为自己是一名中层销售员？或者你认为自己是一名顶级销售员？将你对自己的认知与你的实际表现对比一下，你会发现，你的表现很可能跟你对自己的认知是一致的。

四、青蛙与蝎子

下面我会讲一个故事来说明身份定位的力量。这是一个关于青蛙与蝎子的著名寓言。

有一只蝎子想要去河对岸，但它不会游泳。它看见一只青蛙，知道它会游泳，于是请青蛙背它过河。青蛙没有答应。

蝎子问："你为什么不帮我呢？"

青蛙说："因为蝎子会蜇青蛙，我不想被你蜇，蝎子先生。"

但这是一只与众不同的蝎子，它能言善辩。它说它不会杀死青蛙，就这样，蝎子说服了青蛙。蝎子跳到青蛙背上，他们开始渡河。想不到的是，走到河中央的时候，蝎子蜇了青蛙。

青蛙开始下沉，它抬头看着蝎子，问道："蝎子先生，你为什么蜇我？我快死了，被你杀死了。同时，你也会死，你为什么要这么做呢？"

蝎子回答道："因为蝎子就是这样：它们会蜇青蛙。"

即使这对蝎子和青蛙来说意味着死亡，蝎子还是坚持自己的身份定位。

你知道为什么你开着现在开的这辆车吗？为什么穿着这件衣服？赚你现在赚到的这么多钱，住你现在这栋房子吗？其中一个原因是，你就是这样定位自己的。你觉得自己只能达到这个水平。

我能想象到，你可能会大声反对："不对啊，埃里克，我没有赚到我想赚的那么多钱！也没有开上我想开的车！你想说什么呢？"

我想说的是如何才能成为我们想象的那样。大脑的部分功能是让你与你的定位保持一致。有影响力的人能够实现他们想要的一切，赚他们想赚的钱，开他们想开的车，建立他们想建立的人际关系。他们与世界上其他人大不相同。如果你将自己看成有影响力的人，那你迟早会成为那样。

五、如何通过重复激励言语来利用信念法则

幸运的是，即使你现在认为自己只是底层销售员，你也不一定永远是这种心态。你不用一直给自己灌输关于销售的消极看法，可以转而给自己灌输一些积极想法。

你可以利用所谓的"信念法则"（Law of Belief）重新定义你的潜意识为"销售将取得成功"。信念法则表明，无论你告诉自己什么，只要一遍又一遍地重复，你最终都会相信。

利用信念法则，你可以先肯定地对自己说，销售等于服务。提醒自己，进行销售的时候，你应该诚实、正直和富有爱心。这句话每天至少在脑海中重复七次，很快你会发现，它成了你潜意识的一部分，会自发出现在你的意识中。拿破仑·希尔称这为"自我暗示"（autosuggestion）。我称这为"反复激励"（repeated affirmation）。

销售取得成功需要培养这种可以转变心态的能力，从而改变你对自己的看法。开始把自己看成一名销售冠军，开始期望自己在销售中取得巨大成功。

有这样一个故事：我一个名为乔伊·阿斯特鲍姆（Joey Aszterbaum）的客户成功利用信念法则改变了时间管理的心态。这个主题是 CSI 的另外一个关键，我将在其他章节进行讨论。乔伊是一名信贷员，他在某次参加我的一日销售培训课时，说道："我不擅长时间管理。"

我回答道："我相信你。如果你说你不擅长，那你就是不擅长。"

改变从语言开始。说任何事要像你说的都是真的一样，要说得栩栩如生，跟你想象得一样。

我说道："乔伊，如果你想改善时间管理能力，那就这样告诉自己。如果你想变成时间管理大师，也这样告诉自己。信念法则就是要一遍又一遍地告诉自己，自己就是想成为的那样，无论是什么，你最终都会相信。"

乔伊开始肯定地对自己说，他就是时间管理大师。我教他用三句话激励自己：

（1）我是时间管理大师；

（2）他是时间管理大师；

（3）乔伊是时间管理大师。

乔伊一遍又一遍地激励自己。一段时间后，他真的开始善于管理时间了。一天，他会见一位房地产经纪人，这个经纪人问道："乔伊，你怎么做到这么擅长管理时间的？"

乔伊回答道："这很容易。我是时间管理大师。"这就是他自然而然想到的答案。他真的重新构建了他的潜意识，完全信任自己可以取得成功。

六、将失败转变为乐观

使用信念法则的方式之一是反复地激励自己，把认知到的失败转变为乐观的观念。不少销售员会觉得他们做了一场宣讲却没人下单，就是失败的。其实，每次只要你对它充满期待或真的做了一场高质量的销售宣讲，你就算赢了。如果你既期望它质量很高，而又真的做了一场高质量销售宣讲，那你就是双赢了。客户越多，你做的宣讲就越多，那其中某场宣讲收到订单的概率就会增加。所以，采取行动就是胜利。只要你采取行动了，无论结果如何，你都胜利了。

篮球传奇人物迈克尔·乔丹保持着NBA场均得分和总得分头衔的纪录，他在自己的篮球生涯中也采取了类似的心态。乔丹树立了一种乐观的心态。他没有因为他人认为的失败而受到困扰或浪费时间，他将失败看成通往成功道路上的机会。他这样总结自己的心态："我能够接受失败，任何人都有失败的时候。但我不能接受的是不去尝试。"他解释道："在我的职业生涯中，有9000次投篮未命中，输过近300场比赛。有26次投篮，我被寄予众望人们希望我绝杀对手，但最终未能命中。我一生中，一次又一次失败。但这就是我成功的原因。"

七、热爱销售

让我们再来谈谈与销售相关的负面信息。为克服这些负面影响，成为一名影响力大师，你必须热爱销售。现在，在媒体上听到和看到许多关于销售的负面描述，你热爱销售的想法可能会本能地退缩。比如，电影《拜金一族》（*Glengarry Glen Ross*）的上映使几乎所有人都不想当销售员。

但是，我来问你。如果这种负面看法不代表真正的销售呢？如果销售本质上是帮助他人呢？如果销售本质上是服务他人呢？是诚实，是改变世界呢？那么你会热爱销售吗？如果销售是实现你自己的目标并通过帮助他人实现目标来发掘你个人潜力的关键呢？

你看，销售并不代表压力，不代表人为操纵，不代表自私，也不代表强迫。

相反，我告诉你，销售需要诚实、正直和富有爱心。我以做一个销售员为骄傲。为什么？因为在我看来，销售是拥有生活中你想要的一切的关键。我能够通过帮助他人享受更好的生活，得到我想要的东西，这不只是专注于自己，而是专注于服务别人。

事实上，我现在就在为你服务。我在向你传授知识，帮助你成倍地增加收入，提高你的生活质量。这很值得，它的价值远高于这本书的价格，也远高于你读这本书花的时间和精力。这也是经济层面成功的关键：提供远比别人为买你产品或服务付出的金钱更高价值的东西。

看看世界上最成功的大公司们，这也是它们创造财富和取得成功的方式。看看沃尔玛（Walmart）、星巴克（Starbucks）、丰田（Toyota）和麦当劳（McDonald's）。它们都专注于提供更高价值的东西。它们在经济上都获得了成功，但它们创造的财富也不过是产品价值的副产品或附带物。

八、销售促成岁差值

作为销售的副产品而创造出来的价值可以看作岁差。岁差原本是天文学术语，指地球中心轴的倾斜角度因为太阳和星体的引力而逐渐变化，导致回归年短于恒星年。岁差被建筑师理查德·巴克明斯行·富勒（Richard Buckminster Fuller）发展成一个哲学概念。富勒是网格穹顶建筑的发扬者，这种出现在第一次世界大战期间的建筑由他发扬光大，并在美国获得了专利。他将岁差定义为运动中的物体对其他运动物体的影响。他用小孩子玩陀螺的游戏来解释：根据物理定律，小孩子在地面上旋转陀螺，实际上是给了地球一个相同或相反的微弱推动力。就地球的体积而言，陀螺施加的旋转力其实是可以忽略不计的。这个概念被广泛地应用在其他领域，比如你的行为不仅影响到自己的生活，还以微妙的方式影响到你周围的人，从而创造价值。当你为实现一个目标采取行动时，你的行动还会有一个副作用。

这有个例子。我有个客户，名叫黛比·赛文（Debbie Severn），她买了

第四章
如何树立端正的心态

我关于目标设定的音频课程。为加强效果，我建议她至少听七次。她是一个好学生，在送她 10 岁的儿子埃里克上学、放学和体育训练的路上都会听目标设定培训系列音频课程。于是，对她儿子埃里克来说，我就是那个设定目标的人。

埃里克正想要一台电子游戏机，想要他妈妈买给她，黛比对他说："我不会给你买的。知道我一直听的这个目标设定音频课程吗？你为什么不设定一个买游戏机的目标呢？"

设定这个目标不是说说而已。当天是星期三了，埃里克需要在星期五晚上 5 点前得到 30 美元。

黛比不打算直接给她 10 岁的儿子买电子游戏机，而是用我的音频培训内容教会她儿子进行目标设定。更重要的是，埃里克最后买到了那个游戏机。

难道你不希望有人在你 10 岁的时候就教你设定目标吗？我知道我是想的。而我直到 20 多岁才学到。这就是岁差效应：黛比的儿子埃里克学会了目标设定。她买这些音频课本意是为她自己在业务方面有所提升，目的并不是要教她儿子学会目标设定。这只是个意外，是她行为的副产品。

这个例子说明了岁差效应也可以普遍应用在销售中。通过销售影响其他人购买，实际上是向他们展示他们能够利用产品或服务的价值得到什么额外好处。而这又反过来给你的客户以及你自己的经济和个人品质方面带来岁差值。不幸的是，大多数销售员都忽略了这一点，因为他们太过专注于完成销售任务和赚取佣金，忽略了他们产生的岁差值。之所以会这样，又是因为大多数销售员面临着更高层管理人员布置的任务压力。不幸的是，虽然这种方式很好，但并不是让销售员树立端正的销售心态的最好方式。

为了培养更加积极的销售心态，你需要把你的注意力从达到一定销售量转移到你产生的岁差值。我就教我的学生要注意给客户带来增值价值。如果你也这样做，你的销售行为所产生的岁差作用，也会利于你成功改善经济状况和个人品质。

九、激励言语促成积极的销售心态

在本章前面，我谈论了你潜意识中一遍又一遍告知自己的东西会塑造你的心态。你可以定期向自己重复激励的言语，从而有意识地改善你的心态。下面我分享一些我最喜欢的激励言语：

（1）我每一天都变得更聪明；
（2）每一次经历都让我越来越坚强；
（3）我很享受"现在"；
（4）我现在有足够的钱来做我想做的事情；
（5）我所有的投资都是有利可图的；
（6）大家喜欢从我这买东西；
（7）大家喜欢帮我宣传；
（8）成功对我来说不费吹灰之力；
（9）我有创造我想要的生活所需要的一切；
（10）我成就了现在的我；
（11）我有坚定的信念；
（12）我有足够的时间来做我想做的事情；
（13）我的团队吸引了世界知名人物加入。

我经常说这样的激励言语，同时也会根据生活中的事情重要性的变更，定期更新这些言语。你可以参照我的这些激励言语，创建你自己的激励言语。为了潜移默化地将激励言语融入你的潜意识，我建议每次至少连续重复七次。定期这样做可以重塑你的心态。

十、坚持得 7 分，努力得 10 分

我还有最后一个关于心态的想法想跟你分享。这就是我所说的"10 分的游戏"。它的确让我变化不小，我相信也会让你产生很大变化。

首先来说说"10 分"是什么意思。上公开课时，我会说："早上好。"然后大家都回答道："早上好。"对于他们最开始的这个回答，我打 6 分。我

第四章
如何树立端正的心态

把活力和热情程度从 1 分到 10 分分为 10 级，10 分为最高分。

我们又做了一遍，只是这次我说我们会玩一个满分 8 分的游戏，我稍微更有活力和热情地说："大家早上好！"

大家大声回答道："早上好！"

然后我们又做了最后一遍，这一次游戏满分变成 10 分。我告诉大家："这一次我希望你们想一想，你们今年会有多成功？就用多少活力和热情回答我。好，我们试试。大家早上好！"

这一次大家回答得更大声："早上好，埃里克！"

我的问题是：在过去的 30 天里，假设你每天都在做业务，你的表现能得多少分？在态度和热情方面，你的表现能得多少分？在采取行动方面，你的表现能得多少分？在打电话和为了成功必须采取的步骤方面，你的表现能得多少分？

这个 10 分计分法远不止可以用在销售和商业中，它还可以用在生活的方方面面。比如，在过去的 30 天里，你的健康状态能得多少分？你与你最在意的人之间的关系能得多少分？与你小孩的关系能得多少分？与你配偶的关系能得多少分？与其他你在意的人的关系能得多少分？与你最在意的人的关系能得多少分？你的精神状态能得多少分？

我坚信"种豆得豆，种瓜得瓜"，投入越大收获就越大。如果是这样的话，那么，是谁决定我们每天的表现得多少分呢？答案是，我们每天决定付出多少精力决定我们自己能得多少分。

约翰·伍登（John Wooden）是加州大学洛杉矶分校棕熊队（UCLA Bruins）的伟大前教练，用另一种方式诠释了"10 分游戏"。他从不专注于赢得比赛，而更关注球员们有没有充分发挥优势。事实上，他要求球员们在球场上做到最好，无论比赛是赢还是输。因为在每种比赛中，比如篮球，总是有胜者和败者。伍登告诉球员们，无论在篮球运动中还是生活中，注意力应该都放在努力上，而不是放在输赢上。我也有同感。

去做销售宣讲，你可能会卖出东西，也可能卖不出东西。许多人做销售宣讲，没有卖出东西，回到车里后感到非常难过，对自己感到失望。但实际上，他们做得很好。销售宣讲的目的不应该是卖东西！销售宣讲的目的应该是提供高质量的宣讲。如果你的产品或服务提供了增值价值，客户就有更大可能下单购买。你要做的就是提供一个高质量宣讲。如果你做得足够好，会有一定概率增加销售量，但这就不是你该主要关心的了。

有一天，我听到棒球大师巴里·邦兹（Barry Bonds）的一个电台采访。主持人问他，整场比赛中，他的击球都很完美，但都只到了二垒[1]，他是否因此感到沮丧。巴里说不会，为什么要沮丧呢？他做了他该做的。他该做的就是有质量地击球，而不是每次都击出本垒打。同理，作为一个销售员，你该做的是尽可能提供最好的销售宣讲，而不是每次都有销量。

你要坚定不移地做到最好。如果你一直做到最好，你获得的回报也会很丰厚。根据我自己的经验，这样做的人普遍获得的回报与那些没有这样做的人大不相同。你只需要现在、立刻做出决定，从今天开始按照"10分游戏"的理念生活，迎接你的将是一个全新的水平。

当然，有的时候你会比其他时候表现得更好，你不可能每天都得10分。你不可能冲刺跑完马拉松。比赛要像乌龟那样不断往前跑；不能像兔子那样，先冲刺，然后在结束前还要打个盹。持续是长期成功的关键之一。所以，我的目标是每天平均得7分以上。将这养成可以增加你得10分的天数的习惯。如果你养成不断得7分的习惯，随着时间的推移，你的整体表现将超过那些偶尔得10分的人。乌龟最终是打败了兔子的。

> ### ✎ 练习：选择激励言语树立胜利心态
>
> 回顾一下我在本章前面分享的激励言语。利用这些言语创建至少三条属于你自己的激励言语，每天说给自己听，改善你关于销售或生活其他方面的心态。每天至少重复这些激励言语7次。建议你将7分以上游戏融入激励言语，如"我今天要得7分"。

---

[1] 棒球术语。攻方队员击球后跑垒，依次踏触一、二、三垒，最后安全踏触本垒的进攻可以得一分。——编者注

第四章
如何树立端正的心态

小结

本章中，我们谈论了如何通过重复激励言语来使用信念法则，从而树立一种在销售和生活其他方面的成功心态。我们还讨论了销售如何在生活中促成岁差值。在下一章中，我将向你展示如何利用你的成功心态创造价值，最终达成你的目标。

第四章要点回顾

1. 用"销售＝服务"的心态取代对销售的消极信念；
2. 信念法则：你反复告知自己的东西会影响你的信念和行为；
3. 坚定"销售＝服务"的信念；
4. 销售促成岁差值；
5. 创建一份激励言语清单并运用到生活的每个方面；
6. 通过养成持续得 7 分以上的习惯，争取得 10 分；
7. 练习：选择激励言语树立胜利心态。

"大师面对面"：采访里克·巴里（Rick Barry）[1]

篮球传奇人物里克·巴里以 NBA 最佳罚球命中率和总决赛最高得分的记录退役，被评为 NBA 历史上 50 位最伟大的球员之一。他和篮球爱好者埃里克谈论了他不断进步的心态是如何推动他成功的。巴里的经历体现了求胜的心态如何帮助人成为冠军。

埃里克：好吧，我们开始吧。

里克：好的。你那里的天气怎么样？

---

[1] 前美国职业篮球运动员，1967 年荣膺 NBA 得分王，1975 年荣膺 NBA 抢断王，采用俗称"奶奶投"的双手投篮姿势罚球，90% 的职业生涯罚球命中率为 NBA 首位（现已被史蒂夫·纳什超越）。——译者注

埃里克： 典型的加州天气，很舒服。大概 80 华氏度❶。空气清新。你那呢？

里克： 我们在佛罗里达州过冬，前两天才到这里。现在好像是 90 华氏度❷。没想到吧。

埃里克： 的确，好吧，我先播放下这个，然后我就可以开始了。

里克： 好的，那我们开始。

埃里克： 我邀请你的原因是我最近正在写一本关于持续提升的书，主要应用在商业活动中。这像运动一样，持续练好基本功，技术就会更纯熟。有些商界人士，他们坚持提升各种技能，但大多数人可能没有。他们只是得到一份工作，也不知道目标是什么，然后就不思进取了。我想听听从体育运动角度对持续提升的看法。你出名后仍然继续加强训练，这是你的态度吗？是你的人生哲学吗？

里克： 首先，从小我父亲就给我灌输完美主义的思想。他是个完美主义者，我也是个完美主义者。我总是想把事情做到完美。

随着年龄增长，人们会发现那是不可能的，因为没有人是完美的。人人都会犯错。如果你是个聪明人，你会从你犯的错误中吸取教训，但这并不意味着你就应该不再努力把事情做到完美。我就总想把事情做到完美。永远不尝试，永远没有希望。生活中其他事情也是这样，不尝试，你永远都做不到。但与此同时，你也应该从你犯的错误中吸取教训。

与人交谈时，特别是商界人士或老年人，我总是跟他们说，如果你认为自己已经得到了或做到了，你就永远到不了那个点，因为当你到达那个点，自满也就产生了。自满是螺旋下滑、退步的开始。这样下去，你只会一败涂地。所以，绝不能满足现状。

我一直努力训练。其实，我是篮球史上最优秀的罚球投手之一。在我的篮球生涯结束时，我比刚打篮球时有了相当大的进步。篮球生涯早期，我

---

❶ 约 26.6 摄氏度。——译者注

❷ 约 32 摄氏度。——译者注

的罚球命中率只有85%左右，而在最后两个赛季，我的罚球命中率超过94%。

埃里克： 哇，厉害。

里克： 我从不满足于现状。不断提升就是达成目标的方式。我跟岳父住一起，他是个心血管外科医生，80多岁，刚刚换了营业执照，所以如果他想的话，还可以再执业几年。虽然他没有，但他说他会继续学习和研究，看看这行外面的情况，有什么新技术、新工种。这就是生活中你应该采取的态度。这样不管是什么事，你都能有所提升。

埃里克： 你还在NBA时，我稍稍研究了下科比。科比说当他进入NBA时，他看到许多目标就是加入NBA的球员，达成目标后就已经很满足了，没有动力去达成其他目标了。这也是你说的这种心态。根据你的经验，你怎么看其他球员？他们还有上进心吗？是不是大部分人进入NBA后就感到满足了？

里克： 我不能代表其他人，但我认为科比说的没错，很多人就只是想加入NBA。特别是过去的几十年里，NBA球员的收入相当可观。我的意思是，进入NBA后，你的生活就有保障了，你明白吗？你可以获得数百万美元年薪的合同，持续四年、五年或六年，你的生活就有保障了。

这就是我说永远保持进步是重要的因素之一，如果你经营企业或运动队，你就必须找到这样的人，这种人有天赋完成你的期望，你也愿意给他们报酬。你想要的是那种有我们刚刚所说的上进心和端正态度的人，他们要永不满足、尽心尽力。也只有这种人你才愿意付给他们报酬。你不会想把钱给那些满足现状、滥竽充数、只为赚钱、安于享乐的人。

对于经营企业来说，一个重要的因素是选对的人。我觉得不管是商业领域还是运动领域，都是一样的。我对别人说，做生意，不管他们的产品是什么、服务内容是什么，最重要的是，你想雇谁为你工作，想给谁报酬，这都是人员问题。然后就是你还需要有人帮你管理，如教练，他能以最好的方式开发、利用这些人员的潜力。

在商业上也是一样的。你必须对雇用谁来为你工作非常小心。你的责任是找到最适合某个领域的人。你不会把一个销售员放在研究部门，对不？那就要确保熟悉现有的人员，选对的人，确保选的人能够在相应的位置发挥作用，看看谁有上进心、强烈的自豪感，一直努力做得更好。那些人才是你想要合作的人，无论是在商业还是运动领域都是如此。

埃里克：你做解说时，是不是也持同样的心态？

里克：是的，我做每件事都这样。我决不会满足于现实，总会努力变得更好，总会从经验中学习。好的方面应该要保持，错误要尽量减少。但要从错误中汲取经验，如果一遍又一遍犯同样的错误，你肯定会丢掉工作。俗话说："精神错乱就是一遍又一遍做同一件事情，却期待不同的结果。"你至少得稍做改变，得到稍有不同的结果。

我正是这样做的。我总是留意并分析自己做过的事。真希望我那时也有现在的条件。他们比赛结束一回去就可以看比赛录像，可以看某段比赛的影像并关注细节，分析具体过程，看哪些地方做得对，哪些地方做得不对。我们当时可没有这个条件。他们即使不能马上拿到现场的录像，过段时间后也能拿到，然后在投影机上观看。世界变了，不是吗？

埃里克：你做了哪些实际的事情来提升自己？你有没有做一些举措，比如在休赛期做些举重训练或跟教练做些其他训练？

里克：看，你是在现代，有举重训练。我们那时没有举重训练，没有任何力量教练、敏捷教练和营养师之类的东西。这些东西我们都没有。我篮球生涯中大部分时间都没有这些东西，也无法获得帮助。这是为什么有时候我看着照片上的自己，觉得我那时怎么那么滑稽？当时是怎么做到的？因为那时我们也不知道到底该做些什么。没人告诉我们该做什么。这也是为什么现在大家说："哦，你们这些人现在肯定打不了篮球了。"太气人了。如果有他们那种训练，那种复杂的训练，我肯定打得更好，速度会更快、身体更强壮、动作更敏捷。

无论如何，你都必须一直想办法去提升，这是关键。你只能想办法去提升，如今你有很多办法去提升自己，有很多办法去分析过往的表现。

但首先，你必须得对自己诚实。你不能自信过头，你究竟优秀与否？你哪些方面做得好，哪些方面做不好，都应该实事求是。赛季结束后，我知道哪些方面我做得很好，哪些方面做得不好。我不会用整个夏天练习罚球投篮，当然我也会适当练习练习，让命中率更高，但我还是想全面提升。

罚球投篮方面我已经做得非常好了，为什么还要花1个小时去练习？这个时间我去练习其他方面不是更好？比如运球或者移动，这些我想做得更好、做得完美的地方。你应该把大部分时间花在你不足的方面，让你各个方面的能力均衡，全面提升。

埃里克： 在你的篮球生涯尾期，你主要是怎样提高罚球投篮命中率的？有没有特别的东西？

里克： 我说过，我总在想能不能在某方面表现得更好？所以，我开始思考关于这个方面的细节，不断练习，同时问自己："我怎样才能做得更好？我有时候会在哪些地方出错？"

我想到父亲教过我，说我的投篮动作有很多问题，然后教我竖起手腕瞄准、投出、再瞄准。如果用双手投篮，有时候右手很容易比左手用力大些，投出去的球可能偏左或偏右，球可能就会碰到篮筐边缘。球碰到篮筐边缘的话，什么情况都可能发生，它会弹起来，也可能会命中，还可能会掉出来。

所以我就开始这样练习，竖起手腕、瞄准、投出。我把整个过程转变成简单的动作，只练习投球的双手挥动动作，一遍又一遍地练习，确保每次动作都做到位。事实上，在我生涯最后两个赛季的情况是这样的，倒数第二个赛季我有9个罚球投篮未命中，倒数第一个赛季有10个未命中，是在一整个赛季里。

埃里克： 哇，这么多年了，你还记得。

里克： 是的，这是篮球运动中你可以显露自私但却能帮到球队的一部分。篮球运动中没有任何其他可以只考虑自己同时还能帮助到球队的部分，自私的行为往往不一定符合球队的整体利益。但在罚球投篮上你完全可以自私点，只考虑自己，发挥自己的最好水平，你同时可以帮助到球队。

埃里克： 你有没有给现在你的几个儿子也塑造这种心态？

里克： 我试着给他们灌输我父亲灌输给我的思想。对生活中做的每一件事都感到非常自豪，总是尽最大努力，不要害怕犯错和失败。有时候失败是正常的。从那些错误中吸取教训，下次做得更好。但一定要尽最大努力，因为你希望你晚上睡觉的时候，头枕在枕头上，可以对自己说："你知道的，今天我尽力了。"不管做了什么，即便你失败了，也一样可以睡得很安稳。也许不会像你取得成功那样让你睡得安稳，但你仍然可以入睡，你心里明白："我尽力了，我学到了一些东西，明天会做得更好。"

埃里克：我记得在我们之前某次谈话中，你告诉我，在一场比分胶着的比赛的最后时段里，你也不会感到压力很大。关于这方面，你有什么跟我们分享的？

里克：是的，压力本来是不存在的。压力只不过是在危急时刻对自己完成任务的能力缺乏自信所造成的。这个词在体育运动中使用得最多。常听到别人说："压力好大啊！天啊，压力好大啊！"但如果相信自己有能力去做你一直训练去做的事情时，压力就不存在了。我跟别人说，如果我每场比赛都能上场，如果我能掌控一切，我希望我打的每场比赛在进入最后10秒时比分还很胶着，我希望球就在我手上。是的，我没有压力。我生来就是应对那些紧急状况的。

跟其他行业联系起来，比如你是一名销售员，你要做一场大型销售宣讲，为公司争取一份大额购买合同。如果你清楚自己在做什么，对自己的销售能力也有自信，准备得又充分，所有这些因素汇集在一起，你就可以期望把握机会做好这场宣讲，为你公司争取到这份合同，并且你对自己的能力也有信心。所以，这种情况是不会给你带来压力的，压力是对那些没有充分准备的人而言的，终有一天，压力会将他们压垮。

埃里克：是的。那好，里克，真的很感激你在星期天抽出时间和我分享这些。我的问题就这些。我预计就聊15分钟，所以就不浪费你的时间了，非常感谢你今天跟我聊这些。

里克：不客气。注意健康，希望疫情快点过去。谁也不知道未来会怎么样，只能边走边看。但不管发生什么，你拿到的就是这手牌。问题是，大多数人知道怎么玩这场扑克，那就够了。如果手气不好就不打了，对不？这就是为什么你要会玩桥牌，玩桥牌需要技巧和聪明才智，你得学会用一手烂牌获胜。人生也是这样，你得像桥牌玩家，而不是扑克玩家那样。要会玩烂牌，还玩得很好，因为这有助于你成功。

埃里克：我还真没听过这个比喻，的确很形象。谢谢你告诉我。

里克：那好，有什么需要，随时联系我。

埃里克：好的，祝你今天过得愉快。

里克：再见。

埃里克：谢谢，再见。

第五章

如何进行目标设定

从 1973 年到 2018 年，乔·吉拉德（Joe Girard）一直保持着一年内汽车销售量最多的吉尼斯世界纪录。吉拉德 1928 年出生于密歇根州的底特律，高中辍学后，他以擦鞋为生，慢慢成为世界顶级的汽车销售员。1963 年到 1978 年间，吉拉德售出了 13001 辆汽车。1973 年，他售出了 1425 辆雪佛兰，创下了 44 年没人打破的纪录。2017 年，雪佛兰经销商阿里·里达（Ali Reda）售出了 1582 辆汽车，他利用了从吉拉德的畅销书《把任何东西卖给任何人》（*How to Sell Anything to Anybody*）中学到的技巧（顺便说一句，我强烈推荐这本书给所有销售员，特别是汽车销售员）。

在他的书和教学中，吉拉德强调了目标设定的重要性。他教我们，非常渴望一些东西和知道自己想要什么，是成为一个成功销售员的主要条件。他说，你需要知道自己想要什么；你还需要知道，销售是得到它的途径。他还教了我们一些专门的目标设定技巧，用来确定你想要什么和制定实现它的策略。

我花了近 30 年时间研究我所能找到的所有目标设定知识，形成了我自己的目标设定系统方法。在本章中，我会教你一步一步设定目标的策略，这个策略在我自己的销售生涯中成功实践过，也教会了成千上万的学生。利用我的方法，你可以制定一个实现任何目标的策略。在目标设定方法之后，我还会教你如何将 CSI 应用到目标设定中，从而促进你目标设定技能的提升。

一、什么是目标设定

让我们从一个基本的问题开始：究竟什么是目标设定？乍一听，你可能觉得这意思很好理解。我 20 世纪 90 年代初开始学习目标设定时也是这样认为的。当时我参加了由励志演说家博恩·崔西开办的个人发展培训班，他是一位关于销售和个人发展的畅销书作者。

崔西让学员回答一个问题："什么是目标设定？"

大家给出的答案五花八门。一个人说："一个有方向的梦。"

另一个人说："写下你想要的东西。"

还有一个人说："写下你将来想实现的东西。"

听了几个类似的答案后，崔西摇了摇头，说："不对。大多数人都以为目标设定就只是亮出你想要什么。其实，这只是第一步。目标设定是一个过程。如果你没有遵循这个过程，那你所做的就不是目标设定。"

我被深深地吸引住了。一直以来，我都认为自己在进行目标设定，现在突然意识到不是那么回事。这一点从接下来的事中得到了证实，崔西让我们在 3 分钟内写下 10 个目标。时间到了后，我惊讶地发现，我只写了 7 个。崔西问有多少人写出了 10 个。1000 人左右的房间里，仅有大约 5% 的人写出了 10 个目标。

接下来，崔西教给我们一种七步设定目标的方法。从那以后，我开始大量地学习目标设定知识。我研究过托尼·罗宾斯、金克拉、拿破仑·希尔等专家的目标设定方法，他们当中有些人相当出名。

我发现有一些目标设定方法太过于复杂，不太实用。还有一些则太过于笼统、含糊，没有具体说明如何实施。

经过一段时间，我把学到的东西提炼成"十步目标设定法"，既有效又易于实施和教学。我发现这个简化的目标设定方法可以当作实现销售和生活中其他领域的目标最强大的工具之一。目标设定可以用来实现你的梦想生活。

二、为什么需要目标设定

像乔·吉拉德一样，从拿破仑·希尔到托尼·罗宾斯，几乎每个销售和励志培训师都特别强调目标设定的重要性。一流的企业高管、体育教练和名人也是如此。为什么目标设定如此重要呢？

一个原因是你其实已经有了目标，不管你是否知晓。目标天生存在于宇宙运行和人类思维之中。种子的目标是长成一棵植物；动物有寻找食物、玩乐和躲避危险的本能；人类也有寻求快乐、逃避痛苦的本能。此外，人类还有更高的本能，比如渴望知识，这激发了孩子们向父母问问题。除了天生的本能外，我们还有受到父母和周围其他人启发而设定的目标。例如，如果父母非常想拥有一套房子，你可能就会认为拥有一套房子是值得追求的东西。

因为目标既是一种本能，又源于我们周围的人，目标已经存在于潜意识当中，无论你有没有意识到。如果你没有明显意识到你的目标，潜意识中你可能会朝着与你意识到的目标相反的方向前进。但当你有意识地设定一个目标，你就会发现你和你的梦想之间还有距离，你就会开始给你的意识和潜意识施加压力，使它们保持一致，从而得到你想要的东西。信念法则也适用于这里。如果你的注意力集中在一个目标上，你就会朝着那个目标前进。

三、写下目标的重要性

让目标可以明显被意识到的一个重要方法就是写下来。如果不这样做，就不是我所说的真正意义上的目标设定。许多人认为他们在追求目标，而事实上他们并不是。

为什么把目标写下来比简单地在脑海里设定一个目标更好呢？写下来的目标就好比指示标记，指引潜意识朝着醒目的未来前进。没有方向指示的话，到达目的地的机会就很渺茫了。打个比方，假设你的目标是去日本，你在旧金山上了一艘船，却不知道这艘船是去哪的，那会发生什么？你最终会去哪里？船开往哪里，你最终就会到哪里。那如果你来到旧金山码头，看见船坞里有三艘船：一艘是开往阿拉斯加的豪华客轮；一艘是开往洛杉矶的私人游艇；一艘是开往日本的渔船。你可以登上三艘船中的任何一艘，那么你会登上哪艘船？当然，你会选择开往日本的那艘渔船，尽管这艘船是三艘船中最简陋、速度最慢的一艘。你选择这艘船的原因是，它是唯一能够带你去你想去地方的船。

写下来的目标为你指明了你要前进的方向。目标设定规划就像一张地图，画出了生活中你要走的路线。把地图画下来，它就可以用来指引你去实现梦想。

四、十步目标设定法

那么如何设定目标？目标设定的方法有很多。大多数都有一些共同特点，但有的好，有的一般。我相信我即将跟你分享的十步目标设定法是最有效的。

我设计这个方法时，希望它是最有效、实施起来最简单的。设计过程中，我也参考了许多其他方法，但它们要么太复杂，要么太简单而缺少足够的信息，都没有什么效果。下面的方法就是为你设计的，这十个简单的步骤能够助你梦想成真。

1. 想想你要什么，并写下来；
2. 仔细想想你要什么，并写下来；
3. 确保你的目标是可以衡量的；
4. 确定你想要这个目标的具体原因，并写下来；
5. 确定一个明确的目标实现日期，并写下来；
6. 列出你为实现目标所需要采取的行动步骤，并写下来；
7. 根据行动步骤列表构建一个行动计划，并写下来；
8. 采取行动；
9. 每天都要做一些与之有关的事情；
10. 尽可能多地查看你的目标。

实施这些步骤时，注意遵循以下一些建议。第一步，首先问问自己想要什么。比如，你最理想的工作是什么？退休后你想有多少钱？你一辈子想去哪些地方旅游？问自己这些问题可以让你潜意识中的答案显化。不要质疑自己，一想到答案就写下来。这些答案是不会说谎的。你想到的答案会有很多，从中你可以选择一些作为你的目标。我将这些答案称为思维菜单，菜单上的选择越多越好。

第二步，一旦你写下思维菜单，就是开始缩小选择范围的时候了。选其中一个目标坚持到最后。这个目标尽可能具体点。比如，可以是"我想在接下来的12个月里赚10万美元"。注意，不能是"我想在明年赚更多钱"，这个目标不够具体，太模糊。目标越具体，你的注意力就越集中。

第三步，回顾你的目标，确保那是可以衡量的。我所说的可以衡量的意思是，你可以使用一个参照标准来确定你完成了目标。比如，如果目标是一年赚10万美元，或者减肥53磅（约24千克），这就是可以衡量的，是符合要求的。如果目标是不可衡量的，那就回到上一步，重写这个目标。一定要确保这个目标是可以衡量的。

第四步，通过确定想要实现目标的具体原因，给目标附加一个为什么。大多数人无法达成目标的原因是他们没有令自己信服的坚持下去的理由。设定目标时，看看你想达成目标的原因是什么。你的原因是否能够支撑你克服各种阻碍？如果没有足够强烈的原因，那就去想一个。花点时间真正思考一下，实现这个目标对你意味着什么。也想一想如果你无法实现这个目标，会有什么后果。将你为什么要成功达成目标的原因写下来。写下来之后反复读一读。读完以后问问自己："我有没有足够强烈的动机克服我将遭遇的阻碍？"如果你的动机不够强烈，回过头重新写一个，直到想出能让你有更大动力的因素。

第五步，写下达成目标的时间。给大脑的潜意识定一个实现目标的期限。这样你的潜意识就会按照这个时间点驱使你开始努力实现你的目标。

第六步，开始制定达成目标的策略。可以先问自己达成目标需要采取哪些步骤。在这点上，只需发挥你的想象，想出的主意越多越好，不要质疑自己，也不要将你的行动步骤进行特定排序。我称这为创建行动步骤菜单。

第七步，将行动步骤的具体内容按先后排序。这包括优先执行哪些步骤和按什么顺序推进。完成这一步之后，就有了一个达成目标的计划。

第八步，该采取行动将计划付诸实践了，这是最重要的一步。目标很美好、计划很周密，但它们无法自行实现，只能靠我们采取行动。有多少次你计划要去做某事，但到了该行动的时候，却没有行动？必须坚持每天都行动，即使只是一小步。记住，聚沙成塔，集腋成裘。持续行动时，即使增量再小，都可以借鉴动量定理，一旦物体开始运动，它就会倾向于一直运动下来。千里之行，始于足下。

第九步，要坚持采取行动。采取行动应是持续的过程，而不是一种一次性行为。每天都朝着实现目标而努力，即使只是一小步。正如罗马不是一天建成的，在大多数情况下，宏图远志也不是一天之功，需要耐心。

第十步，定期回顾目标，激励朝着目标前进的持续行动。眼不见，心不烦。人类没有最好的记忆能力。你已经投入时间完成了第一步至第九步。现在你已经为实现目标制订了计划，并写了下来，你可以花几分钟时间回顾 5 至 10 个目标。回顾目标的频率越高，目标就越容易融入你的潜意识中，潜意识也就越能驱使你朝着实现目标前进。

注意，除了采取行动的第八步，其他每一步都需要思考你想要什么。记住：我们成为我们希望成为的那样。这是十步目标设定法的一个关键。在这个过程中，你需要花时间去思考生活中你最想要什么。许多没有达成目标的人把时间都花在思考他们无法成功的所有原因、如何解决无关的问题或他们没有钱这个事实等方面了。思考这些问题本身没有错，但是，如果你选择去思考那些问题，看到的只是结果而已。记住：我们只会成为我们希望的那样。

五、将 CSI 应用到目标设定中

目标设定方法的基本知识你已经了解了，让我们再来看看将 CSI 应用到目标设定的先进方法。将 CSI 应用到目标设定，目标设定就变成了一种实现持续提升的工具。你可以利用 CSI 设定一系列目标，而不只是一个目标，这些目标有助于你实现你的最终目标。

（一）将目标设定视为提升业绩的一种策略

将 CSI 应用到目标设定，目标设定就变成了提升业绩的一种策略。目标设定能够逐渐提高业绩，业绩提高也是 CSI 的重要组成部分。在提升 CSI 四个关键的过程中，你可以使用本章中的目标设定法设定一个目标。这个目标达成后，再设定下一个、下一个、再下一个，同时你本身也在持续提升。

关于业绩持续提升的例子，我想到这样一个人，他名叫乔丹·阿德勒（Jordan Adler），著名的网络营销大师。他开始从事网络营销时并不是很成功。头11年里，他在10家网络营销公司工作过，一个经销商都没有争取到。34岁时，他的银行存款只有200美元，还有3.6万美元的信用卡债务，他住在一个车库里。后来经过三年的提升，他成了公司收入最高的人，拥有超过250万的经销商。他接着在网络营销上又赚了2000万美元。如今，他的业务规模扩展到超过20万经销商和50万客户之多，他也是世界上顶级的网络营销人员之一。这就是通过目标设定持续提升带给他的好处。

（二）规划一生，而不是一个月

CSI的另外一个特点是，设定的是一生目标，而不是月目标。许多销售员想的是每个月的业绩目标，因为他们的主管就是这样设定目标的。设定月目标并没有错，但仅限于月目标会限制你的眼界。如果没有达成月目标或仅提高了一点点，你会认为自己是个失败者。

但是，如果把完成月目标看作达成长期目标的一部分，情况就不一样了，就等于从另外一个角度看待这个问题。如果把目标设定当作持续提升的过程，那么月目标就可以看成缓慢但确定朝着人生目标前进的过程。规划一生，而不是一个月，你也会找到达成月目标的动力。

（三）设定成绩斐然的最后一天

为帮助你做一生的规划，我有个不同的想法，称为设定成绩斐然的最后一天。我们每个人在工作期间、退休或去世前，都有过成绩斐然的日子。我计划做一名专业销售培训师，一直做到2046年9月12日。我手机上装有一款名为"终点倒计时"（Final Countdown）的App，功能是可以在上面登记一项事件，然后随着事件的临近，会有一个倒计时。我在上面录入了2046年9月12日，用来提醒我自己，我还有多少时间用来努力达成成绩斐然。这有助于我从几十年而不是几个月的角度去思考问题，制订长期的计划。这也有助于激励我不断努力，因为所剩时间越来越少。

（四）制订百年计划

另一种利用 CSI 进行长期规划的方式是制订一个百年计划。你可能会想："100 年后我都不在了，干吗还要制订百年计划？"原因有几个。首先，有助于你从长远角度思考问题。比如，想象一下未来 100 年科技会发生什么变化；这些变化随着你的年龄增长，会对你产生什么影响。其次，即使 100 年后你不在了，你的孩子、孙子都还在。制订一个百年计划，是在考虑你的子孙后代，以及你现在的行为将给他们产生什么影响。

（五）利用"智囊团原则"

CSI 目标设定还可以利用拿破仑·希尔所说的"智囊团原则"（Mastermind Principle）。拿破仑·希尔教导我们说，更有效地实现目标的一种方法是与能给你提供意见和建议的人合作。这样做也就是在把自己的思想融入一个团队里，这个团队就叫"智囊团"。

将"智囊团原则"应用到 CSI 目标设定中，意思就是，你不必只靠自己去实现目标，你可以从其他人那里获得意见和帮助，包括导师、商业伙伴、员工或外包供应商。通过利用其他人的知识和技能，你可以比只靠自己更有效和更快速地实现目标。

（六）只要行动就是胜利

我想分享的最后一个与众不同的 CSI 目标设定方法是只要行动就是胜利。通常，开始朝实现一个目标而努力时，可能会有各种阻碍让你无法达成目标。比如，可能你设定这个月的销售量要达成 100，但最终只实现了 90。许多人会说这是失败，让人沮丧。但我说这是胜利，只要你采取了行动，你就离目标更近了，比不采取任何行动要强。如果将行动视为胜利，它就会激励你不断朝前，为实现目标持续提升。

✏️ 练习：目标设定实践

刚刚，我们学习了世界上最强大的目标设定方法及如何运用 CSI 原则使其更加强大。现在，是开始采取行动实施这些原则来创造理想生活的时候了。

为练习目标设定，我希望你用十步设定法设定一个目标。你的目标可以是月销售量、年销售量、一生的财富目标或者任何你想实现的东西。根据本章提到的方法，把目标写下来，然后每天采取行动，朝着你的目标努力。

小结

将设定的目标写下来是实现梦想的关键。为了使你的目标设定策略生效，你需要采取行动，这就需要时间管理技能了。下一章中，我会教你一种时间管理方法，让你将目标设定策略付诸行动。

第五章 要点回顾

1. 目标设定是一个过程，而不只是一个目标；
2. 利用潜意识达成目标需要目标设定；
3. 目标必须写下来；
4. 遵循十步目标设定法达成目标；
5. 光有规划和目标设定还不够，还必须采取行动；
6. 将目标设定看成一种提升业绩的策略；
7. 制订一生规划，而不只是一个月；
8. 想象一下成绩斐然的最后一天；
9. 制订百年计划；
10. 利用"智囊团原则"；
11. 只要行动就是胜利；
12. 练习：实施目标设定。

"大师面对面"：采访鲁西·博尔顿 [1]

女篮名人堂入选者、美国陆军预备队老兵鲁西·博尔顿（Ruthie Bolton）在奥运会篮球比赛中获得了两枚金牌，后来又入选了国家女子篮球联盟（WNBA）的全明星阵容（All-Star）。她和埃里克谈论了对成功的渴望是如何激励她追求高目标，并努力实现那些目标的。鲁西是关于如果致力于目标设定会发生什么的极佳例子。

埃里克： 我这本书是关于持续提升的，就是一直保持要变得更好的心态。我想跟你谈谈你的篮球生涯，从高中、大学，到职业球员、奥运会。你是不是也保持着持续提升的心态？

鲁西： 是的，那肯定是持续提升。持续提升的心态在我的基因里，我一直渴望做得更好，并尽我所能，希望自己成为最优秀的那一个。我把自己在不同阶段的表现作为衡量的标尺。

我们过去有一种被称作"自杀式"的篮球训练法，我在27秒内就完成了一组。这已经相当快了，但我还是想缩短到26秒内。我想打败自己，这是我想做到更好的原因。我参加那个训练是因为每个人都说："这个训练很难。"那是一种跑步练习，他们称为移动防线。我不知道他们现在还用"自杀"这个词吗？我知道他们一直用"防线"来称呼。

我表现得很好了，但我在跟自己赛跑。表面看起来，我好像在跟队友们比赛，其实不然。所以，有时候我会明确表示："我在跟自己比赛。"我在突破极限。这时，教练找到了我，因为我不想让人觉得我在炫耀。教练对我说："听着，不要担心别人会说什么，做好自己就行了，不要有压力。"我答道："好的，我会坚持。"

我总是想要挑战自己，想要打败我自己。这使得我渴望并努力做到更好。我给自己定的目标比别人要高。我会很"贪婪"，这是一种谦虚的"贪婪"，我从不喜欢消极的"贪婪"，我的"贪婪"是积极的。就像我父亲说

---

[1] 萨克拉门托君主队（Sacramento Monarchs）主力队员，获得两次入选全明星阵容、一次入选WNBA一线队荣誉。——译者注

我那样，我喜欢吃苦，不喜欢清闲。我会尽全力做好自己。

埃里克： 在奥本大学比赛的时候，你进入首发阵容，你那时还有其他愿望吗？

鲁西： 我那时还有其他愿望，我一直在想，教练什么时候会对我说："对不起，你还不够优秀。"因为有一次我正打算上场，他坐到我前面对我说，你在大四的时候还不是打得很好，没有你姐姐打得好。这些激励我要去超越，我必须超越，我不能满足于已经够好了，我必须要做到最好。我不想让他们说："嗯，鲁西表现还不错，挺好。"我只想他们说："哇，那个人是谁？"我不想再回到没有犯错余地的境况了。

我一直努力超越自己。所以当我开始打球，就总是期望更多进步，期望从比赛中学到更多，期望迫使自己发挥得更好，从而走出困境。

埃里克： 你用了哪些方法让自己变得更优秀？你会想要变得更优秀，但真正做了些什么呢？

鲁西： 以投篮为例，大学的时候我并不担任投篮手，那时我是一名后卫，主要负责传球。我传球很差，但我坚持过来了。当时，一个女孩受伤了，他们让我替补她，我说："我传球不行。"他们说："如果你想打下去，你就得学会传球。"在球场上，他们要高传球时，我却传得很低；他们要低传球时，我却传了高球。他们会在这种时候大叫我的名字。

但让我坚持打下去的还是我的防守，至少在别人眼中是这样的，因为我打的就是后卫。而为了提高打球技术我做了什么呢？我会看录像。我看录像就是看手的动作，比如手的姿势是不是抬得够高。场上，我也只看队友的手，手的姿势会说：传给我，不要担心。我就会传给她，非常果断地传给她。而有时因为对方的防守，我又不得不传得稍稍偏离，她就不得不调整位置接球。

所以我就开始注意细节："我如何才能传得更好？我得这样做。"然后我会想："我得努力学习传球。"然后是抢篮和投篮，我在投篮方面也确实需要提升。这时，我就打算改变练习的心态。我不能只投100次篮。如果只是投100次篮，就不过是在走形式，但如果我真打算投100次篮，那我的整个心态就变了，因为我光想着要投100次篮，那接下来就得来真的了，投一个数

第五章
如何进行目标设定

一个。

我又给自己定了一个训练投篮能力的目标，让我更有紧迫感。我偶尔会问教练："能不能看一下上一场比赛的录像？"后卫一般是跟队友一起看录像，但我想自己看。我在和队友一起看的时候发现我一直在左边跑，我想看看为什么。我想仔细看看。看了之后，我才明白："天哪，我知道为什么她们回传的时候我总会站直身体，而不是放低站姿了。我明白了。"

在那一刻，我就像身临其境。透过镜头，我看着球赛，开始想象自己就在现场。当我发现自己失误，想象自己马上纠正了那个失误。我会想："哦，好的，下一次球传出去，我会放低站姿，变换脚步，变换臀姿，我不会再站直身体了。"我就这样在那一刻纠正了自己的失误。然后是投篮，我在左边的投篮失误好多次，我开始在想象中纠正自己的投篮："没事，我可以靠近篮筐再投，而不是站在左边去投。"

我建议所有运动员，一定要养成看录像的习惯。但我可以十分肯定地说，我发现这种方法的时候已经有些晚了，就算是在大学时发现的也晚了，大学毕业后就更晚了。但因为我总是非常投入地看录像，慢慢地也提升了不少，到我教练退休时，她说："鲁西自己总是很拼命，我没有教她什么东西。"她非常赏识我真正关注细节的运动精神。后来我了解到，在军队也一样，这只是一件小事，但它可以造成或打破一整个局面。

埃里克： 你是说除了训练，你会比其他大多数球员花更多功夫。如除了跟球队一起看录像外，还会独自去看录像？

鲁西： 我不得不更加努力，因为我落在所在球队的其他人后面。他们都是从"全美高中全明星赛"（high school All-American）中录取的。他们本身就是超级明星，但我是无名小卒。我给他人的印象就是："这个鲁西是谁？"我最后成了正式球员，成了突然冒出的无名英雄。我做到了，这不是天上掉馅饼，是我自己努力的结果。

我改变了自己的心态和体育精神。他们也看到了我有多努力、付出了多少。我牢记"我要变得更优秀，我要看更多录像，我要花更多时间练习步伐，我要更努力，超过所有人"。

你知道的，我甚至不可能作弊。我们得将练习和锻炼都记录下来。锻炼就是你得将在家休息期间做的都记录下来。我当然可以写下我绕着跑道跑了 4 圈或跳绳跳了 500 次，那样做他们也不会发现。但我感觉他们就是会知道。我对自己说："如果我作弊了，欺骗他们了，他们会找我谈话。"我对此感到害怕所以决定照实去做。我想就是这个小事让我与众不同，因为我尽了全力。

埃里克：你在力量和体能方面还做了些其他什么没有？

鲁西：是的，埃里克，有的。我在健身房是最强壮的那个，我也知道这一点。在我们队中，我就代表健康、好身材，并展示了锻炼的重要性。我对他们说："我读书的时候，既不会运球，也不会传球，队友们都问我'你到底会什么？'但你们知道吗？我很强壮、耐力好，在学习打篮球前，我就只有这些了。"是的，这就是我所拥有的。如果你态度端正，有良好的体育精神，在你天赋还没发挥出来前，它们将是你的亲密伙伴。

埃里克：你觉得这种心态是受到你父亲的影响，还是有其他什么原因，或者受很多事情一并影响形成的？

鲁西：我觉得是很多事情一起影响的。你听过栅栏的故事没有，是一个关于 14 岁的小女孩翻越栅栏并获得自信的故事，我经常讲给别人听。我很赞同这个故事。我曾讲给我弟弟听，他说他们都认为那个女孩一定疯了，有什么大不了的吗，不要担心，那里明明没有摄像头。我的意思是，我也没有被摄像头监视或也没有什么压力的影响。但在那一刻，我自己心里有杆秤。我需要那种时刻，那种时刻真的很关键。这也是我想努力摆脱的东西，随着生活中的阻碍越来越大，我想摆脱心里的那种欲望，那种无情的欲望，只去做我认为对的事。

这就是我从个人经历中得出的结论。我很早就建立了这样的基础，我认为有我自己的原因，也有遗传的原因，当然，我父亲对我的影响是最大的。

89% 的情况下我都会翻过那个栅栏，会在那种情况下做出那样的反应。我对此感到自豪，因为我没有退缩，我真的非常自豪。

埃里克：好吧，太棒了，鲁西，我想知道的就这些，非常感谢你在周六抽出时间接受我采访。今天就到这里，祝你开心。

鲁西：谢谢，埃里克，代我向你家人问好。

埃里克：谢谢，鲁西。

鲁西：再见。

埃里克：好的，再见。

第六章

如何进行时间管理

企业家蒂姆·费里斯（Tim Ferriss）成功经营了一家公司，并在这一过程中感受到了很大压力，从此开始对时间管理产生了兴趣。2000 年毕业后，费里斯在一家数据储存公司从事销售工作。与此同时，他创办了一家基于互联网的运动营养品公司。费里斯赚了很多钱，公司也经营得很好，但他同时发现自己每天要工作 14 小时。

疲惫而烦恼的费里斯去欧洲旅行，度了三天假。他发现，旅行不会耽搁公司业务的处理，他只需要定期查看电子邮件并将日常任务安排下去就行。这让他有了更多的空闲时间，工作压力也小了。费里斯将他的经历写成一本名为《每周工作 4 小时》（*The 4-Hour Workweek*）的畅销书。在他的书中，费里斯总结了如何居家办公，且每周只需工作 4 小时。

虽然我更喜欢每周工作 4 小时以上，但我也发现时间管理是经营公司很重要的一项技能。为了成功实施上一章讲到的目标设定策略，你需要培养有效管理时间的能力，这样才能分步骤地采取行动。在本章中，我将教会你时间管理的策略，用来支撑上一章讲到的目标设定策略，我还会教你如何使用 CSI 最大限度地利用你的时间。

一、时间管理就是做出更好的时间选择

虽然我认为自己是个时间专家，但也并不是从一开始就是的。20 世纪 90 年代初，我才 20 岁出头，当时还是麦当劳的一个厨师，每小时赚取 5 美元，也就相当于现在的 10 美元。我工作 1 小时赚取 5 美元，这就是我 1 小时时间的价值。但从麦当劳工作以来到现在，很多事情已经发生了翻天覆地的变化。其中变化最大的事情之一就是我对时间的理解。

我逐渐认识到，时间管理就是做出更好的时间选择。你用自己的时间去做什么事情反映了你的价值观。你会花时间完成你优先选择的某事。这直接与目标设定相关。为了达成目标，你首先得判断这些目标的优先级，然后再采取行动去实现它们。

例如，我选择了在销售和个人提升培训上投入大量时间。这对我来说是明智的时间选择，因为提升技能能让我把业务发展到今天这个程度。我选择在写书、出书上投入大量时间。我相信这也是很明智的时间选择，因为我花在写作和出版上的时间将来能带来更多价值。我不仅能够从图书销售中获得经济利益，看到人们读我的书并在未来的许多年里受益，我也会有强烈的满足感。

你会怎样利用你的时间？是否会优先考虑那些有助于你达成长期目标的活动？你是否花了太多时间在那些对你实现目标没有帮助的事情上？回顾一下你的时间选择，想一想你是否充分利用了你的时间。

二、树立时间管理大师的心态

心态应用在时间管理中跟其应用在其他领域一样。许多人都有拖沓的心态，但如果你有拖沓的倾向，你的潜意识就会为你找到一些借口。借口可能有以下几种：

（1）我太忙；
（2）我现在还有其他事情要做；
（3）我今天太累了；
（4）我现在不想做；
（5）我可以等会儿再做；
（6）我有空就做；
（7）我本来打算去做的；
（8）我就是喜欢拖沓；
（9）我不擅长时间管理。

幸运的是，正如我在心态那章所讲，心态并非一成不变的，它灵活可塑。时间管理是一项可以学习的技能，如果认真学习时间管理，你就可以变得擅长它，甚至变成时间管理大师。

要变成时间管理大师，你可以利用激励言语抵消拖沓的想法。在上章谈论心态时，我讲过我是如何帮助我的明星客户乔伊·阿斯特鲍姆树立时间管理大师心态的。下面就是我在这个过程中告诉乔伊要每天复述的三条激励言语：

（1）我是时间管理大师；

（2）他是时间管理大师；

（3）乔伊是时间管理大师。

为什么我要让乔伊用这三种方式对自己重复？莫伊博士教我，如果用三种人称复述，包括把自己的名字放在第一人称，这就可以从三个角度影响到潜意识。仔细想一想，这是有意义的。用第一人称"我"时，你站在第一人称视角，把某人当作说这句话的人。用第三人称"他"时，你就像在看别人在说这句话。当把自己的名字加在第三人称上时，你通过把观察的视角内化，而将第一人称和第三人称结合在一起。这三种激励方式能够帮助你从内部和外部将自己看作一名时间管理大师。

下面还有一些激励言语可以帮助你树立时间管理大师心态：

（1）每一天，我在时间管理方面的能力越来越强；

（2）我十分擅长行动，是行动大师；

（3）每天开始前，我都计划好了这一天。

你可以每天复述这三条激励言语；也可以选其中一句连续复述几天，然后再定期切换。

三、时间管理真理

树立时间管理大师心态还需要正确的时间管理信念。对时间管理所持的信念决定了时间管理的程度。其中，有些信念相对于其他信念更有利于时间管理，这些信念就是时间管理的一些重要道理。

（1）每个人拥有等量的时间；

（2）时间具有未来价值；

（3）有些活动相对于其他活动能够产出更高的价值。

让我们更详细地看看这些道理。

每个人拥有等量的时间。每天有 24 小时，每周有 7 天，每周有 168 小

第六章
如何进行时间管理

时。这就是我们每个人在一周内拥有的时间，要用来完成一周内所有的事情，包括业务和个人事务。你可以像做金钱预算一样来做时间预算。预算反映出考虑事情的优先级。优先级靠前的事情需要从其他事情上抽出时间，并依此来安排时间表。而能够预算的时间是固定的、有限的。

时间是有价值的。可以用1小时的经济价值来衡量时间的价值。要计算1小时的经济价值，先取一年中工作的时长，再用一年的总收入除以总工作时长（年收入÷年工作时数）。一般来说，如果全勤工作，每年工作时数应为2000小时（50周×40时/周）。如果一年赚10万美元，每年工作2000小时，1小时的价值就是50美元（100000美元÷2000小时=50美元/小时）。1小时价值的高低取决于每周工作的时数，根据你实际工作的时数而定。

如果1小时对你来说价值50美元、100美元或其他金额，那要是因为时间使用效率低下而失去1小时，对你意味着什么？那就意味着你失去了1小时价值的金钱。另一方面，如果你能更有效地使用时间，你就能获得更多金钱。

例如，假设你用了一种可以让你每天在日常任务上节省1小时的技术，你就有更多时间开发客户、安排面谈和召开销售会议。节省出来的时间可以使年时数总量增加。一天节省出1小时，一周就可以节省5小时，如果每年休息几周，也能节省250小时左右。如果每小时赚50美元，那一年就可以额外赚取1.25万美元。10年下来，就可以额外赚取12.5万美元。

了解自己1小时的经济价值，你就可以做出更好的时间管理选择。帮我打扫房子的工人来一次收费75美元，每一次打扫大约花费她和她的团队3小时。如果我自己做这些工作，也花我3小时，那我每小时也赚25美元。而我实际每小时赚取的远不止25美元。所以让她和她的团队帮我打扫是更好的选择，我就可以把时间花在更有效益的活动上了。同样地，你可能会发现，把销售、业务或个人生活方面的某些活动外包给别人去做，时效更高、成本更低。比如，销售经理可以将客户开发外包给电话呼叫中心。这样，他手下的销售员就可以将注意力放在客户跟进上，这也是他们的专业所在。

对每小时价值的了解形成了时间管理的一个关键原则：做你最擅长的，雇别人做其他事。这个原则有助于你选择优先进行哪些任务和活动，避免将时间浪费在不重要的事情上。

时间投入也会带来未来价值。现在投入时间进行的活动，可能会在将来产生收入。例如，将钱投入教育，将来没准会获得更高收入。同样地，一个公司投资研发，就可以生产出能产生更高利润的创新产品。把钱存进银行也一样。今天进行活动所投入的时间势必会在将来获得回报。

四、三步时间管理法

我坚信每个人都应该有一种属于自己的时间管理的方法。我开始寻求时间管理之道时，也关注过别人提出的方法。我发现大多数方法都太复杂，不便付诸实践。其中许多还要求你购买一个特殊的日程表或手机软件。我看了所有能找到的时间管理方法，没有一个适合我，所以我创建了我自己的时间管理方法。在这里我也会教给你。

我的时间管理方法非常简单，适合任何年龄的人，甚至包括在校的学生。它不需要任何特殊的日程表或手机软件。当然，你喜欢的话也可以用一些辅助工具。我的时间管理方法很简单，并且完全免费。我建议你尝试一下，如果喜欢的话，可以随时分享给你觉得能从中获益的任何人。

我的时间管理方法很简单，分为三步：

（1）每天花 14 分钟在纸上计划你的一天；

（2）在 14 分钟的计划过程中，写下今天要如何分配你的时间；

（3）运用八二法则确定今天可以产出最大价值的两个重要活动，在一天的计划中优先考虑这两个活动。

第一步，可以在当天早上或头天晚上作计划。14 分钟仅占一天的 1%，我相信你花在计划上的每一分钟都能多产出至少 4 分钟的价值，所以每天花 14 分钟来做一天的计划是值得的。在做计划的这段时间不要受任何事情的打扰。我在做 14 分钟计划时，不看电话、不发信息、不看邮件、不吃零食。我把所有精力都放在计划上。

第二步，问自己一系列问题来帮助你计划一天的活动。比如，你可以问：

（1）我要跟谁预约面谈？

（2）有哪些问题我需要跟进？

（3）我今天的目标是什么？

经过一段时间后，我整理了一堆问题，可以用来在做计划时问自己，为一天做一个理想的计划。这些问题如下：

（1）我今天的表现预计能得几分？

（2）我打算花多长时间来做计划？

（3）我的最佳机会在哪里？

（4）我今天如何向通讯录里的人展开营销活动，从而发展新客户？

（5）我今天有些什么目标？

（6）看看我今天的菜单。

（7）我今天要怎么赚1万美元？

（8）我今天可以改进哪些工作方法？

（9）我今天该如何发挥优势？

（10）什么事情值得我花1个小时创造出最大的价值？

（11）我今天必须完成什么？

（12）有谁需要跟进？

（13）我今天如何才能创造最多的收入？

（14）我的团队今天如何才能创造最多的收入？

（15）我的销售团队有没有足够的新客户？

（16）在精神方面，我今天能做些什么？

（17）我今天要为妻子做些什么？

（18）我今天要为孩子们做些什么？

（19）在健康方面，我今天能做些什么？

（20）将八二法则运用到我的计划：我今天最有价值的两个成果会是什么？

我将这些问题存在电脑里，专门建了一个文档名为"当天时间管理问题"。这些问题你可以作为模板或参考，创建适合你自己的问题清单，争取每天都能做出理想的计划。

第三步，运用八二法则。八二法则也称帕累托法则（Pareto principle），这是以意大利经济学家维尔弗雷多·帕累托（Alfredo Pareto）的名字命名的。帕累托注意到，意大利 80% 的土地掌握在 20% 的人口手里，八二法则就是源于这个研究结论。它提出，80% 的成果是由 20% 的少数来产生的。例如，如果一个销售团队有 100 人，最顶端的 20 人所产生的销售结果可能等于后面 80 人销售结果的总和。

八二法则同样适用于时间管理。在列出当天想要做的事情清单后，将其中 20% 的事情放在最前面，这些事情在完成后会产出最大的价值。为易于看清，我会查看我的活动计划列表，然后在产出价值最高的前 20% 的活动前标上星号。接着，在当天的时间表里，我会优先考虑那 20% 的活动。

如果你讨厌"计划了，又不能全部完成"，也因此正在为计划时间表而烦恼时，八二法则对你就有所帮助了。通过运用八二法则，你可以将需要做的所有事情列出来，即便最终只完成了其中一些事情，你也不会感到失落，因为你完成的是重要的事情。我就很少能完成所有的日计划任务，这就是为什么确定最有价值的活动如此重要。

如果你在今后的职业生涯中，每一天都能坚持运用这个时间管理的方法，你的业绩就会有明显的提高。对一般人来说，我相信，坚持运用这个方法也可以帮助你在今后的职业生涯中增加经济收入。

五、将 CSI 应用于时间管理

时间管理方法的基本知识你已经了解了，让我们再来看看将 CSI 应用到时间管理中的先进方法。将这些方法与基本的时间管理方法相结合，可以更有效地利用你的时间。单独或结合使用这些技巧，可以获得更好的成果。

（一）利用无限时间

杠杆作用是时间管理中最重要的一个方面。杠杆作用就是用较小的力撬动较重的物体。我学到关于杠杆作用的最有趣的概念之一就是我所说的

"无限时间"，意思是，用每小时产出的结果而不是多少分钟作为单位来衡量时间。

大多数人认为1小时就只等于连续的60分钟。以这种方式看时间，时间就是固定而有限的。但时间也可以用每小时产出的成果来衡量。用这种方式衡量时间，就可以从时间中得到更高价值。我称这为"无限时间"原则。

有时，1小时的价值不到1小时；

有时，1小时的价值等于1小时；

有时，1小时的价值大于1小时。

下面我们举个例子。投入了1小时看电视，从生产力方面看，产出的成果为0。如果1小时打了20个销售电话，这样投入了1小时，产出的成果就是20个电话。我现在在写这本书，写完整本书可能要花250小时，而书的销量可能大于100万本。相对于看250小时电视，我花在写书上的250小时产出了更多的成果。

再举一个例子。花1小时给一个人做销售宣讲，完成一笔交易，产出了几小时的成果？产出了1小时的成果。但如果用1小时同时给100人宣讲，又产出了几小时的成果呢？产出了100小时的成果。投入了同样的1小时，获得了100小时的成果，这就是无限时间。

有时候，甚至不花时间也能产出结果。比如我在某个时候遇到了某些人，向他们推荐了我的某本书、网站或演讲，最后就可能促成购买。我没有专门投入时间，但获得了成果。

书面销售文案是另一种杠杆形式。销售开始时，你必须花点时间来完善销售文案，一旦这样做了，你将一生获益。

利用无限时间的方式有很多。无限时间是一个强大的概念，你总有办法运用它。你要养成去思考如何从1小时中获得数小时成果的习惯，这样，你从有限时间中获得的成果就会越来越多。

（二）利用技术提升时间效益

技术提供了很多不同的工具，可以提升每小时产生的效益。能够帮助你管理时间的一个基础技术工具是预约安排工具。

预约面谈对销售员来说非常重要。但与客户联系、对照日历和找一个双方都适宜的时间点是需要时间的。有时候，你不得不重新规划面谈时间表。当然，花时间预约面谈比花时间开发客户和做销售宣讲要更值。

幸运的是，现在有一些软件可以用来预约日常面谈安排。比如，我目前在使用一款名为 Calendly 的软件。Calendly 可以通过微软邮箱之类的程序给别人发链接，链接中可以与别人分享电子的日程安排。然后，他们可以从你的日程安排中选一个适合他们的时间点预约一次面谈。这样节省了你和客户双方的时间，你可以安排更多的面谈，或是把时间花在其他活动上。

有助于利用时间的最伟大的技术工具是电子邮件。如果有人访问了你的个人网站，并注册了，你就获得了他的电子邮件地址，接下来就可以定期给他们发送电子邮件。假设写一封邮件要花 15 分钟，发给一个人你就获得了 15 分钟的成果；发送给 100 个人，你就获得了 1500 分钟的成果。你也可以聘请一个专业的电子邮件营销人员，他每周工作 20 小时。这样，你每周就能获得 20 小时的成果，且自己没有投入任何时间。假设你的电子邮件通讯录中有 100 个对象，你每周给通讯录上的人发送 3 次邮件，一年下来，你就等于给 100 个人发送 156 封邮件，进行 15600 次营销；10 年下来，就是 15.6 万次营销。

视频是另外一个提升时间效益的技术工具。假设进行了一次 200 人左右的现场宣讲，虽然已经不错了，但如果我把这次演讲的视频上传到脸书或油管（YouTube），我就等于同时给成千上万人演讲。我还可以将视频链接分享给我的粉丝和电子邮件订阅者，这样就等于给更多的人演讲。通过这种方式，我花在现场演讲上的时间单位产出了更多的成果。

说到视频，我有些额外的建议。许多人害怕上镜，他们担心自己在镜头里显得不好看。但其实，现如今几乎每个人都有智能手机，人们都习惯在视频里看到对方，这已经和面对面交谈没有什么区别了。

视频还有另外一个特征。现在许多电视节目和视频都是以真人秀的方式拍摄的，幕后故事成了节目的一部分。社交媒体上也可以用一样的方式。你可以在做日常活动的同时，如在家里走动或开车时，把日常生活拍摄成视频，这也不用花额外时间编写剧本或排练。

（三）聘请他人节省时间

提升时间效率的另外一个方式是聘请他人去完成那些自己做会降低工作效率的任务。有一些任务必须自己完成，但许多日常任务都可以由具有其他专业技能的人完成，如行政助理、客服、网站管理员或平面设计师。许多网站上都有这些方面的机构和自由职业者的广告，现在，购买服务比任何时候都容易。你可以花更少的时间获得更多的成果，节省出来的时间可以用来做自己最擅长的事情。

（四）通过反复利用物料节省时间

另外一个节省时间的好办法是反复利用物料。比如，假设你为社交媒体营销而拍了一个直播视频，你可以将这个视频保存下来，再把它上传到视频网站，然后把视频链接发给你的电子邮件订阅者。这样，看你视频的人就比原本观看直播的人还多，不会花你任何额外的时间。

许多类型的物料都可以反复利用。例如：

（1）你可以写一篇博客文章，然后把它变成视频脚本；

（2）你可以将一段视频的音频分离下来，然后将其变成一期播客节目；

（3）你可以把一次线上活动过程录下来，然后把视频发布出去。

无论如何越是重复利用物料，每小时获得的成果就越多，且无须专门花费大块的时间。

（五）收集好主意

时间管理中的另一个强大理念是将好的主意收集起来。我在电脑上建了一个文档，名为"刚发现的好主意"。我收集好主意就像别人收集棒球卡或邮票一样，一听到、读到或看到一个好主意，立刻输进电脑，永久保存下来，以后我就可以利用这些主意了。这是一种现在投入时间、将来可以产出成果的方法。

读者们也可以遵循这个做法，创建一个文档或准备一个笔记本，在上面记下收集到的好主意。你可以从各种渠道寻找好主意，如书籍、文章、视频和播客等。一遇到好主意，就将它添加到记录里面去。定期回顾收集到的好主意，看能如何运用到实践中。一旦运用到其中的某条，就等于从投入的时间里获得更多的成果。

（六）一切都很重要

另一个时间管理中的强大理念是"一切都很重要"的原则。坚持这个原则有助于你采取更多有效地利用时间的行动。对小事情持续采取行动可以逐渐产出大的成果，这也是持续提升自我的方式。

人们不愿意采取更多行动的一个原因是他们认为"这都是没关系的事"。例如，我住在一栋两层楼高的房子里，而且我喜欢晚上睡前喝点茶。睡觉前，我心里总想："我是应该把茶杯放到水槽里去，还是就把它放在这里？"我最开始会想："就一个茶杯，没关系。"但后来我还是强迫自己道："一切都很重要。"我拿起茶杯，将它放进了厨房的水槽里。

我时常告诉自己一切都很重要，每一次都会激励我采取更多的行动。一切都很重要。读本书的每一页很重要，听每一个音频很重要，打每一个电话很重要，开发的每一个客户很重要，做的每一场宣讲很重要。所有微小的行为都是重大结果的基石。

辛辛那提红人队（Cincinnati Reds）球员兼经理皮特·罗斯（Pete Rose）打棒球的经历恰好证明了这个道理的正确性。罗斯作为新手开始第一个赛季训练时，纽约洋基队（New York Yankees）投手怀特·福特（Whitey Ford）保送他上一垒，他不是慢慢跑到一垒，而是冲刺过去的。他还跳上外场的围墙，试图抓住米奇·曼托（Mickey Mantle）的本垒打，尽管这个球远远高过他的头顶。福特觉得这个新手过度认真的行为很有趣，戏称他"拼命查理"（Charlie Hustle）。罗斯快速上一垒和跳越起来接够不着的球的行动反映出他在每一场比赛中都付出最大的努力。罗斯最终获得了全国联盟的"年度最佳新秀"称号。直到他职业生涯结束，他已经创造了大联盟历史上职业生涯最多安打、出赛数、打数、一垒安打、击出局数等记录。他也获得了最有价值球员和金手套（Gold Gloves）奖，曾在三支世界职业棒球大赛的

第六章
如何进行时间管理

获奖球队打过球。这就是将一切都视为重要之事的态度会得到的成果。在实施 CSI 的过程中，小小的努力累积起来就等于大胜。

（七）注重完成而不是完美

另外一个重要的时间管理原则是注重完成而非完美。许多人不采取行动，只因担心结果不够完美。这种担心会使人不愿采取行动，导致拖沓。如果你注重的是完成而不是完美与否，你就可以克服这个障碍。只要完成行动，就能获得成果，即使成果可能不完美。但如果什么都不做，你肯定一无所获。

下面我用我自己的亲身经历来说明注重完成而非完美能产生怎样的成功。几年前，一位名为安德鲁·达根（Andrew Duggan）的先生请我为他公司做电话营销。当时，他的想法是请像我这样了解大众兴趣的人，利用这些专业知识创立在线培训机构。他让我联系了一些著名的培训师，跟他们确立了客户关系。这些培训师提供专业知识作为课程素材，作为回报，安德鲁给他们收入提成。

有一天，我对安德鲁说："安德鲁，有件事跟你说一下。我打算给金克拉打电话，可能还会跟她的助手见面，她可能会要些关于我们的材料。你有没有相关营销资料，我好发给这些培训师？"

安德鲁说没有。我建议她聘一名打字员。

他说："你不是会写吗？"

我答道："我是会，但我不是打字员。你真的需要雇一名专业打字员。"

"但你可以写啊？"他强调道。

"是的，我会写，但可能写得不好，那我去写吧。"

"很好，"安德鲁说，"那你就去写吧。"

就这样，我自己写了一份营销材料。果然，后来培训师们都要我给他们传真这些材料。一天，安德鲁与房地产投资畅销书《无所不能》（*Nothing Down*）的作者罗伯特·G.艾伦通电话。罗伯特想要这个材料来看看，安德鲁就传真给了他。

第二天，罗伯特打电话给安德鲁说："材料我看了，我对这个项目很感兴趣，我愿意进一步讨论。但我想问你一个问题，营销材料是谁写的？"

"埃里克·洛夫霍尔姆写的"，安德鲁答道，"怎么了？"

"这份营销材料写得很差"，罗伯特很直白地说，"告诉写材料的那个人给我打电话，我告诉他怎么改。"

我打电话给罗伯特，他给我上了两节时长共 1 个小时的免费课程，在课程里帮我修改了材料。如果没有写那份营销材料，我也不会有这个机会，我早就知道我写的材料不完美。这是一个注重完成而非追求完美的例子。这个原则的道理很简单，但意义很深刻，且能够激励你持续采取行动，更有效地利用时间，让你离目标越来越近。

（八）利用问题指引时间管理

人们会下意识地回答自己问自己的任何问题。所以，你可以问自己关于时间管理的问题，这有助于你计划一天的工作和生活。下面是一些入门级问题，刚开始学习时间管理的人可以参考：

（1）我在哪些方面投入时间会获得更好的结果？

（2）我可以利用哪些技术工具提高每小时的效率？

（3）我可以在哪些方面聘请帮手来提高每小时的效率？

（4）如何重复利用物料提高在社交媒体或其他平台的营销效率？

你可以参考这些入门问题，创建自己的问题清单。

练习：时间管理实践

在这个练习中，你可以尝试使用本章讲到的时间管理方法。每天早上花 14 分钟作个当日计划。参考上面的入门问题，充分发挥想象，找到问题和答案，计划当天可能要进行的活动。然后，运用"八二法则"，挑出两个效率最高的。最后，采取行动，看看有效的时间管理是如何帮助你提高效率的。

小结

时间管理是采取实际行动从而实现目标的关键之一。为了达成销售目标，除了本章谈到的基本个人品质外，你还需要特定的销售能力。在下一章，我们将开始学习CSI中的销售能力提升。

第六章要点回顾

1. 时间管理就是做出更好的时间选择；
2. 树立时间管理大师的心态；
3. 每个人都拥有等量的时间；
4. 时间具有未来价值；
5. 一些活动相对于其他活动具有更高收益；
6. 每天早上花14分钟做一天的计划；
7. 利用充分想象到的问题做计划；
8. 运用八二法则确定需要优先考虑的活动；
9. 利用无限时间；
10. 收集好主意；
11. 一切都很重要；
12. 注重完成而非完美；
13. 练习：时间管理实践。

"大师面对面"：采访凯文·胡多巴（Kevin Hudoba）

凯文·胡多巴是美国芝加哥市和印第安纳波利斯市的顶级房地产经纪人之一。凯文分享了持续提升是怎么帮助他改善了房地产销售事业的。在采访过程中，他谈论了他是如何用建立团队的策略提高成功率的，建立团队是前文讲的时间管理策略之一。

埃里克：我们先谈谈持续提升自我的心态。你的销售能力非常娴熟，并且还在不断提升，能不能谈一下你的工作信念？假设有一种你还未拥有的技能，但你想学会这个技能，你会利用哪方面的能力来学习？并且会怎样寻找资源来培养这种技能呢？

凯文： 回过头看的话，虽然我现在从事房地产销售，做这个也有10年了，但在这之前我其实是一名专业长号手，并且也做了15年。我也曾暗下决心，要在吹长号这方面做到最好。

六年级的时候，我已经学了一年的长号。有一天，有人来到我们音乐课上，说："我在一所本地大学一对一教音乐。如果谁想报名上我的课，就和你们父母谈谈。"我就报名了。我当时就是想在这方面做得更好，所以要跟专业人士学习。从那以后我一直跟着专业的教练学习。甚至在那之前，我还跟邻居学了钢琴。

所以我习惯了跟老师学习，并努力做得更好。跟比我做得好的人学习，实现我心里的梦想，这一点在我心里根深蒂固。这就是我成功的密码。对于我来说，梦想远大、目光远大，然后再弄清楚什么是现实，什么是更远大的目标，这都是非常有趣的挑战。

埃里克： 你提升个人能力时，大多选择哪种方式？是上一对一辅导课还是看视频，或者是读书？你提升自我的主要方式是什么？

凯文： 我喜欢听书，主要是听关于商业和赚钱的有声书，这些书能够激励我。但是，我觉得涉及做事策略和方式的话，还是一对一辅导比较好，因为在不同水平阶段，你会面对不同的挑战。无论是什么挑战，要克服这些挑战，只靠自己几乎是不可能的，一定要向别人学习。我们都认为自己是天才、无所不能，但实际上，我们大多数人主意没有那么多。向他人学习可以弥补你的缺陷，非常有帮助。

埃里克： 你一般在哪听有声书？

凯文： 在哪听？

埃里克： 是的，是开车时听、锻炼时听，还是早上起床上班前听？在哪些场合听有声书？

凯文： 一般是开车时听。天气好的话，我出去散步也会戴上耳机听有声书或播客。所以，开车的时候或出去散步、锻炼身体的时候都可以听。

埃里克： 你觉得哪些你现在拥有的技能不是天生的，而是通过持续提升的心态学会的？

凯文： 我觉得我并不是天生的销售员。实际上，从初中到高中，我都很内向。我喜欢一个人玩音乐，如果我做自己的事情时有人妨碍我或打扰我，我就会发火。

高中快结束时，我参加了一个乐队训练营，那里没有人认识我，我自己就是一个电灯泡。我当时觉得周围的人对我太熟悉，不会喜欢我，所以我来到了这个没有人认识我的训练营。午饭的时候，人们在我旁边的桌子玩得很开心，而我一个人坐在那里。我心里想："我跟他们究竟有什么不同？他们玩得很开心，却不愿意跟我在一起，是我自己在孤立自己吗？"我就像一个电灯泡一样。

因此，我做出了改变，主动走过去跟他们坐在一起，他们也马上接受了我。于是，就在高中快结束的时候，我终于放下对陌生人的防备。我认为这不是我个人改变了，而是我对环境的反应变了。我认为我初、高中时之所以会内向，是因为我不愿意跟那些刻薄、恃强凌弱的小孩一起玩。那个时候，我只想把注意力放在音乐上，不愿意社交。但是，我却忘了我到底是什么时候变成这样的了。

埃里克： 你还玩音乐吗？

凯文： 我曾经在教堂表演，在电脑上作曲，还唱歌，但是，六七年前，一场公寓火灾让我失去了我的长号，之后就没有再真正重学长号了。我觉得是上帝在告诉我，我应该放弃那个梦想，继续我的人生。

埃里克： 我知道你在社交媒体上发了不少视频，你在视频方面的技能是在其他视频中学到的吗？

凯文： 有一次，一个摄影师给我拍了一段精彩的视频。现在我们这一行许多人都这么做，所以在那个摄影师的帮助下，我也开始拍自己的视频。对我来说，一开始还有些不习惯，要拍五六遍才知道该怎么拍，该怎么说。我已经拍了六年多，现在表现自然多了。但是，依然不是很适应使用社交媒体和拍视频。但这是我们这行的一个进步。

埃里克： 你有没有组建团队，聘请他人？你一直学习的目的是什么？你有没有通过模仿他人播客或书籍上的方法学过什么技能？你在技能提升上有什么经验吗？

凯文： 我们搬到印第安纳波利斯后加入凯勒·威廉姆斯的团队，发现凯勒有丰富的团队组建经验和方法，在过去三年里也取得了巨大进步。但这只不过是一点尝试，我想看看什么方法对我特别有效，而非一股脑地模仿。不过，我也不知道我是不是错过了什么，还有没有更好的办法。但是，我可以肯定地说，你从他人身上学到的东西，像销售技巧一样，都是成熟的技能，也是不断进步的过程。

埃里克： 你刚说到你们公司，假设你组织大家一起去学习，你们会通过在线课程或案例去学习，还是开展内部培训项目？你们公司的经验是什么？

凯文： 加里·凯勒（Gary Keller）写过一本叫做《百万富翁房地产经纪人》（*The Millionaire Real Estate Agent*）的书，里面有许多团队组建和大型房地产经纪人团队培训的案例。还有，我们公司内部的团队领导、公司主要招聘主管玛丽教给我们不少面试的过程和技巧。他们有完整的做事流程，令人眼界大开。我本来应该在这方面了解更多，但今年我主要的注意力不在此。虽然那是一个相当全面的过程。

埃里克： 可能许多销售员都工作于有培训项目的公司，当然，有的培训好，有的一般。听起来你们公司做得很全面。从直觉上看，你觉得你们公司大多数销售员有没有好好使用这些培训资源，或另外使用过你们公司没有的资源？

凯文： 可能没有，除非他们被要求去学习这些内容。我们公司的大多数培训都是现场的，这些培训既用来招揽新人，也用来给老员工培训。当然，我们会区分出前20%的员工，有些培训只面向前20%的员工。这种培训水平更高，更适用于团队而非个人。我觉得这也很有帮助。

埃里克： 你提升自己技能的频率是多久，是每月、每周、每天，还是一周几次？是听音频、看书、电话咨询、参加公司的现场课程还是观看虚拟课程？你觉得自己提升技能的频率有多高？

凯文： 我觉得这要看提升哪一方面。如果我是开始学习新的技能，要学的东西就多。比如，我搬到一个新城市，从头开始从事房地产业，就得报一个最贵的、真正能够高水平提升自我的培训班。三年来，我们不断打破自己的纪录，公司经营水平不断上升，那我不会再那么关注这一方面了。虽然我一直在学习并吸收商业、财富积累和赚钱方面的知识，但大部分注意力肯定不会再放在提升宣讲和销售模式等方面了，因为我们已经有一个相当成熟的流程。

埃里克：你看这样说恰不恰当，假设你要学一些常识来提升自己，每周至少要学习一次，这一次学习你会选择参加培训课、听播客或音频、阅读还是电话咨询？你看一周至少学习一次合不合理？

凯文：当然，听一本书、有专人指导、去上培训班都行，都有很多内容值得我们学习。

埃里克：好的，下面我们谈谈结果。我们回头看看2016、2017年时，你当时取得不小进步，例如销售量、销售总额，或是其他方面。

凯文：我是2011年10月开始从事房地产业的。入行第一年，我卖出11套房。其中有9套是卖给投资者的，他们炒房，把房子买来翻新下，再卖出去，其中有一个是我哥哥。我觉得这些投资者买的房90%都是一个人在买。

从那时起之后四五年，我的销售量持续增长，增长到某一点时，就达到了瓶颈。我忘记那个瓶颈是什么数字了，好像是25套房吧。

但我记得，2016年我们开始组建团队，之后第一年我的业绩就翻番了。团队一起合作，年销售总额从12.5万美元增长到25万美元。我当时十分激动。

后来，我搬到了一个新的地区，不得不一切从零开始，我开始思考以团队的方式开始我的业务。在新地区的第一年，我妻子加入了我的团队。我自己的最好业绩是33笔交易。团队组建后，我们的最好业绩达到80笔。去年我们总共成交了130笔。两年来，以这种新模式，我们从每年0笔做到了每年80笔，再做到了每年130笔，太让人兴奋了。

埃里克：我明白了，你转变了视角，从房地产销售成为房地产投资者，还不断接受专业培训，所以才这么成功。我说的对不对？

凯文：我从一开始就想进行房地产投资。我觉得，我作为房地产经纪人开阔了眼界，了解房地产哪个方面值得投资，哪个方面不值得投资。我开始是想炒小房子，那是较为理想的做法。但是，随着我做这行越久，我发现，作为房地产经纪人，我其实很喜欢跟那些炒房的人合作，因为他们的交易量很大。但是，我真正渴望的是能操盘高档的多户公寓楼，因为我看到过许多房地产投资者的生活方式。老实说，炒高档的大房子比炒小房子和当一个包工头要好。

埃里克：很好，凯文，我们今天就聊到这。在书出版的时候，我会告诉你我在书中给你的定位是什么，我会给你塑造个看起来棒极了的形象，出版前我会发给你看。谢谢在"超级碗星期天"❶（Super Bowl Sunday）还抽出时间，而且你今天还在忙着工作。再次感谢。

凯文：好的，谢谢，埃里克，祝你今天愉快。

埃里克：好的，凯文，后面我们详谈，再见。

---

❶ 美国国家橄榄球联盟（NFL）的年度冠军赛，一般在每年1月最后一个或2月第一个星期天举行，所以被称为超级碗星期天。——译者注

第七章

关键二：持续提升销售能力

在 2012 年因白血病英年早逝之前，切特·霍姆斯（Chet Holmes）已经声名鹊起，被誉为"美国最伟大的市场营销经理"，查理·芒格（Charlie Munger）称他是沃伦·巴菲特（Warren Buffet）的合伙人。霍姆斯指出了效益最好的公司的 12 项核心竞争力，也显示出他扎实的销售专业知识。他还开发出 50 多种实施这些核心竞争力的方法。通过这些方法，他帮助芒格的一家公司里 9 个部门的销售额分别翻了一番，这些部门的销售额在 12 到 15 个月内就翻了一番。就这样连续翻番了几年。

霍姆斯之所以能够不断重复他的成功，是因为他非常看重做事的系统方法。霍姆斯以前学过空手道，还获得了黑带五段，他从空手道训练中认识到了系统方法的重要性。15 岁时，他开始采用一种新的方法来练习空手道技巧。他在天花板上挂一个软球，下垂到胸口位置，击打软球，软球会荡走，弹回来时再击打它。在练习的头几周，球弹回来时会打到他，他几乎没训练出什么进展。但一个月后，他偶尔能够在球击中他之前击打球。三个月后，球弹回来时，他能够连续用手、脚或身体的任意部位击中球。六个月后，球再也碰不到他了。从这次经历中，他逐渐意识到，要掌握空手道不是学习 4000 种步伐，而是练习几种步伐 4000 次。这样的重复练习能够让你灵活地持续移动，就像给机器上了润滑油一样。

如果将销售看成一部机器，那么运用系统方法就像是润滑油。在本章中，我将介绍关于成功销售的系统方法的基本知识，然后还会分享如何运用 CSI 将销售业绩提高一个台阶。

一、销售优化要点

我认为，成功销售包含三个要点：

（1）销售模式：成交环节中，进行了多少次面谈？

（2）销售次序：如何一步一步从开发新客户到成交？

（3）销售脚本：销售过程中的每一步说些什么？

正确掌握这三个要点就能为成功的销售过程奠定基础。一旦掌握了这些要点，你就可以运用 CSI 原则优化每个要点，获得更多成果。下一章，我将详细介绍每个要点，同时还会用一些示例进行说明。

二、构思愿景

提高销售业绩的一种方法是提高愿景。其实，对结果的期望是什么会限制你的成就。更有愿景，成就水平也就会提高。我会教你一种专门的策略来令你更有愿景，你可以用来获得更多的成果，如提高收入、改善营销策略、开发更多新客户或提升销售的方方面面。我们将在第九章讨论这个问题。

三、开发客户

开发的客户越多，可能达成的销售就越多。客户越多，收入也就越高。我会教你如何改变心态，进行现场社交，运用社交媒体、销售脚本和其他技术，并将 CSI 应用其中，以提升开发客户的能力。第十章会写到最有效的客户开发技巧。

四、成交

成交是销售的核心。促成成交的能力越强，下单率就越高，每个客户的购买量也可能越多。你可以通过培养出成交大师心态、使用有效的成交技巧、创建有效的成交脚本或我教你的其他方法提高下单率。我会在第十一章教你如何专业地成交。

五、异议处理

在成交过程中，客户通常会提出异议。如果你不懂得如何回应，就可能失去大部分的成交机会。但如果你准备好了有效的回应，就可以挽救本来可能失去的机会。我会教你如何运用各种技巧灵活地应对各种情况下的异议。这部分内容在第十二章。

六、回头客

使销售收入最大化的有效方法是发展回头客。向已经是你客户的人推销最容易,也是成本最低的,因为他们买过你的产品,已经了解你,也信任你。你可以学习抓住回头客的方法,将这些资源利用起来。第十三章会教你如何不断发展回头客。

七、客户转介

另外一个增加销售收入的重要方式是在客户中发展转介人。相对于大多其他营销形式,客户转介不花费你的金钱或时间,因为这个工作是由客户做的。客户转介同样有很高的成交率,因为由客户转介来的客户也已经了解和信任信息的来源。因此,你可以在销售模式中想办法发展客户转介人来增加客户。我将在第十四章里教你怎么做。

✎ 练习:审视你目前的销售模式

在进入下一章谈论如何优化销售模式之前,可以好好看看你目前的情况,这样就有了可以在其上构建方案的基础。你可以尝试回答下面的问题,并将答案写下来:

(1)在我的销售中,一共进行了几次预约面谈?

(2)从开发客户到成交,我采取了哪些步骤?

(3)我用了哪些销售脚本?

如果你现在回答不出这些问题,不要着急,我只是想让你思考一下。将答案保存起来,后面将用到它。继续阅读本书,你会学到很多东西,能

第七章
关键二：持续提升销售能力

够帮助你完善你的答案。

小结

销售能力是 CSI 的第二个关键。在本章，我向你介绍了 CSI 中成功销售的要点。在下一章将详细介绍成功销售的要点。

第七章 要点回顾

1. 可重复的销售模式是维持销售稳定的关键；
2. 成功销售包含三个要点：销售模式、销售次序和销售脚本；
3. 有愿景能够提高成果产出；
4. 增加客户活动能够促进收入最大化；
5. 提高下单率能够卖出更多东西；
6. 掌握异议处理能力能够挽救销售机会；
7. 利用回头客能够增加销售量；
8. 发展客户转介可以促进收入最大化；
9. 练习：审视你目前的销售模式。

第八章

销售优化要点：模式、次序、脚本

杰·亚伯拉罕（Jay Abraham）是当今市场营销行业活着的传奇之一。亚伯拉罕1949年出生于美国印第安纳波利斯，他是天生的市场营销专家。早在23岁，亚伯拉罕就开始了他的企业家生涯。他在一家便利店里卖新热门音乐磁带。他与一家音乐批发商和便利店老板达成协议，在店里租了3平方英尺（约0.279平方米）的空间，租金则是利润的33%。在三年之内，他每月售出的磁带达到10万盘，于是，在25岁的时候他就成了一名百万富翁。

亚伯拉罕继续学习市场营销知识，他学习了欧内斯特·韦克瑟（Ernest Weckesser）和哈维·布罗迪（Harvey Brody）等邮购文案革新者们的营销知识。他学得很快，很快就掌握了业内的顶级技巧。他利用自己的营销知识，帮助《企业家》（*Entrepreneur*）杂志在9个月内一再扩大销售规模。他涉足很多领域，包括金融时事资讯、实体产业咨询和培训演讲等。随着名声越来越大，他成了美国高管培训师之一，学员包括不少来自《财富》世界500强公司的员工。

在他的职业生涯中，亚伯拉罕为1000多个行业的1万多名客户提供过咨询。托尼·罗宾斯说过，亚伯拉罕比业内其他专家知道更多方法，利用时间和精力更高效，规避风险能力更强，可以在更多行业中赚更多的钱。我有幸在杰·亚伯拉罕手下学习过。

杰·亚伯拉罕的天赋之一是能够将复杂的商业问题分解开，一步一步去解决，解决的方式也很简单。他认为，所有商业的发展都可以分为三种方式：获得更多的客户；增加每次销售的平均交易量；增加客户购买的频率。他还提出了这三种方式一系列的技巧。

杰·亚伯拉罕解决的是市场营销方面的问题，而我想解决的纯粹是销售方面的问题。像他提出了三种通过市场营销促进商业发展的方式一样，我也提出了三种提高销售量的主要策略，还提出了许多将这些策略付诸实施的方法。在本章，我将介绍我成功销售的方法，然后教你如何将CSI应用其中。

第八章
销售优化要点：模式、次序、脚本

一、销售模式

成功销售的第一个要点是销售模式，销售模式确定了销售过程中的各个步骤。销售模式可能因行业、公司、产品和目标市场而异。确定了销售模式就为销售过程中的步骤和在每一步使用什么脚本奠定了基础。

区分销售模式的一个简单方法是看成交阶段进行了几次预约面谈。我将其分成三种情况：

（1）一联成交（one-call close）：联系一次就逼单成功，达成交易；

（2）预约，一联成交（set appointment, one-call close）：一次联系预约，面谈后逼单成功，达成交易；

（3）预约，二联成交（set appointment, one-call, two-call close）：两次联系预约，第二次面谈后逼单成功，达成交易。

"一联成交"的一个常见例子是女童子军挨家挨户出售饼干❶。女童子军不会提前向邻居们预约要去销售饼干，他们会直接来到你家门口，问你："您想买一些女童子军饼干（Girl Scout Cookies）吗？"

"预约，一联成交"是房地产典型销售模式。房地产经纪人通常会安排一次预约带你看房，然后马上开始逼单。

"预约，二联成交"在一些提供免费咨询的行业很常见。比如，财务顾问可能会安排一次面谈讨论你的财务需求。如果经过面谈，觉得你很适合他们的服务的话，他们可能会想办法安排第二次面谈，利用从第一次面谈收集到的信息，根据你的需求推销适合你的方案。

除了销售过程中预约了几次面谈外，销售模式还涉及其他许多因素：

（1）你销售的是一种产品，还是一种服务？

（2）你销售的是数字产品，还是实体产品？

（3）你的销售是企业对消费者（B2C），还是企业对企业（B2B）？

---

❶ 女童子军是北美的非营利公益组织，从组织中走出许多成功女性，如美国前国务卿希拉里·克林顿和奥尔布赖特等。饼干义卖是其传统公益活动，以筹集活动经费。——译者注

（4）你的销售对象是一个决策者，还是多个决策者？

（5）你的销售过程是否需要进行产品宣讲？

（6）你的客户是要求试用期，还是全面承诺？

（7）你销售的是一样东西，还是一套东西？

（8）你是在前端盈利、后端盈利，还是两端盈利？

（9）你接受实体销售点付款，还是网上付款？

（10）你得到的是全额付款，还是分期付款？

（11）你的产品或服务是一次性销售，还是重复性销售？

在确定你的销售模式时，你既要考虑以上这样一些问题，还要考虑你的销售过程需要进行几次预约。

二、销售次序

成功销售的第二个要点是销售次序。销售次序就是潜在客户变成真正的买家要经过的步骤。虽然潜在客户变成买家的过程因行业、公司、产品及目标市场而异，但基本都大同小异，遵循着相似的轨迹。我把这个大致相似的轨迹分解成8个步骤，称之为"销售山峰"（Sales Mountain），把通往成交的过程想象成为攀登一座山峰。

我在销售培训课程里讲过"销售山峰"，在我另一本书《销售方法》（*The System*）中也做了深入讲解。这里我就不重复那本书里的内容了，但会讲一些你不熟悉的基本知识。想要了解详细内容，可以去看《销售方法》。

攀登"销售山峰"的8个主要步骤如下：

（1）开发新客户；

（2）预约面谈；

（3）建立信任和友好关系；

（4）确定客户需求；

（5）宣讲利益；

（6）预成交；

（7）异议处理；

（8）跟进服务。

除了以上 8 个主要步骤外，还有两个"额外"步骤，我通常会标上星号。它们就像"百搭牌"，有特殊的用途，既适合你的销售过程，也适合其他地方。这两张百搭牌是：

（1）资格认定；

（2）客户转介。

下面我们详细讲解下这些步骤。

（一）开发新客户

开发新客户是获取新客户联系方式，将其存入客户数据库的营销方法。开发新客户的方法如下：

（1）点击付费广告；

（2）社交媒体广告；

（3）搜索引擎优化；

（4）内容营销；

（5）博客；

（6）文章营销；

（7）视频营销；

（8）社交媒体；

（9）移动营销；

（10）电话营销；

（11）网络；

（12）电梯展示；

（13）电视广告；

（14）电台广告；

（15）印刷广告；

（16）新闻稿；

（17）广告牌；

（18）名片；

（19）公开演讲；

（20）小型市场活动；

（21）指导；

（22）访谈；

（23）图书出版；

（24）播客；

（25）促销活动；

（26）免费赠品；

（27）协同促销。

这只是一些常见的例子，还有其他许多方法。比如，杰伊·康拉德·莱文森（Jay Conrad Levinson）在他的经典著作《游击营销》（*Guerrilla Marketing*）系列中就提到了数百种客户开发技巧。总的来说，能把联系方式放入客户数据库的方法都可以用来开发新客户。

（二）预约面谈

把新客户放进客户数据库后，下一步通常是预约一次面谈，除非你运用的销售模式不需要预约面谈。与客户预约面谈给了你销售宣讲的机会。

一定要把销售过程中安排的预约和销售宣讲区分开来。通常，你要先让客户意识到跟你面谈的价值，然后才能让他们对你的宣讲感兴趣，并听完整个宣讲。一个常见的错误是一开始就进行销售宣讲，而没有花时间让客户觉得跟你面谈是值得的。

预约面谈环节的性质各不相同。如前所述，在销售过程中，不同销售模式可能需要不同次数量的面谈。有的销售过程甚至不需要预约面谈，有的需要一次，有的需要两次，还有些高端产品甚至需要更多次面谈。

另一个不确定因素是，在数字销售环境中往往进行的是线上销售宣讲，而非面对面的宣讲。如你在博客发布了一篇文章，想让人点击链接进入销售页面，那你可以在博客文章里直接请读者点击，也可以将这个链接设计成"预约"邀请，邀请读者点击一个附带销售页面的链接阅读。要根据销售模式和销售环境适当调整预约及面谈的方式方法。

（三）建立信任和友好关系

开启预约面谈后，想要成功将面谈转化为订单，第一步是和客户建立信任友好的关系。如果客户不信任或不喜欢你，他们也会质疑你关于产品的说法，获得订单的机会就会变低。这就意味着，试图逼单前，应该先跟他们建立信任和友好关系。

这一点可以通过日常练习做到，比如表现得尽量友好、跟别人闲聊技巧、表达真诚的方式等。你也可以利用关于这个主题的心理学和励志书籍中讲到的高端交际技巧，比如托尼·罗宾斯的作品就曾讲到相关内容。

（四）确定客户需求

建立了信任和友好关系后，下一步是确定客户需要什么。这样有助于确定你的产品或服务是否适合他们、对他们有什么帮助、他们对产品的哪些特性和功用最感兴趣。

找到答案的最佳方式是向客户探询，从客户那里探出他们的需求。在某些情况下，也可以在面谈前调查一下客户的信息，或者请他们提前提供一下相关信息，以便你做好准备。

（五）宣讲利益

一旦知道了客户的需求，就可以以一种能够吸引客户的方式宣讲产品或服务能够给客户带来什么收益。我认为这通常涉及 5 个方面：

（1）有形利益：真实的、可量化的东西，如金钱、减肥或节省时间；

（2）无形利益：难以量化但仍让人向往的东西，如信息、内心平静或摆脱压力；

（3）行动利益：做了某事后导致的积极效应，如学习了销售能力、增加了销售量；

（4）未行动的后果：未做某事导致的消极后果，如没有学习销售能力导致收入损失；

（5）利益中的利益：与直接利益相关的间接利益，如赚更多的钱来支撑梦寐以求的假期。

你可以根据上面将利益分类的方法，确定你的产品或服务能够带来的利益，选出那些最能满足特定客户需求的利益点。

（六）预成交

确定了客户的需求并想办法展示了能满足客户需求的利益点后，就可以逼单了。我认为销售过程中的成交环节应该分为三个阶段：

（1）过渡到预成交阶段；

（2）预成交阶段；

（3）逼单。

在过渡到预成交阶段后，你就得准备逼单了。例如，你可以说："现在我跟您说，遇见您这样的客户后我通常会这样做。"

在预成交阶段，你要拿出你的产品，跟客户讨论细节问题，如价格、包含物品、保修和付款条款等。

在这最后的逼单阶段中，你追求的是完成销售行为。如"要不要买点女童子军饼干？"

我在区分这三个阶段的基础上，还有更具冲击力的推销技巧，将在第十一章进行详细说明。

（七）异议处理

有时候，你一逼单客户会立刻下单。但也有很多时候客户会提出异议。这可能会令人感到气馁，但幸运的是，大多数异议都差不多，所以可以提前准备一些有效的回应。

不论行业区别，异议通常有大约7到12个常见形式。最常见的异议包括：

（1）我要考虑下；

（2）我没那么多钱；

（3）我得跟某人商量下；

（4）能先把资料发给我看下吗？

（5）我没空；

（6）太贵了；

（7）我已经在某人那里买了；

（8）我已经试过了，没什么用；

（9）没兴趣。

如果能够找到这些异议背后的原因，就能有效地理解客户的反应。我有十几种关于有效回应异议的技巧，第十二章会进行详细介绍。

（八）跟进服务

尽管你完美地回应了异议，客户可能还是不下单。他们也可能突然就没有回应了，没有任何要购买的迹象了。但，也可能打算之后再买，没准他们在等薪水到账。

在这种情况下，可以通过持续跟进挽回成交机会。有的或许要跟进十几次，客户才会下单。我教我的销售学生："坚持跟进，直到他们购买或死亡。"换句话说，坚持跟进，直到你得到明确的"同意"或"不同意"。

将坚持跟进付诸实践需要一种正确的心态。如果你担心惹人厌而不敢跟进，或者想等别人主动联系你，你就做不到。我常教我的学生使用下面这些激励言语树立全新的跟进心态：

（1）我的工作是销售，需要跟进；

（2）我是一名专业人士；

（3）我的工作是引导客户购买；

（4）我在提供价值；

（5）我很擅长跟进；

（6）我是跟进大师；

（7）他们还对产品感兴趣，只是生活遇到困难。

在跟进方面，这里还有一条建议。如果客户在上一次谈话后显示有购买意向，在那之后就要经常联系他们，跟他们说："我们上次交谈过，你对我的产品或服务很感兴趣。"这样可以提醒客户，在你们的上次谈话中，你给他们介绍过产品或服务可以带来什么价值，这样就不用再从头开始给他们讲解一遍了。

（九）资格认定

资格认定是攀登"销售山峰"的"百搭牌"之一。认定客户资格就是评估他们是否适合购买你的产品或服务，然后再跟他们预约面谈或进行销售宣讲。客户并不一定都要经过资格认定，所以说资格认定是一张"百搭牌"。比如，我邀请人们参加免费的研讨会，每个人都可以参加，受邀者就不需要进行资格认定。但是，如果是面向 CEO 开展的收费 5000 美元的培训项目，就要先确定客户是不是 CEO 且能不能负担起项目费用，这样能节省自己和客户的时间。

（十）客户转介

攀登"销售山峰"的另一张"百搭牌"是客户转介。它的百搭在于你可以在销售过程中的任何时候请客户进行转介，可以在预约面谈前、成交前，甚至当客户不买你的东西时也可以请他们转介。请客户转介可以增加销售收入，因为每个客户都有机会联系更多的潜在客户。我会在第十四章里教你如何成功地邀请客户进行转介。

三、销售脚本

在销售模式和销售次序之后，销售脚本是成功销售的第三个要点。销售脚本是从一位销售大师唐纳德·莫伊博士那里学来的。销售脚本无疑是我最强大的销售工具之一。只要你应用了销售脚本，就知道如何应对销售过程中出现的常见情况，这能减少焦虑、增加信心，还能优化你建立信任和友好关系、探询客户需求、宣讲利益、成交和处理异议的方式，提升销售宣讲的效力。

销售脚本可以用在攀登"销售山峰"过程中的每一步。在前文中，我跟你分享了一个用来高效跟进客户的脚本。下面，我还会分享一些应用于不同方面的脚本案例。在后面，我还会分享一些用于成交和异议处理的强大脚本。

我将下面案例中的脚本称为议程脚本。这种脚本可以用在销售宣讲开始，建立信任和友好关系的阶段，目的是让客户有愿望继续谈话。一般可以在跟客户寒暄过后利用销售脚本过渡到谈话。议程脚本遵循以下基本形式：

（1）用一句话过渡到议程脚本，如"今天我建议我们做这些事"；

（2）说明你的讲解分哪几步；

（3）用一句探察客户是否愿意继续，如"怎么样？"

我会在后面举例说明这个脚本的几种不同变化。

四、销售方法示例

上面，我分析了销售优化的三个要点。现在我用一些应用案例来说明这三个要点在不同行业中如何付诸实践。这些行业中有的销售实体产品，有的销售服务。在阅读这些示例时，你可以思考一下如何将其运用到你所在行业的产品和服务销售中。

（一）汽车销售

在汽车销售行业中，有几种常见的场景对应几种常见的销售模式：

（1）客户走进展厅看车：一联成交；

（2）客户预约后到展厅看车：预约、一联成交；

（3）客户与经销商在线上交流，或者在线完成整个销售过程（虚拟一联成交），或者在线上浏览并预约现场试驾（虚拟预约、一联成交）。

第一种场景是最常见的。下面是在这种销售模式中可以使用的议程脚本示例：

（1）"我建议我们今天这样做。"

（2）"首先，我想问您几个问题，以便了解您想买什么样的车。"

（3）"接下来我带您看几款车，其中可能有适合您的。"

（4）"如果您看中其中哪一辆，可以试驾一下。"

（5）"试驾完，如果您想要一个最低价格，我可以将我能给的最低价告诉您。"

（6）"怎么样？"

如果他们愿意，你就可以按议程脚本一步一步进行下去，"销售山峰"的每个部分中都可以使用额外的微型脚本。

接下来另外两个场景的议程脚本也类似如此。第二个场景的区别是还需要额外准备一个预约脚本，第三个场景的区别是你的网站设计需要有利于销售过程和销售脚本的推进。

（二）房地产销售

在房地产行业中，有6种常见场景对应3种常见销售模式：

（1）房地产经纪人与房屋卖家面谈登记房屋信息，通常是二联成交，也有时是一联成交；

（2）房地产经纪人与房屋买家面谈，通常是一联成交；

（3）房地产经纪人与一个有影响力的人面谈，他把信息介绍给房屋买家和卖家，通常是二联成交。

由于这3种场景既可以面对面，也可以在线上进行，所以一共有6种常见场景。

以与房屋卖家面谈登记房屋信息的场景为例，可以用在宣讲过程中的议程脚本示例如下：

（1）"我们今天的流程是这样的。"

（2）"首先，我想问您几个问题，这样就可以了解您出售房屋过程中最看重什么。"

（3）"接下来会说说最近售出的相似房屋的情况。"

（4）"接下来我说说我的看法，看如何成功营销并售出您的房屋。"

（5）"如果您觉得合适的话，可以在今天内跟我定下来。"

如果你正在与一名保险销售员面谈，而他是你的潜在转介伙伴，下面是一些可以用来探查情况的提问示例：

（1）"您目前和这个小区其他人有转介关系吗？"

（2）"告诉我您理想的客户转介是什么样的？"

（3）"您觉得自己还会卖多久保险？"

（4）"您觉得自己在这个小区还会住多久？"

（5）"您有客户数据库吗？"

（6）"您客户数据库里的客户有多少？"

（7）"您有客户电子邮件地址列表吗？"

（8）"您在社交媒体上有多少粉丝呢？"

（9）"如果我们合作，我建议我们每个月电话联系一次，您接受吗？"

如果你正在跟一位有潜力的转介伙伴交谈，将这些探查性问题融入宣讲中可以为成交奠定基础，还能淘汰那些不合适的伙伴。

（三）太阳能电池板销售

在太阳能电池板行业中，有面对面销售和线上销售2种常见场景。两者通常都采用一联成交模式。

成功的宣讲可以遵循以下顺序：

（1）建立信任和友好关系；

（2）创建议程脚本；

（3）问探查性问题；

（4）宣讲太阳能电池板的功能；

（5）宣讲你公司能提供的好处；

（6）报价，展示经济效益；

（7）分享两则销售案例，说明具体好处；

（8）预成交；

（9）处理异议。

下面的议程脚本可以参考：

（1）"今晚我们的流程是这样的。"

（2）"首先，我想问您几个问题，以便了解您家安装太阳能电池板的必要性有多大。"

（3）"接下来，我想告诉您为什么这么多人改用太阳能电池板。"

（4）"再接下来，我介绍一下我们公司以及我们的优势。"

（5）"再接下来，我给您报个价，看您家安装太阳能电池板是否划算。"

（6）"怎么样？"

按照你的需要适当修改这个脚本。

（四）网络营销

在网络营销行业中，有3种常见场景和对应的销售模式：

（1）上下线人员三方通话后，上门或线上成交（预约、二联成交）；

（2）约见下线人员（预约、一联成交）；

（3）邀请下线人员参加线上活动（线上预约、一联成交）。

前两种场景适用于面对面或线上约见客户。第三个场景专门适用于线上约见客户，客户不一定能到现场与你见面。比如，新冠疫情期间，你通过脸书约见某人，或者想招募某人做你的下线，你可以邀请他们参加虚拟线上活动。

第一种场景可以参考以下脚本：

（1）将下线介绍给上线，称赞他们很有潜力；

（2）将上线介绍给下线，称赞他们是优秀的网络营销师；

（3）同意上线每周做一次简短宣讲作为行动号召；

（4）宣讲会上，你可以根据"销售山峰"步骤顺序一一进行演示。

你可以根据自己的网络营销模式适当修改以上脚本。

（五）财务顾问

财务顾问可能会采取多种销售模式，这些模式基本都大同小异。通常，至少要联系两次才能达成交易。其中，一次是用来收集信息，另一次是根据收集到的信息给予提案。在某些情况下，可能还得联系三次以上，特别是在客户的财务需求比较复杂时。比如，年轻职工要购买首套房，他们的财务需求远没有大型跨国公司那么复杂。所处市场不同，联系次数可能也会不同。

下面我举一个预约并三联成交的例子。在这个例子中，第一次联系用来收集客户财务需求信息；第二次联系向客户展示帮助他们改善财务状况的建议，以此建立友好关系；第三次联系给客户一份财务提案，并逼单。

这个模式中的第一次面谈可以遵循以下次序：

（1）建立信任和友好关系；

（2）创建议程脚本；

（3）问一些探查性问题；

（4）讲一讲亲身经历；

（5）分享客户成功案例；

（6）介绍关键财务概念；

（7）最后，邀请客户进行第二次面谈，到时跟他们商量如何设定长期财务目标。

第二次面谈可以遵循以下次序：

（1）建立信任和友好关系；

（2）创建议程脚本；

（3）介绍和讨论其他财务概念，以此了解客户的投资意向；

（4）分析成功案例；

（5）再约一次面谈，到时给他们一份详细提案。

最后，第三次面谈可以遵循以下次序：

（1）建立信任和友好关系；

（2）创建议程脚本；

（3）回顾客户前两次面谈中较关注的要点；

（4）提出你的建议；

（5）逼单。

在上述次序中，第一次面谈中向客户问到的探查性问题是成功获得订单奠定基础。下面是一些探查性问题脚本示例供你参考：

（1）"您觉得与财务顾问的合作中最重要的是什么？"

（2）"过去与财务顾问合作的过程中，您最满意的是什么？有没有您不满意的地方？"

（3）"告诉我您能承担多大的投资风险。"

（4）"您是自己做财务决策，还是跟配偶或其他相关人员一起做决策？"

（5）"您有没有想达成的长期财务目标？"

下面是第二次面谈可以用到的议程脚本：

（1）"我们今天要做的有这些事。"

（2）"首先，我给您介绍一些财务概念，您一定会感兴趣的。"

（3）"接下来，我给您讲几个我的客户的经历。"

（4）"接下来，您有其他问题吗？"

（5）"再接下来，我们可以约一下下次面谈的时间，到时我会给您我的详细建议。"

（6）"怎么样？"

你可以参考上述这些细节和本章其他部分的脚本示例来创建你其他的脚本。

（六）培训

培训服务多种多样，包括体育、健身、商业、财务金融、人际关系和生活指导等。在许多行业，销售培训服务通常采用预约和一联成交模式。在预约面谈中探询客户需求并说明培训服务能给他们带来什么好处，最后逼单。在一些情况下，第一次预约用来收集客户需求信息和提供免费咨询，然后再次预约，给予提案。

在销售培训服务的过程中，开发新客户有很多种渠道，包括客户转介、数字内容营销、现场公开演讲、现场培训活动、在线培训活动、网络直播、社交媒体交流、书籍出版、拍摄视频和播客等。

要把新客户变成买家，通常需要进行一对一销售。但是，公开演讲和在线活动中也可能吸引买家。

销售培训服务最有效的方式之一是先提供免费咨询。咨询是销售员的良机，不仅可以借此与客户建立信任和友好关系、提出与客户需求有关的探查性问题，还可以解释你的培训服务有什么作用、客户能从中获得什么好处。咨询过程中，你还可以用一些成功案例来说明你的培训服务的价值。之后，你可以将话题转到客户从咨询中受到什么启发，这是过渡到逼单的一种方式。

在培训服务销售过程中的任何阶段都可以使用销售脚本。就算用公开演讲和视频作为开发客户的方式，也可以使用脚本。脚本在探询客户需求和宣讲培训服务的优势方面也非常有效。比如，如果你是一名健身教练，你可以使用脚本判断客户是否想要变漂亮、变健康、提升运动技能等。

培训宣讲一般遵循以下次序：

（1）建立信任和友好关系；

（2）创建议程脚本；

（3）利用探查性问题确定客户需求；

（4）用成功案例说明好处；

（5）预成交；

（6）处理异议。

到了预成交阶段，简单的脚本策略就是问客户在咨询中感受最深的是哪部分，由此过渡到逼单成交。先了解客户需求，然后告诉他们你的培训课程能如何帮到他们、课程包括些什么、他们能从课程中得到什么好处。再问他们要不要报名参加。比如，你只需问："你要报个名吗？"如果他们犹豫不决，你就立即进入异议处理环节，问他们还在犹豫什么，提出如果你能帮他们解决难题，他们愿不愿意报呢？

✎ 练习：找到你销售过程中的症结所在

上一章中，我们练习了如何判断目前的销售模式。在本章，我详细介绍了成功销售的三个要点。在上一章练习的基础之上，我们需要找到销售过程中的症结所在，也就是在哪方面进行提升能够取得最大进步。问问自己：

（1）我目前的销售模式是否适合我所销售的产品或服务？

（2）在我的产品或服务销售过程中，攀登"销售山峰"的每一步是否都有明确的标准程序？如果没有，是缺失了什么？我建议先从预成交阶段开始审视，这个阶段的影响最大。

（3）"销售山峰"每一步是否都遵循有效的销售脚本？如果没有，最大的差距是什么？同样，可以先看看预成交阶段。

反思过这些问题并找到症结所在后，就需要特别注意后续的相关章节。

小结

本章详细介绍了成功销售策略中需优化的几个要点。接下来的几章，我将运用 CSI 策略向你展示如何优化这些要点，将你的销售业绩提高一个台阶。下一章，我们将首先学习如何评估销售愿景。

第八章 要点回顾

1. 成功销售三要点是销售模式、"销售山峰"次序和销售脚本；
2. 销售模式可以通过销售过程中进行了几次面谈和其他因素来判断；
3. "销售山峰"勾画出销售过程中的每个步骤，指出了每个步骤中涵盖的要点；
4. 在销售过程中的每个步骤创建销售脚本有助于进行更有效的销售；
5. 使用议程脚本预见宣讲效果；
6. 研究成功销售三要点在不同行业中的应用，以便将技巧运用到自己的产品或服务销售中；
7. 练习：找到你销售过程中的症结所在。

"大师面对面"：采访切·布朗（Che Brown）

被称为"快乐企业家"（Happy Entrepreneur）的切·布朗为许多企业家提供了灵感、鼓舞和资源，让他们过上平衡的生活，依据他们的愿景来服务客户。他跟埃里克谈到，那些最优秀的销售学员应该如何为销售关键要素持续提升奠定基础并追求成功。

埃里克：切，我们谈话的主题是持续提升销售能力。从我自身的销售经历来看，这的确起到了决定性作用。脚本、态度和按步推进都起到决定性作用，但我认为最关键的还是不断提升的坚持。我想到了我的许多客户，

第八章
销售优化要点：模式、次序、脚本

他们是坚持这一原则的极佳案例，然后我就想到了你。所以，我想对你做个简短采访，或许我们可以追溯到我们刚认识的时候。你还记得我们是从哪一年开始合作的吗？

切·布朗： 我想应该是 2004 年。2004 或 2005 年。我觉得应该就是 2004 年。

埃里克： 我们合作的时候，你在哪些方面得到提升？哪些技能得到提升？

切·布朗： 我想，在 2004 年至 2006 年间，我的变化是学会了坚持。最大的变化是学会了提升业绩的三个途径。我在第一个视频里就分享过这三个途径，这三个途径分别是自身素质、技能和行动力。这三点的进步让我变化最大，也是我今天成就的基础。自身素质是指要有端正的心态和坚定的信念；技能是指做事的方式；行动是指要采取大量的行动。这些正是我在努力坚持后取得的最大进步。

埃里克： 我们认识以后，你就学会了坚持吗？

切·布朗： 是的，我学会了在销售中坚持。像一名马拉松运动员在马拉松途中需要坚持一样，在销售中要坚持销售计划，坚持销售方法。在这一行中，更需要我所说的绝对坚持。常有那种理想很美好，结果却不如人意的事，是吧？所以，美好的理想可以有，但也只有采取了行动才能实现。因此，我会有意地采取更多相关的行动，这种心态也让我在这一行中赚了不少钱。

埃里克： 在我们认识前，你就想过要提高技巧吗？还是说你就安于现状？你是一直都想持续改进还是后来变成那样的？

切·布朗： 是的，在跟你合作前，我一直都坚持改进，也正因为如此我才打算来找你。以前我没有见过你，只是通过邮件跟你交流，然后我就来到了加州的罗克林，与其他 4 个人一起跟你学习。是的，我以前一直都是那样，我以前就是那样做的。

我还是想说，跟你学习让我取得了最大进步。你教我企业家和企业主应该有的心态，然后又教我怎么做。我在这过程中学会了你所说的心态，也是你最看重的原则之一。我同时还学会了怎么塑造心态。我最喜欢你给我讲的那些案例，有了这些案例就知道每天怎么做了。我们的关系也成了一个案例，我们那时在跟着托尼·罗宾斯学习，你曾跟我说："切，这个方向我们可以继续走下去。"就这样，我有了坚持的方向。如果路径上应该有3场销售讲座，我们可以先开展1个。我的意思是，这个基础很重要，如果没有这个基础，我可能依然会坚持把每天的成果记录下来，但却没有在正确的方向采取正确的行动。

埃里克：你以前没有想过这个问题？

切·布朗：你讲的这个概念我以前的确没有想过。你讲了坚持这个概念，我没记错的话，你也是坚持这样做的，设定3个目标，努力实现1个。不久后，设定2个目标，努力实现1个。同样，计划2场销售讲座，开展1场；计划40场，就争取开展20场。

埃里克：你学习了哪些技能？比如，你用视频和脸书直播做了很多工作。这是你后来学会的技能吗？

切·布朗：是的，我开始录视频的时候，还没有脸书直播。即使回过头看看我的油管频道，在我一直坚持录制视频的时候，脸书直播还不存在。然后我开始参加你的培训课程，开始学习持续改进，要说的话，我开始对销售有了系统的认识，随着进一步的学习，销售业绩也越来越好。然后又回到另外一个你教我的原则，那就是基础策略。

埃里克：如果有的话，你觉得哪种工具，哪个原则，我教的哪个方面你真正学透了，并上了一个台阶？

切·布朗：就是基础策略。我把基础原则运用在我现在正在做的脱口秀节目和其他许多项目上。现在做的事都是以月度为标准考量后果的，我将每个月做的事定为从1到10的10个等级。如果我处在5级，要怎么做才能到6级，如果做的事有用的话，那么到了6级就是持续改进。这就是我利用这个原则不断改善现状和提升技能的方式之一。

我再举个可能适合这本书的例子，你可以采用。这个例子是关于技术的。在持续实施基础策略之前，你教我持续和永不休止的改进。我跟特里沃合作的时候心想："我又不是技术人员，我不是技术人员，我不擅长做这些。"但我真的很想了解相关技术，因为技术总是让我束手无策，总让我头

第八章
销售优化要点：模式、次序、脚本

昏脑涨。那时，我和特里沃在做一个广播节目。有一天，他刚好不在，又不能远程协助我，那时也没有现在的视频通话软件。现在的话，我完全可以通过Zoom让别人在线协助我。我当时感触颇深，因为我们不得不取消了那天的节目。后来，我就下定决心，我要将我的基础水平提高。这就回到了你所说的"内心战场"中。我不再对自己说"我不是技术人员"，我开始每天对自己说"我要变强，越来越强"。那时是有油管的，所以我就登录上去，在上面看了几小时视频，然后我就可以独自进行广播了，解决了这个问题。

我想告诉你的就是要不断增强信心。我彻底搞定那些跟社交媒体有关，跟将这档深夜秀做成现在的全国一流节目、增加收入有关的技术问题的方式之一就是基础策略。没有基础策略的话，我永远不会渴望提升技术能力，而技术能力又是做广播和其他许多事情的必备条件之一。

埃里克：想要在某方面取得进步的话，你都采用了什么方法？你说你利用视频网站学习。为了取得进步你还做了什么？

切·布朗：我取得进步有三个重要因素。一是有声书。我的意思是，不是任何有声书，我也没有买纸质版的书，至少大部分没有。锻炼的时候、跑步的时候，我都会听有声书。

第二个最大的因素可能是我看社交网站上的直播。我喜欢看上面的直播。我会去看或者听广播，不只是专心去看，也会在不同地方听。据我所知，这两种方式是最好的培训方式。

还有一个因素是专注于一些事。你仍然可以做自己的事，打每周要打的电话、做每周要做的广播，专注于这些可以让你提升自己的技能。

埃里克：你现在是否还在想要一对一辅导？

切·布朗：是的。这些年来，我跟随许多培训师学习过。但是，你知道的，即使跟培训师学习，你要有所提升也得有个基础。许多人面临的最大挑战就是他们没有基础。所以，在我从业的头四五年，我一直跟你学习，在基础技能方面取得了巨大进步。这些基础技能很重要。跟其他人合作时，他们或许懂得最新、最先进的营销策略，或许有最科学的视角、更优秀的伙伴、更先进的技术工具，又或许有精致的网页用于客户开发或吸引客户，以及其他所有当今社会的先进事物，但最后还是要看基础。我一直都说，基础策略是最基本的原则之一，是可以模仿的行径，它可以让你不断地进步，是团队可以统一遵循的标准。我现在也在训练团队中的销售员们采用基础策略，这种做法其实还不是很常见。

埃里克： 我记得给你第一次培训时，我教给你一个脚本。当时你要去加州，但不是罗克林，你当时还有点疑惑，说："为什么我要学这个？"但是，后来你记住了，并了解了那种重复性话语的价值，也可以把这些分享给团队的销售员们。我可以想象，你们这些年来可能开展了成千上万场社交活动、社交网络直播活动以及公开演讲。我不知道你和你团队的销售员们做了多少次业务培训，打过多少次培训电话，但是我可以肯定，不管你们是怎么做的，你们肯定做了不少。

切·布朗： 我觉得人们并不真正理解重复的价值，只做一次演讲或销售演示，可能会有一点进步，但进步太小，根本无法察觉。但他们不知道的是，这些小进步累积起来会是什么样。

埃里克： 这就是这本书的意义所在，通过点滴的付出成就大成果。你知不知道威尔·史密斯（Will Smith）的父亲让他建造砖墙的故事？

切·布朗： 当然，我知道那个故事。说到这里，我正好有两件与你有关的事可以分享。然后我还想讲一个我父亲的故事。

就你提到的这个方面，我想分享你讲过的一些道理，你可以放进这本书里。因为对我来说，学习的动机也很重要。我希望大家明白，切跟着埃里克学习不是囫囵吞枣，也不是一蹴而就，他不会不加思考就激动地到处说："这肯定有用。"他不只学习了原则，还建立了信念，更掌握了业务策略。如果你这么称呼它的话，而且他还执行了第三个原则，采取行动，你知道我的意思吗？这一点最重要。

但你说过的一些话一直困扰着我。我们有过一次谈话，这是以前的事了，你可能记得，那时候市场不景气。你把培训价格降了不少，我不记得你的具体价格了，别人降到了97美元一个月，我的咨询费则降到了25美元。你对我说："切，每月确保赚25美元哦。"那是银级项目的价格。你说："切，有时需要完美完成任务，有时只需要完成任务就行，现在你要做的是打完这些电话，你必须完成这一任务，让人们报名参加，即使培训费只有25美元。"

第八章
销售优化要点：模式、次序、脚本

当时我非常失落，因为我们不得不把价格降到 25 美元每月，还要打那些让人感觉很傻、很愚蠢、很滑稽的团队培训电话，真的。但你只是说这是个要完美还是要完成的问题。然后我进入了一种他们现在称其为野蛮模式的状态，但对我来说是一种倾尽全力的状态，我当时只想加班加点尽力打完那些电话。我有没有打电话？我有没有逼单？我有没有处理异议？就是这些想法在当时支撑着我坚持那个 25 美元的项目，最终有 583 人报了名。这不是一件应该被小看的事情。

你可能认为做广播节目与此很相似，其实也就是价格很相似。但正是专注完成某件事而非完美，让我比以前任何时候都进步得快。我这么说是因为，那与钱无关，而是这种思想是支撑我度过了 2013 年的关键一点，2013 年是我非常困难的一年，我经历了巨大的挑战，特别是来自政府的挑战，来自抵押贷款的挑战。正因为我已经建立了这种模式，我的业务也可以自己维持下去，因此 90 天还是 60 天的逾期对我一点威胁都没有。这个方式还会继续下去。这样说就明白了吧？正是那个原则，要注重完成而不是完美。

我父亲教我的一个原则跟你教的很相似，多年来他一直这样教我。有一次，他跟我和特里沃交谈，他说："做起来很容易，不做也很容易，但遇到难事，首先要行动起来。"我父亲过去经常这样说。我问他，为什么说做困难的事情能够培养自我约束力？他给我的解释跟你讲的一样："决心加上自我约束就等于统治或掌控。"所以，你首先得决定要去做什么。做完决定后，你得有自我约束力。意思就是你要采取行动，做你不喜欢但又知道不得不做的事情。

这就是内心活动，是心态。我跟你一样是科比的粉丝，科比的曼巴精神就是去统治或掌控你想要的东西。他说，这是个公式"D+D+D=D"，再把它倒过来。如果你做了一个决定，减去自我约束，那就等于失败。所以，如果你想要做第一，想要当个企业家，但没有自我约束的能力，那就等于失败了。

如果把这些都总结起来，就可以看到，你教的完成而非完美跟我父亲教我的完全一致，这个道理从古至今都是对的，如果你做了一个决定，你就得有自我约束力，有了自我约束力你就能得到你想要的，就能掌控，就能统治。统治是一个精神概念，在现实世界人际关系中，就意味着统治一切，统治动物、空气等，当然也意味着统治我们自己。

埃里克： 你今年几岁？52？

切·布朗： 52。

埃里克： 你计划在现在这行干多久？

切·布朗： 问得好。我跟我妻子谈过这个问题，她在政府部门工作22年了，我告诉她这个模型。我教学又讲道，现在看这是正确的，如果我不讲道但教学，享受这样的生活，看着视频回顾过去，谁又知道接下来会发生什么呢？我可以一直做到70岁左右。接下来可能不干了，只看看视频，听听广播，然后什么都不管了。但现在还没到那一步，但在教学方面，我至少能干到70岁。

但演讲我会一直做下去，直到做不下去为止。我希望能活100岁，那算起来我还能活48年。我不愿意再做生意人，整天在工作。我想像我母亲一样，55岁退休，她现在72岁可以做自己的事。她有一个圣经协会，她什么时候想做就做，这样就可以了。她手下有一批人替她工作，自己就四处走走，过得很开心。

我的牙医也如此。他今年73岁，是唯一一位星期天坐诊的牙医。我在他那儿预约就诊的时间是上午8点20分。他说他妻子不让他那么忙，所以即使诊所平时也开张，却只在星期天和星期一坐诊。他只要有我这样的病人就可以了。他已有20年没做过其他事情了，他雇了一个全职员工可以替代他坐诊，但是他喜欢现在的状态。我问他还打算做多久，他说会一直做到眼睛永远闭上，或者因为手抖得太厉害，干不了了，但现在他还能坚持，因为这很有意思。他本不需要工作。这就是我想说的，我不会停止学习，我会一直教学、辅导和帮助他人，直到我停止呼吸。

埃里克： 很好，今天就到这里。我打算在这本书中收录6或7个客户的采访。书写好后我会告诉你。我会好好处理这部分。我为你现在做的事和你拥有的影响力感到高兴，也很高兴我教的内容帮到了你，助你事业的蓬勃发展。

切·布朗： 你写书过程中有什么需要的话随时联系我，什么都可以。我可以帮你宣传，我会让你上我的节目，我保证。

但我想让你把一句话写进去。2004年的时候，我想做你最优秀的一名学生，这不是假话。我很高兴差不多15年后，我进入了这个领域学生的名人堂，是吧？我一直想做最优秀的学生，正是这种想法激励着我，让我成功。我想要做掌握你的系统方法最透彻的学生。你曾说："我像是要给你们当三年的父母。"我也想做你最优秀的孩子。

埃里克： 是的，我说过。

切·布朗： 这就是我的目标。就像其他学生一样，他们有一位伟大的老师，虽然他们掌握了基础，开始走自己的路，有自己的观点和想做的事，但是饮水思源，基础始终是基础。所以你写书的时候，可以写这样一句话："他想成为我最优秀的学生，会不断朝着这个目标努力。"

"他相信我教的东西"，这是坚持不懈的关键，必须要相信自己的使命、目标、目的。我相信你，埃里克，我相信你的使命、内心活动、外部规则和一切行动。我相信你的目标，真的可以帮到每个人。我相信你建立的那些原则。如果你从任何人那里接受了这一切，神奇的事情就发生了，它会让你坚持下去，因为你有了动力，有了正确的目标，你会持续采取行动。也正因此我才能不断进步，也看着你不断进步。遇到了挫折我也会恢复过来。我结婚的时候，这也一直激励着我。

埃里克： 很好。非常感谢，切，很高兴能和你联系。

切·布朗： 好的，后面再联系，再见。

埃里克： 好的，再见。

第九章

如何构思成功销售的愿景

亨利·福特（Henry Ford）的销售愿景改变了美国。1863 年，福特出生于美国密歇根州的格林菲尔德镇，在一个农民家庭长大。在农场生活中，他就展现出超强的组织能力，他组织其他男孩帮他制造水车和蒸汽机等机器。福特 12 岁时，他父亲给了他一块手表，他就在书上自学如何把它拆开再重新组装起来。他开始修理手表和蒸汽机，就这样开始了早期汽车发动机的研究工作。1892 年，福特开始制造汽车。那时，他还在托马斯·爱迪生的公司工作。1896 年，他见到了爱迪生本人，这位发明家十分赞赏他的汽车设计。

受到爱迪生的鼓舞，福特想成立一家汽车制造公司。他自己没有足够的钱，所以说服了一些投资者支持他。前两家公司都失败了，但是他坚持了下来。成功制造出速度很快的赛车，吸引投资者创办了第三家公司，这就是 1903 年成立的福特汽车公司（Ford Motor Company）。

开始的时候，跟其他竞争对手一样，福特制造的汽车只有富人才能买得起。到 1907 年，他的汽车已经成为全国最畅销的汽车，但他有了更高的愿景。他想制造出足够便宜、任何人都能买得起的汽车。1908 年，他推出了世界上第一辆平价汽车——福特 T 型车，售价为 825 美元，相当于 2020 年的 2.3 万元美元左右。福特 T 型车一推出就取得了巨大成功。

为了让他的汽车更便宜，同时又保证盈利，福特需要找到削减生产成本的方法。他和他的团队开始研究其他行业，以获得提升效率的灵感。例如，福特的员工威廉·克兰（William Klann）看到芝加哥的肉类包装公司使用流水线高效地屠宰牛，福特借鉴了这个想法，将流水线引入到汽车行业。由此，T 型车的组装时间从 12 小时缩减到 1.5 小时。T 型车的价格也于 1912 年降至 575 美元，而日产量则提高到 1000 辆。福特公司员工的工资也因此翻了番，他们要买车就更容易。福特还投资扩大生产能力，到 1927 年，福特公司产出了 1500 万辆 T 型车，并彻底改变了汽车的营销方式。福特成立的公司至今仍是美国顶级汽车制造商之一，于 2019 年创造了 1559 亿美元的收入。

福特的成功归功于许多品质，其中最重要的是他的眼光。他清晰地预见了一家成功的汽车公司的经营方式，不仅激励了自己，还吸引了投资者。他预见到市场需要人人都买得起的汽车，并且做到了。他提高自己的洞察力，取得了当时其他人认为不可能达成的成就。

你也可以通过提高洞察力实现销售或生活其他领域的远大目标。并不是生来就有愿景的人才能构思宏伟的设想。预见成功的能力是一种可以学习和教授的技能。在本章，我会教你一些简单的策略来构思、提高和实现你的愿景。

一、有愿景是一种可以学习的思维

正如"愿景"本身所暗示的那样，它是可视的，是与思维、心态相关的。人类的头脑有想象可能情况的能力，以使可能的情况变成现实。设想可能性的能力越强，取得的成果就越多。另一方面，想象力越弱，取得的成果就越小。

根据我的经验，人们通常会看低自己，看低自己能取得的成就。你采取的行动是基于自己的心理形象的。如果你的自我心理形象比实际的本人低，你取得的成就就比你能取得的成就小。另一方面，如果你提高自我心理形象，也就能获得更大成就。

幸运的是，我们都有使用想象力的本能，也能通过训练锻炼这种能力。在亨利·福特的例子中，在农场长大、使用农场机械设备使他有机会想象如何制造机器。你还可以通过构思愿景的练习刻意培养洞察力。在本章，我会讲一些构思愿景的策略，训练你预见成功的能力。如果你觉得自己不擅长预见成功，这些策略会助你变得擅长。

预见成功的能力可以区分失败与成功、一般成就与伟大成就。让我们以雷·克洛克（Ray Kroc）为例，因为他的愿景，麦当劳闻名于世。

麦当劳连锁快餐店并不是克洛克创立的，但是克洛克的天赋却让他看到了麦当劳的潜力。克洛克 1902 年出生于芝加哥附近，早年从事销售工作，在大萧条时期销售纸杯，后来在房地产行业就职。第二次世界大战后，他为"品铄"（Prince Castle）公司销售奶昔搅拌机。1954 年，克洛克参观了理查德·麦当劳（Richard McDonald）和莫里斯·麦当劳（Maurice McDonald）两兄弟在加州圣贝纳迪诺经营的一家餐厅，该餐厅购买了一些"品铄"奶昔搅拌机。

克洛克对麦当劳兄弟的经营效率印象深刻。麦当劳兄弟专注于制作汉堡包、薯条和奶昔等几种有限的菜品，形成了快速处理订单的程序。1953年，麦当劳兄弟开始出售专营权，他们的目标是1959年到50岁的时候赚到100万美元。到1954年的时候，他们已经在加利福尼亚州和亚利桑那州拥有了6家连锁店。

但克洛克看到了更大的潜力。在卖奶昔的同时，他预见到麦当劳可以开出一千多家餐厅，他觉得麦当劳兄弟有一种可以在全国范围内复制的经营模式。他成了麦当劳兄弟经营权的代理人，接着改变了经营权的售出方式。他采用单店模式，而不是区域模式，这给予了麦当劳更集中的控制权。他坚持认为，所有的连锁店都要遵循统一的质量、服务和卫生标准。他提倡家庭式环境，与当时市面上那种给一群群摩托车骑手提供汉堡包的摊位不同。

在克洛克的领导下，麦当劳于1955年扩张到伊利诺伊州。到1958年，麦当劳售出的汉堡包达到1亿个。1961年，克洛克以270万美元的价格收购了麦当劳，麦当劳两兄弟分别获得了税后100万美元。克洛克接着将麦当劳发展成全世界最成功的快餐连锁店，自己也成了一名千万富翁。麦当劳目前在100多个国家都有店，每天服务6900万客户。2019年，麦当劳的收入超过210亿美元，雇员总数150万人，是当时仅次于沃尔玛（Walmart）的全球第二大雇主公司。

麦当劳兄弟的愿景和雷·克洛克的愿景有什么不同？麦当劳兄弟将他们的餐厅视为一家价值100万美元的小型区域性连锁餐厅。而雷·克洛克认为它是一家可以复制的大型全国性连锁店，后来又扩张到世界各地。克洛克汲取麦当劳兄弟的成功做法，并将其扩展，取得了比麦当劳兄弟预想中更高的成就。

雷·克洛克的事迹展示了拥有愿景如何能产出比你预想的更大的成就。在麦当劳兄弟最初设定的100万美元目标基础上，克洛克的愿景将这个目标翻了许多倍。你也可以通过修炼洞察力做到同样的事情，达成销售或生活中其他领域的远大目标。

二、Z 策略

提高自我潜在形象的一种方法是，要认识到你不必完全靠自己实现自己的目标。像麦当劳这样的成功往往取决于其客户，以及与客户目标一致的目标。麦当劳要卖食物，其客户要吃食物，他们的目标相互满足。如果你能提供一些别人想要的有价值的东西，且需要批量生产，你可以招募人员来帮助你实现目标。

为了运用这个原则，我教你一种策略，名为"Z策略"。该策略用字母Z表示，因为它包括四点：

（1）从新起点开始；

（2）构思一个愿景；

（3）找到发展空间；

（4）招募其他人进入这个空间。

从一个新起点开始意味着没有上限。你可以充分发挥想象，而不用对自己有所限制。天空才是极限。

现在构思一个远大愿景。你喜欢做什么？你能做好什么？如果你拥有激情和技能去实现任何目标，你会做什么？

运用洞察力找到发展空间，即市场空白。如果实现了这个有愿景的目标，会给世界带来什么独特价值？你能做些什么别人没有做到的事？你能解决什么还没有解决的问题？你能提供什么还未被提供的好处？

一旦找到这个发展空间，你就可以招募其他人进入这个空间。其他需要你的洞察力带来的价值的人，你怎样才能联系到他们，邀请他们参与实现你的愿景呢？

我用加拿大慈善家魁克·柯伯格（Craig Kielburger）的实际案例来说明这一点。12岁的时候，柯伯格看到一篇关于一个跟他同岁的男孩在巴基斯坦因反对使用童工而被谋杀的报道。他决定在父母的帮助下成立一个慈善机构，专门帮助被困在恶劣劳动环境中的儿童。这是他所拥有的愿景。他招募他的父母加入，后来又招募了其他人。他采取的第一个行动是为了说服印度总理释放一名为童工权益进行活动的人士，收集了数千个支持者的签名。他最终得到了加拿大总理和奥普拉·温弗里（Oprah Winfrey）等名人的支持。有了这些支持，他将他的机构发展成一个国际慈善机构，最初叫作"解放儿童"（Free the Children），现在被称为 WE 慈善（WE Charity）。

你可以构思一个能吸引他人的远大愿景。分享 CSI 则是我的愿景，我要让上百万人加入并实施 CSI。本书是朝着这个愿望迈出的一步。

你的愿景是什么？从头开始，想一下你能找到什么发展空间，并且这个发展空间还得能吸引他人。

下面有些发展空间可以被运用到"Z 策略"中：

（1）吸引客户；
（2）吸引转介伙伴；
（3）开发新用户；
（4）开发新客户；
（5）增加收入；
（6）充实社交活动、电话会议或研讨会；
（7）增加社交网络粉丝。

你可以从这些例子出发，充分发挥想象，看看还有其他什么可以作为 Z 策略应用在你的业务或生活的其他方面。

三、四个阶段策略

下面是我用来构思愿景的另外一个策略。这个策略是用来构思长期愿景的，我称为"四个阶段策略"。

大多数目标导向的人也是行动导向人格，并关注短期目标。例如，他们可能有今天、本季度或本年的目标，但他们通常不会去考虑更长时间的计划。他们也不会将计划周密的长期目标写下来。"四个阶段策略"能一步一步引导你思考长期目标。当然，它也可以用在短期目标上，只是在长期目标上尤其有效。

第九章
如何构思成功销售的愿景

"四个阶段策略"将构建长期愿景分成四个阶段：

（1）第一阶段：从开始到第 6 个月；

（2）第二阶段：从第 7 个月到第 24 个月；

（3）第三阶段：从第 25 个月到目标完成前第 24 个月；

（4）第四阶段：目标完成期限往前推 24 个月。

如果完成目标所需时间比上述时间短得多或长得多，可以相应调整每个阶段的时间周期长度。

"四个阶段策略"很有用，可以将你现在正在做的事情与将来要完成的目标联系起来。大多数人的困难在第一阶段或第四阶段的计划，他们不知道如何将它们联系起来。

只关心第一阶段的人是实干家，他们更专注于现在、本周、本季度、本年所做的事。忙于完成这些事情令他们根本没有时间去反思，去看看大局。

与之相反的是那些在第四阶段无法自拔的人。这种人是梦想家。他们有宏伟的愿景，但没有详细的策略来实现它，而且还从来不采取行动。他们的愿景注定是一场梦。

"四个阶段策略"弥补了两个极端之间的差距，将愿景与现在做的事情联系了起来。这有助于引导你现在的行动朝着正确方向前进。

如何确定第二阶段和第三阶段该做些什么？这就要看你第四阶段的目标是什么。根据经验，第二阶段是你现在做的事情的下一步，让你能够更接近目标。第三阶段是第二阶段和第四阶段的衔接。明确了自己的愿景后，你可以将第二阶段和第三阶段再分成许多小步骤，制订更具体的行动计划。关键是要把握好方向。

例如，我的"四个阶段策略"是 2004 年制订的一个 30 年计划，当时我只有 34 岁。计划本来是 2004 年至 2034 年的，我写了足足 11 页。计划是在我退休前实现我的职业目标。最近，我又将计划时间延长到 2046 年。像心态一样，目标也不是固定的，它们都可以调整。

设计好四个阶段的计划后，你可以将其记录在本子上，但我建议你将其保存在电脑文档内，这样更便于检索、回顾和修订。

四、20 层楼策略

还有另外一种想象可以引导你实现远期目标：将成功之路想象成一栋 20 层的建筑，楼顶代表最终目标，底层代表开始追求远期目标的起点。中间的楼层代表什么？你现在处于哪层楼？你可以利用这个想象规划实现目标的步骤。

这个想象在一些方面类似"Z 策略"和"四个阶段策略"，但在一个重要方面有所不同。按照前面的策略，你从现在所处的位置开始。而在"20 层楼策略"中，你不一定要从一楼开始。

例如，我主要依靠公开演讲实现销售目标。我可能跟业内其他人做演讲的场次差不多，也不比其他行业的人做得少。我经常每天开展不止一场演讲，持续了很多年。这意味着我就不是从一楼开始的。

但是，我也还没到达顶楼。我的目标是成为世界顶级销售培训师，要实现这个目标，只做公开演讲是不可能的。我需要想办法让别人替我演讲，这样就有时间做其他的事。我需要训练出一支销售培训师团队，培养几位能代替我演讲的人选。所以我就这样做了。对于我来说，这是往楼顶走的一步。

你的楼顶是什么？你现在在哪一层？每一层都有什么？要去往更高的楼层，你打算怎么做？

> **✎ 练习：明确你的愿景**
>
> 本章，我希望你能利用"Z 策略"和"四个阶段策略"明确你的愿景。先从"Z 策略"开始。准备好电脑文档或笔记本，问问自己下面这些问题，然后将答案记录下来：
> （1）我想从头开始销售、业务或生活其他方面的哪个部分？
> （2）对这个部分有什么愿景？
> （3）根据这一洞察，我能找到什么发展空间？
> （4）我如何招募别人进入这个发展空间？
> 回答完这些问题后，继续进入"四个阶段策略"：

第九章
如何构思成功销售的愿景

（1）我对第四阶段的愿景是什么？

（2）我目前对第一阶段的希望是什么？

（3）我给第二阶段设置一个怎样的基准？

（4）我给第三阶段设置一个怎样的基准？

完成这个练习后，你或许会发现，许多关于如何实现愿景的想法会进入你的脑海。让想法活跃起来，并把它们都记录下来。你正在利用你的想象力和创造力催生新想法。

小结

有愿景了，能够达到的成就也就比以前能想象到的高了。本章教给你的这些策略给你提供了拥有愿景的强有力工具。下一章，我会教你另一个工具，让你可以像专业人士一样通过预想实现你的愿景。

第九章要点回顾

1. 有愿景是一种可以学习的思维技能；
2. 对自己的期望影响你的行动；
3. 有愿景可以提高成就；
4. 使用"Z 策略"构思愿景、找到能够吸引他人的发展空间；
5. 使用"四个阶段策略"绘就实现远期目标的道路；
6. 将目标想象成 20 层楼的楼顶，开始向楼顶攀爬；
7. 练习：明确你的愿景。

"大师面对面"：采访格雷格·索伦森（Greg Sorensen）

格雷格·索伦森拥有 20 年的财务顾问经验，目前担任泛美金融顾问公司（Transamerica Financial Advisors）的投资顾问代表。格雷格谈论了致力于持续改进对他的成功有什么影响。

埃里克： 我们这次随便聊聊，我有些问题，希望你谈谈你的想法，到时把这些想法收录到我的书里。我这本书名为《被动成交：让业绩质变的微进步指南》，受到威廉·爱德华兹·戴明"持续提升"、托尼·罗宾斯"不断、永不停滞的提升"或日本"kaizen"（提升、改善）文化的启发。吉米·罗恩（Jim Rohn）则说："活到老，学到老。"所以，我们今天谈话的主题就是终身学习者。能不能告诉我，从你的角度看，无论是对你自己来说还是对团队来说，谈谈你认为改进技能的重要性有多大。

格雷格·索伦森： 好的，我认为你在这行能赚多少钱跟你的价值成正比。如果你能提供价值 100 美元的领导力，你就可以赚 100 美元。如果你能提供价值 100 万美元的领导力，你就可以赚 100 万美元。以此类推。我真的相信托尼·罗宾斯很久以前告诉我们的观点——"不断、永不停滞的提升"。这并不是说要追求完美，而是要不断进步。我认为无论我们从事哪行，无论我们的技能是什么，我们都必须这样做。要想在事业上再上一个台阶，总有一些东西需要我们学习。

埃里克： 刚开始进入金融服务这个行业的时候，你是什么感觉？回到你刚进入这行时，你学东西快不快？在开始的时候困难吗？你职业生涯初期是什么样子的？

格雷格·索伦森： 我学过产品知识，参加过系统培训，所有这些东西对我来说都相当容易，难的是没有信心给客户提供有价值的东西。我知道来这里的每个人都有需求。他们来学习，想要成长，想要更成功。所以，我不想违背自己的良心，不想浪费他们的时间，我想确保我有一些值得给他们的东西。

这就是我感受到的挑战，让我感到紧张。如果 5 个人一起像现在一样闲聊，我一点问题没有。但如果是正式场合，同样是这 5 个人跟我交谈，或

第九章
如何构思成功销售的愿景

者他们很正式地坐那，我作为老师站在他们前面时，就非常困难。

我是从保卫行业转行过来的，一开始作为一名质量控制经理，我的工作是发现缺陷，指出哪里做错了。在一次会议上，我被告知这个公司只做100%正确的事情。接着，我去学了一些关于钱是怎么运作的知识，因为我本来并不了解。我想做的是，让钱替我运作。并且，我想把这个过程分享给你。

刚开始的时候，我与7位金融专业人士进行了面谈，了解他们正在做什么，学习第一手知识。我把这些知识看了一遍又一遍，意识到那些经纪人不一定只做正确的事，他们不会无缘无故卖掉他们投资的东西，只会卖掉能给他们赚很多钱的东西。虽然我妻子根本不感兴趣，但她还是和我一起学习了这些东西，就这样，我有了一定程度的认知。所以，我一入行就有业务了。我已经有一定的能力去判断我做的事情对不对，能不能帮到他人。这一点不是每个人都能做到的。

这是一部分。另一部分是这样的：刚开始的时候，我母亲跟我说："你应该找一份真正的工作。"但不久以后她认识到我擅长这行，又说我有这个天赋。她和别人说格雷格天生就是做金融的料。她上次这样做是在我10岁生日派对上。她让我邀请了一些朋友去圣塔克鲁兹，但我对此并不满意，因为那天我不得不跟其他9个小孩一起在沙滩上举行派对，这样派对就显得比较大些。我母亲看出了我的心思，所以她就说我天生就有招募能力。

而第三个部分呢，是我认为我一直都亲近他人。我从来都不是那种享受孤独或总是独处的人。我喜欢参加人多的活动，不喜欢人少。我是一个善于交际的人，我利用这一点来让自己受益。我有能力构建牢固的人际关系，就像胶水一样，能将所有的东西牢牢地粘在一起，并持续很长时间。

我从开始就有这三个优势，每个都给了我巨大帮助。第一部分让我知道我需要辅导，因为我什么都不懂。第二部分让我将招募能力付诸实践。换句话说，领导让我去招募一些人员，虽然我不知道为什么要这么做，但我会在弄明白前先去做，这一点对我很有帮助，因为在我弄明白一切的时候，我就有了自己的团队。然后因为在这行中我是学生，第三点让我非常快地学习到了尽可能多的东西。

埃里克：说到这里，你让我想到，我们与生俱来就具有一些天赋和才能。比如我，教学是我的天赋，励志演讲也是我的天赋。我发现这点后，也刻意将它们运用到我的事业中。你的母亲说你有招募和交际的天赋，你有没有意识到自己有这些天赋？你有没有刻意将那些天赋用在你的事业上，或者只是顺其自然？

格雷格·索伦森：一开始是顺其自然的，我可能花了几年时间我才清楚认识到这些东西的重要性，然后我就开始巧妙地、有意地运用它们。我发现跟人交谈变得轻松了，宣讲服务也变得轻松了，这些对我都不再是问题。而对于许多人来说，一跟人交谈就会卡壳。

埃里克：你提到你入行时跟7个人学习过。那7个人是你自己公司的还是其他公司的？

格雷格·索伦森：这7个人都来自金融服务行业。他们中5人曾在知名大公司工作。其他2人在这行属于自由职业者。我想要从不同角度了解这个行业不同方面的情况，我猜你也会觉得通过这种方式可以了解到这行的真实情况。

埃里克：是的。那你是不是就上去跟他们说："你好，我要加入金融服务行业，我想看看你平时怎么做？"还是说通过其他方式？你是怎么做的？

格雷格·索伦森：我当时是采取了一些"欺骗"手段，因为我不知道怎样才能获得真实数据和真实信息，我又不想只得到他们想让我知道的东西，我想知道真相。所以我告诉他们，假装说我们在做未来财务计划，想看看他们能提供什么服务，这也是为什么我妻子当时也加入了。

埃里克：原来如此。那这样做让你学到了什么？你可能已经讲过了，你可以再说说这方面内容或者说些别的。你主要学到了什么呢？

格雷格·索伦森：至少从这些人身上我了解到我能够相信他们说的都是事实，他们代表公司提供的东西是有价值的，价格也是合理的。而我从其他那些直接到家门口推销的人身上感觉到的是，他们提供给我的不一定是最好的东西。可能他们公司就这样，另一部分原因可能是他们就职的公司没有我真正需要的产品或服务，还有可能是因为一些代理商有意的选择，他会提供给你一些他们觉得能卖出去的东西，但不一定是最好的东西，只是能让他们赚更多的钱。

第九章
如何构思成功销售的愿景

埃里克： 让我们换个角度。当你想学习一些新东西时，如你公司推出的一种新产品、一种新技术或其他任何你想学习的东西，你喜欢用什么方式？是自己研究在线视频学习还是雇一个辅导老师，又或是参加辅导班，听有声书？你选择获取知识的方式有哪些？

格雷格·索伦森： 我觉得这些方式在不同场景下都适合我，但这些年来，我最喜欢的还是去学习别人的经验。所以，在某些情况下，我可能会选择向像你这样有特定领域技能和培训经验、能够给我和我的事业带来价值的人学习。也可能会参加培训班，了解新推出的产品和要解决的问题。有时候也看看行业出版物，听听他人谈论一些新奇东西。

我真正学习较多东西的时候是在入行之初，学了很多之后就觉得有点厌倦了，好似继续这样已经成了一种负担，人就是这样。但随着学习、成长和业务上的进步，我开始明白，当我从过去每一段逆风前进、寻找目标的旅程中赢得战斗时，当我奋进、坚持，最终从风的另一端走出来时，我都变得更优秀，更有能力，更会赚钱。我开始怀念那些一学习就激动的日子。

埃里克： 随着你的团队越来越大，你的收入越来越高，在公司的职位也越来越显赫，你越发的成功了。你是有特定目标及计划去实现这一切的，还是顺其自然，就每天露个面、按部就班，然后收入就增加了？一切是有计划和有目的的，还是自然而然的？你认为你在公司里进步这么大的原因是什么？

格雷格·索伦森： 我觉得一部分是有目的的，一部分是有计划的。我记得刚入行时，大众总是在谈论拿破仑·希尔写的《思考致富》。我买了这本书的音频版，求知若渴、反复地听这些音频。在这本书中，可以找到像目标设定、期限设定等这些基本原则。

有了计划后，我就将它写下来，尽可能将其放在心上，然后每天看两遍。这样坚持了两周。过了一段时间后，我不那么频繁的回顾这些计划了。再过段时间又变成大约每隔一个月回顾一次。最后，即使我将计划写下来，也只会把它装进文件夹放在办公室里，根本不用每天去看它，就可以熟记在心里。

或许这样做还是有用的，因为计划已经牢牢镌刻进我的潜意识。我记得我设立过一个一年，或许是两年左右的目标，领导100名员工。我是一个部门的领导，我记得某次当我准备开例会时，发现部门员工已经达到118名。我当时很吃惊："哇。"我记得我把所有目标写在了一张纸上，每天看上两次。招收100名员工是我给自己设定的一个目标，我做到了。

另外一个目标是我要每年赚10万美元。当时，我在国防行业已经作为质量控制经理工作了10年，每年赚4.2万美元。赚取六位数的想法对我来说看似可能性不大。我将这个目标写在纸上，然后我又和妻子一起计划了梦想清单。我们在傍晚去了圣克鲁兹的乌鸦巢餐厅，太阳正下山，我和妻子进晚餐，一人一个记事本。我们计划在晚餐期间各自写下我们去世前要完成的100件事情。当时清单上的一些事情已经开始实现。

我是1991年11月正式改行的，1994年8月，我实现了年收入10万美元的目标，获得了奖励戒指。奖励戒指是公司认可的标志，认可你在过去一年中获得的收入数字。我们有个认可体系，如果在一年内或连续12个月收入达到或超过10万美元，可以获得一枚中间有一块蓝色宝石的戒指。我在一次大会上获得了这枚戒指。我为自己设定了几个目标也没有每天像你说的那样大声读出来，但我坚持了足够长的时间，它们已经深入或根植于我的潜意识里。

埃里克：太棒了。最后，我们再换个话题。如果你的团队来了位新成员，他们或许和你一样之前没做过房地产或抵押贷款销售，也没有做过金融服务，他们现在就是个新手，并且他们年收入也没有六位数。你会在提升技能、不断进步和目标设定方面给他们什么建议？你会对团队中想要成功的新人说些什么？他们应该做些什么？

格雷格·索伦森：我想，首先，每个人，不管他们来自哪个行业，在工作过程中都积累了一定的经验，这些经验都能够以某种方式、形态或形式应用到我们这行。毕竟，我们要做的是弄清楚在服务过程中需要掌握哪些技能。我们常说，不是你什么时候申请世界金融集团（World Financial Group, WFG）的服务，而是世界金融集团什么时候为你服务。这句话意思是，你迟早会经历这个过程。对于大多数人来说，这是在他们接受指导培训、接受导师专门培训和在导师协助下完成业务时，包括会见客户、收集客户数据、推荐产品和收集某种产品的所有文件的过程中。然后，你回过

第九章
如何构思成功销售的愿景

头给客户提供建议的时候，向他们建议你认为最有帮助和价值的想法。但是，当你坐下来，发现某个有影响力的家族正好在你的名单上，你觉得他们在投资方面的确做得很好。然而，当你走下去让某人讲讲他们金融投资经历，看看他们在做什么后，你会发现这可能不是最好的做法。他们说的完全不是你想的那样。

当你意识到你能给这个家族客户带来多大价值时，生意就找上你了，而不是你要去做这笔生意。生意找上你是因为现在你敢于面对挑战，是创新者，也是专家，能区分对与错的事。这就是这个行业的魅力所在，它关注到了很多人的财务状况。

埃里克： 你做了多久了？

格雷格·索伦森： 从根本上说，我是从1989年11月开始做这行的，一直到现在，在两家公司工作过。所以有30多年了。

埃里克： 是啊，30多年了。你有机会了解到许多人的财务状况，你认为他们通常面临的主要财务问题是什么？最大的挑战或问题是什么？分别举一两个例子来说明。

格雷格·索伦森： 其中一个主要的问题是没有足够的积蓄。甚至你都跟他们坐下来，谈到他们的目标，给他们做了介绍。他们也告诉你他们想要达成什么成果，5年、10年、15年、20年后想要实现什么，然后你给他们做了下计算，最后却显示行不通，因为他们没有足够的积蓄。

另外还有两个问题。一是可能是他们背负了太多债务，钱花在不需要的东西上太多。二是大多数人没有适当的保险。换句话说，你问他们，如果他们不在了，家人们会怎么样。这就是人寿保险的作用，它能够替代收入。你看看他们想要什么或期望什么样的未来，再看看他们拥有什么，会发现存款完全不够。所以，帮助他们解决这个问题是一个大难题。

埃里克： 你说他们没有适当的保险，你是指人寿保险或其他保险吗？

格雷格·索伦森： 都应该有。我的意思是，这些年，我看到人们买得最多的保险是车险。他们不想花大价钱买免赔额，因为他们从来都没有健康储蓄账户，但又怕因为赔偿而破产。所以，他们每年会买一份相对便宜的保险，这样他们只需承担一部分自付额，就可以获得一定的免赔额。如果想要提高免赔额，他们只需调整下保单，再多付点钱，然后他们每年的保费会下降一些。

回顾下，你买这类保险已经多少年了？是不是成年后才开始买的？如果你每个月存几百美元，到现在能存多少？对比一下你根据保单提出了多少次索赔，你会发现你可能在为你从未获利的保单支付保费。所以，在很多情况下，你的保险其实是不恰当的险种、有不恰当的保险条款，结果就是保险覆盖面不够，得不到有效保障。

埃里克： 格雷格，你和你的团队取得成功的关键是什么？

格雷格·索伦森： 埃里克，取得成功的关键有很多，而最关键的是我们致力于为客户做正确的事。我们怀着真诚的心，做正确的事。

埃里克： 非常好。格雷格，我们今天的交谈就到这里。我会将你的真知灼见写进这本书，感谢你抽时间过来。我们今天就聊到这儿。

第十章

如何专业地进行客户开发

富勒制刷公司（Fuller Brush Company）创始人阿尔弗雷德·富勒（Alfred Fuller）彻底改变了客户开发的方式。1885年，富勒出生于加拿大新斯科舍省的一个农场，后来搬到了美国马萨诸塞州的萨默维尔，在他发现自己的销售天赋前，他做过三份工作，但都被解聘了。19岁时，他的兄弟帮他找了一份工作，在萨默维尔刷具和拖把公司（Somerville Brush and Mop Company）做一名上门推销员。

富勒认识到，他可以通过向客户展示刷子的价值来售出产品。为做到这一点，他用公司的产品给婴儿刷背、打扫楼梯、清洁散热器，或任何他能想到的任务来说明他所销售的产品的价值。

他还密切关注客户需要什么。如果客户说他们想要一把刷子来清理丝绸帽子，他就写下来。他还记录了哪些刷子卖得好，哪些卖得不好。

他注意到许多产品都很容易坏，想到如果这些产品更耐用的话，会卖得更好。基于这一观察，他向公司提出了产品改进的想法。

1906年，富勒搬到了康涅狄格州的哈特福德，他认为那里会是一个热门市场，于是用学到的卖刷子经验创办了自己的公司。他开创了一种新的上门销售模式，彻底改变了这个行业。

富勒利用他了解到的客户需求将专用刷子普遍化。他带着样品包推销产品，还为每样产品提供终身保修。他每晚和周末都加班制造刷子，就是为了在下一个期内可以送达客户手里。

富勒的商业模式被证明非常成功，产品变得供不应求。他扩大了工厂规模，买了些机器制造刷子，并开始聘用员工。为了把生意做到哈特福德地区以外，他在全国性刊物上刊登广告。很快，他的销售员遍布全国，他的销售员达到260名。

富勒要求他的销售员在给客户服务时要具备高度的奉献精神。他让每个销售员保证自己会有礼貌，会友好而真诚，会乐于助人。他还要求销售员带一双大一号的雨靴，如果雨天客户邀请他们进门，他们不会弄湿客户的地板。

第十章
如何专业地进行客户开发

他设计了一款蔬菜清洗刷,以供销售员在上门时免费赠送。他还教销售员,如果没人开门,就留下一张名片,请客户领取免费刷子。

富勒继续拓展业务,通过他卓越的销售和市场调研方法开发客户需要的新产品。他新申请了上百个刷子设计专利。第一次世界大战期间,他还为士兵生产专用刷子。1923 年,他开设了全世界最大的制造厂,研究和生产新款刷子。第二次世界大战期间,他向士兵售出了 4000 万把刷子。

1943 年富勒退休后,他的儿子继续扩大他的商业帝国,业务发展到其他家庭清洁产品、维生素产品、洗漱用品等。富勒刷子公司创新的上门推销方式鼓舞了其他开创自己商业帝国的人,包括斯坦利家居用品公司(Stanley Home Products)创始人弗兰克·斯坦利·贝弗里奇(Frank Stanley Beveridge)和特百惠(Tupperware)公司销售先驱布朗尼·怀斯(Brownie Wise)。

富勒商业模式的成功有许多因素。其中最重要的一点是他优化了上门开发客户的方式。通过一系列步骤,比如认真聆听客户的需求、要求销售员态度真诚、提供免费的演示和样品、留下名片提供赠品等,富勒将上门开发客户变成了一种系统方法,这种方法是可以复制、获利丰厚的。

你也可以学习如何有效地开发客户,以便满足业务需求。在本章,我会跟你分享我总结的顶级客户开发秘密,并教你如何像专业人士一样开发客户。

一、为什么需要客户开发技能

需要客户开发技能的原因是客户开发是成功销售的基础。销售最终的对象是客户,而客户是开发出来的。不开发就不可能有客户,也就不会有销量。简单地说,没有客户开发就不能进行销售。

另一方面,开发进行得越多,客户就越多;客户越多,面见的机会就越多;面见机会越多,成功销售机会就越多。每次进行客户开发,都在增加销售的概率。就像勘探者勘探黄金一样,成功的销售员开发客户,因为他们知道销售能赚钱。

不擅长客户开发的人可以变得擅长;如果已经擅长客户开发,那就太好了。但想让销售能力更上一个台阶,就要优化客户开发技能。已经擅长客户开发的人可以变得更优秀，成为客户开发大师。想要不断提高销售业绩，那就不断提升客户开发技能吧。

二、客户开发大师心态：无论如何都会赢

培养客户开发技能始于心态。许多人害怕开发新客户，因为害怕被拒绝，害怕失败。这种心理使得他们永远无法着手去开发客户。

客户开发大师的心态是和一般人不一样的。我的客户开发心态很简单：无论如何我都会赢。如果今天设定了接触 10 个人的目标，那我就会去接触 10 个人。但如果我没有与任何一个客户实现面谈预约，我依然会安慰自己说："埃里克，你做得很好。"这是因为我知道，每接触一个人，都能提高预约和成功销售的概率。

如果将客户开发看成概率问题，就可以降低对拒绝的恐惧。客户开发的节奏大约是"不，不，不……好"。这意味着，要准备好在成功前多次受到拒绝。这跟棒球击球手击球的过程很相似。平均来说，击球手每 10 次击球能打出 2 或 3 个安打。没有哪个击球手可以次次都安打。因此，不多多练习击球就不可能成为优秀的击球手，因为安打并不常出现。尽可能多练习击球，因为你知道你最终能打出安打，这样你就能成为优秀的击球手。如果你每次都打出安打，你就不会被打败。根据概率，你最终会赢的。

如果我的目标是接触 10 个人，却只接触了 7 个或 3 个人，那会怎样？选择放弃只会削弱我的动力，让我一事无成。然而，我选择这样看：我还在行动。虽然我没有采取足够的行动，但我仍然离目标越来越近。在我看来，我仍然赢了。所以，我可以安慰自己："埃里克，你做得很好。"

如果我接触 10 个人，并成功跟其中一人预约了面谈，我就告诉自己这是双倍胜利。我赢了，因为我去做了；我赢了，因为获得了一次预约面谈。

所以，无论我预约成功没有，只要我去接触了，我就赢了。如果我接触了新客户但没有达成预约，我还是赢了。如果我去接触，并预约成功，我就赢了两次。我唯一会输掉的情况是我完全不采取行动，我赢是因为我采取了行动。我不断采取行动就会不断赢。我采取的行动越多，赢的就多。

大量进行客户开发就能带来大量的销售。

三、开发客户的目的是开发，不是销售

另外一个让人们不愿意进行客户开发或开发力度不够的心态是将客户开发与销售混为一谈。客户开发的首要目的是获得新客户，将其纳入联系对象，所以要得到的只不过是他们的联系方式。在一些情况下，也可以尝试跟他们预约。在这个过程中直接进行销售的情况很少，主要是在一联成交模式中存在。但在大多数情况下，只要获得了客户联系方式，开发新客户的目的就达到了。

这意味着，在开发客户时，不要考虑销售，更不要考虑马上就可以跟客户预约。首先要考虑的是得到客户的联系方式。得到了联系方式就有跟客户进一步沟通的机会，相应地也就有了销售宣讲的机会。

打个比方，假设一个男孩很喜欢一个女孩，他想约她出去，但他们彼此间又不认识。现在，如果他能得到她的电话号码，就能开始了解她，然后在适当的时候约她。所以，他可以从跟她闲谈开始，要到她的电话号码。但是，作为陌生人，如果他一见面就让她嫁给他，你认为他要到她电话号码的机会是高还是低？她可能只想摆脱他从而给他一个假号码。

客户开发也是如此。得到客户联系方式后，你就会有机会跟他们预约销售，甚至在获得联系方式的同时跟他们预约好。但是，如果一点基础都没有，一见面你就硬要向他们销售，你可能连联系方式都得不到。

清楚认识到这一点后，你就不会再在没有基础的情况下试图销售了，这样也能减轻客户开发的压力。获得某人的联系方式比直接试图销售简单多了。即使你没有信心向他们销售，也至少要知道如何要他们的电话号码、邮件地址，知道如何在社交媒体上加他们好友。客户开发真的就这么容易。

四、多种客户开发方法，最大化开发

另外一个客户开发的关键是用多种方法。大多数销售员熟悉了一两条

客户开发渠道就心满意足了。例如，许多销售员的客户是其他客户转介的。如果一直有客户转介当然好，但如果转介的客户越来越少怎么办？这时你会发现你手上的客户太少。又或许转介的客户数量很稳定，但要是用更多方法转介客户，客户也就越来越多。

这就是为什么最好使用多种方法开发客户的原因。拥有的客户开发方法越多，客户也就越多，相应地，销售机会也就越多。

以下是一些客户开发的方法：

（1）客户转介；

（2）网络；

（3）名片；

（4）公开演讲；

（5）小型市场活动；

（6）社交活动；

（7）博客；

（8）搜索引擎优化；

（9）电子邮件选择；

（10）社交媒体；

（11）视频营销；

（12）播客；

（13）访谈；

（14）图书出版；

（15）电话营销；

（16）邮件列表；

（17）在搜索引擎或社交媒体上发布数字广告；

（18）在电视、广播或印刷品上发布传统广告；

（19）免费赠品；

（20）促销活动；

（21）贸易展览；

（22）协同开发。

不用将所有这些客户开发方法进行实施，更不用一次性实施所有这些方法。但可以时不时回顾一下这些方法，看看有没有你目前没有用过，但确实可以开发更多客户的方法。在你目前采用的客户开发方法基础上增加一两种，就能够让你的客户数量增加一倍或两倍。

五、一对多客户开发

掌握了多个客户开发方法后，可以优先选用那些能一次开发多个客户的方法，从而提高客户开发效率。客户开发可以是一对一或一对多，如在脸书上加一个好友就是一对一客户开发。如果在脸书上发一个表情包，让很多人注意到我，这是一对多客户开发。两种开发方法耗费了差不多的时间和精力，但其中一种方法能够开发更多的客户。

掌握了一对多的客户开发方法后，还可以不断扩大一次性开发的对象。比如，面对 100 人进行公开演讲，并最后索取他们的联系方式，这是一对多开发。将演讲录下来，发布在油管上，可能就会有 1000 人看到这个视频，要是其中一些人订阅了你的油管频道，一对多的开发结果就明显增多了。

下面是一些一对多客户开发的有效方法：

（1）请客户将你转介给新的客户；
（2）在社交媒体发布你个人网站的链接；
（3）在你的网站设计一份电子邮件订阅表格；
（4）构建数字时事推送；
（5）发布视频，吸引观众关注你的频道；
（6）发布播客；
（7）公开演讲；
（8）在社交活动中发言；
（9）将演讲录制下来，发布在线视频或播客；
（10）发表文章和出版图书；
（11）直接发邮件给列表中的用户；
（12）在贸易展览会上租用摊位；

（13）让你的转介伙伴向他们的粉丝推广你的信息；

（14）在社交媒体上发布广告；

（15）在本地电视台或广播上发布广告。

这些只是一对多客户开发方式中最有效的一部分。大多数客户开发方法都可以用于一对多开发。审视你的客户开发方法，将本就掌握的方法转变成一对多开发。

六、优选客户开发方法：价值25万美元的策略

下面是我教学员的一个策略，这个策略能帮你把握最佳机会做好客户开发。我认为这个策略起码价值25万美元。但实际上，如果用得好，这个策略的价值远不止25万美元。

这个策略基于以下原则：让业务发展最快的方式是跟有影响力的人合作。有影响力的人是指他们社交网络中包括你的目标客户的人。如果你能说服这些有影响力的人，将你推广到他们的社交网络中，你的市场影响力就能迅速扩大。价值25万美元的策略就是将能帮助到你的、有影响力的人写出来，挑出那些可能对你帮助最大的人，然后跟他们接触，建立联系。

我曾经用这个策略来拓展我的销售培训业务。我列了一份在公开演讲行业有影响力人物名单，他们的社交网络中就包含我的目标用户，同时他们销售的东西与我销售的东西并不冲突。最后列出了132个名字。我决定花时间跟其中最有影响力的4个人建立联系，分别是国际太空（Space International）首席执行官、创始人伯尼·多尔曼（Berny Dohrmann），最受欢迎的领导力培训师布莱恩·克莱默（Brian Klemmer），最受欢迎的金融作家洛拉·朗格迈尔（Loral Langemeier），市场在线首席执行官、创始人亚里克斯·曼多辛（Alex Mandossian）。我接近他们，表示想要跟他们谈谈合作。能和这些人中的任何一个建立联系，我都会很兴奋，而最后，我和这4个人都联系上了。他们最终也对我的业务帮助巨大。

星巴克的成功也证明了利用有影响力人物的重要性。当下，星巴克是

仅次于赛百味（Subway）和麦当劳的全球第三大快餐连锁店，而收入排名是在第一位的。星巴克是如何发展到这一步的？一个关键因素就是与有影响力的人物合作。

早在1993年发展初期，星巴克就意识到书店是卖咖啡的好地方，所以他们与巴诺连锁书店（Barnes & Noble）展开了合作。这大大扩大了他们的经营范围。后来，他们又与其他公司建立了战略合作关系，包括百事公司（PepsiCo）、联合航空公司（United Airlines）、卡夫食品公司（Kraft Foods）和苹果公司。

再加上其他明智的商业举措，这一策略为星巴克创造了奇迹。2019年，星巴克的营业收入大约为265.1亿美元。

星巴克的成功证明了这一策略有多么强大。利用有影响力的关系可以最大提高客户开发的效率。

七、用诱饵吸引客户

上面提到的许多客户开发方法与诱饵相结合效果更佳。诱饵很有用，你可以用一些免费的小玩意换到客户的联系方式。因为你没有收取任何费用，客户很情愿地就会将他们的联系方式给你。

例如，20世纪初很流行杂志。一些公司发布广告称，只要邮寄订货单或写信给他们，就可以得到含有免费信息的小杂志。你联系他们后，他们寄给你免费杂志的同时还承诺给你更高价值的优质产品。传奇健美先生查尔斯·阿特拉斯（Charles Atlas）就是用这种方法发家致富的。

同样的方法在其他媒体上也被证明有效，包括报纸、小报、广播和电视。20世纪90年代数字营销出现时，许多网站开始提供免费的电子邮件时事推送和电子书，以此来获得更多的电子邮件地址。智能手机和社交媒体的出现为这个策略又提供了新的工具。这个策略沿用至今，仍然非常有效。

公开演讲也可以用作"诱饵"。比如，我通过现场演讲、数字电话会议和社交活动提供免费的销售培训课程。我可以在免费课堂上推广其他优质的销售培训产品，为我们的课程吸引成千上万名学员。

你也可以将便宜的免费实体产品当作"诱饵"。例如，许多房地产代理商会提供免费的日历。

另一种设下"诱饵"的方式是通过促销合作伙伴进行的。比如，一些电影院给当地企业提供限量的免费门票，这些企业可以分发给他们的客户。电影院通过出售特许权和回头客收回门票的费用。

"诱饵"是一种受到认可的强大的客户开发工具。想一想你可以用什么"诱饵"吸引客户。

八、自动收集新客户信息

另一种提升客户开发效率的方式是使用自动化技术。手动添加新客户信息到客户数据库需要一定时间。如果能自动化这个过程，添加新客户信息的效率就会显著提高。

比如，假设网站上有一个录入电子邮件的表格，访问者可以通过这个表格订阅我的电子邮件推送。如果一个月有1000个访问者，其中3%的访问者登记了电子邮件地址，这属于小型商业网站的平均偏低的访问水平了，但这也意味着每个月我可以自动收集30条新客户信息，而无须任何手动操作或数据录入。

自动收集新客户信息的技术工具有很多，如：

（1）近距离无线通信（near-field communication, NFC）共享，一定距离范围内智能电话间的信息共享；

（2）社交媒体好友添加和关注；

（3）通过好友或线上连线建立的社交媒体网络；

（4）电子邮件订阅表格；

（5）简易信息聚合（RSS）订阅按钮；

（6）聊天机器人；

（7）网站缓存文件；

（8）客户关系管理软件；

（9）给客户打分，根据一定标准自动评判客户；

（10）语音信箱；

（11）互动式语音应答（IVR）语音系统；

（12）商业回信；

（13）邮件回复插件；

（14）市场活动上分发的表格。

上述不同工具适用于不同客户开发方法，你可以根据你的客户开发方法选择适当的工具。

九、使用脚本创造客户开发机会

为更方便开发客户，可以创建一些客户开发脚本。这个脚本应该包括解释为什么接触对方，然后请对方提供联系方式或其他有助于进一步预约面谈的行为。客户开发脚本的关键是解释清楚你为什么要接触对方。

接触对方的原因可能包括：

（1）经别人介绍；

（2）某次社交活动上认识的；

（3）在社交媒体上有同一个好友或在同一个群；

（4）想告知他们一个活动；

（5）参加过你的一场演讲或社交活动；

（6）给订阅了你邮件列表的人分享一些信息；

（7）提供免费咨询；

（8）买过你的产品或服务，要提供他们可能需要的其他东西。

你可以参考这些示例创建你自己的客户开发脚本。创建了脚本后，就测试一下效果。如果脚本有效，就继续用。如果脚本效果不好，做适当调整或换一个。你还可以替换脚本中的某个过程，看是否效果更佳。也可以不断调整和完善脚本，用以提升客户开发效果。

十、面对面客户开发

面对面开发客户可以使用脚本。比如，你可以创建一个电梯行销[1]（elevator pitch）脚本。电梯行销脚本是简短的陈述，只用回答"你想干吗？"之类的问题。称其为电梯行销脚本是因为其话语应该足够简明扼要，这样才能在电梯在各楼层间运行的短短时间里传达到。电梯行销脚本可以用作进门寒暄，目的是交换联系方式或安排一次预约。

销售培训师保罗·卡拉斯克（Paul Karasik）提出了简单的"三步式"电梯行销脚本创作方法［引自传奇文案策划鲍勃·布莱（Bob Bly）编写的《营销计划全流程执行手册》（The Marketing Plan Handbook）］：

（1）描述你整理出的需求，可以说："你知道……吗？"

（2）解释你做了什么才满足了那个需求，开始可以说："我是做……的。"

（3）描述你所做的事可以如何使你的客户受益，可以说："……目的是……。"

比如，财务顾问可以使用这样的脚本："你知道有多少人担心他们退休后没有足够的钱生活吗？我是帮助人们规划如何理财的，目的是让他们在退休后继续享受舒适的生活。"

下面是我在社交活动中用过的另一个例子。假如你在一个社交活动中收到了3张名片。在联系名片上的人时，可以这样跟对方说："很高兴在活动上遇到您，很想进一步跟您认识一下。看您什么时候方便，我再打电话跟您详细聊聊？"

十一、社交媒体客户开发

在社交媒体上开发客户也可以使用脚本。下面这个例子说明了怎样运用客户开发脚本在脸书上开发客户并与他们建立信任及友好关系。这种方

---

[1] 用极具吸引力的方式简明扼要地阐述自己的观点，也被称为电梯游说。——译者注

法可以用在任何行业的任何地方。

假设你加入了一个脸书群，该做些什么？

你可以点击"添加好友"，扩大你的社交网络。有的人会通过你的添加请求。你要跟他们说："感谢您通过我的添加好友请求。"

他们一般会回复说"不客气"或其他诸如此类的话。

然后你可以说：

（1）你是做什么的？

（2）你做多久地产经纪了？

（3）你住在这里多久了？

简单来说，就是从一些简短的闲聊开始。为了慢慢建立信任和友好关系，你可以对他们的工作表示喜欢并适当做些评价。你也可以邀请他们在脸书或其他软件上与你构建联系。

然后你就可以寻找机会将你的业务融入你们的谈话中。下面是一些可以在社交媒体上接触客户的示例：

（1）邀请他们参加Zoom上的会议。

（2）开展一次虚拟咖啡会议❶加深了解。

（3）分享汤姆·马修斯（Tom Mathews）和史蒂夫·西博尔德（Steve Siebold）撰写的《金钱是如何运作的》（How Money Works）一书。

（4）问他们是否在寻找什么机会（比如："我是做保险的，我们正在推广业务，大多数跟我们合作的人一开始都是以兼职的形式。你是不是在寻找这样的机会？"）

你要做的就是跟他们建立联系、持续对话和不断邀请。这种方法可以用在各种社交平台上。你可以通过多个社交媒体平台同时与10个、20个、50个、100个甚至更多的人进行交流。下载各个社交平台的软件，可以随时随地开发客户。

---

❶ 在美国较为常见的一种职场策略，指在网络上找到自己想要学习、了解的对象，约对方一起喝咖啡来咨询一些问题，构建实际关系。——译者注

十二、电子邮件客户开发

还可以通过电子邮件开发客户。下面是我跟进一位参加我的网络活动的销售主管的过程中写下的电子邮件脚本。你可以参考这个示例,根据自己的需要做适当修改:

电子邮件客户开发脚本

主题:

来自埃里克·洛夫霍尔姆的邮件:为您的销售团队提供免费的在线励志演讲。

正文:

我名叫埃里克·洛夫霍尔姆,是"销售力量"网络活动的演讲者,您在 2 月份注册了我们的活动。

我最近为许多销售团队做了励志培训,帮助他们树立端正的心态。一般为销售团队做在线演讲我会收费 1000 美元。但我想向您的团队免费进行一场演讲,只希望您和您的团队了解我演讲的价值。因为新冠肺炎疫情,您的团队或许缺乏动力。

后面的链接是我的销售演讲视频:[具体链接]

期望您的回信。

祝你好运,

埃里克·洛夫霍尔姆

✏ 练习:审视你的客户开发方法

在本章的练习中,首先要将你目前正采用的客户开发方法写下来。审视你的这些方法,将其与本章讲到的方法进行对比。看看怎样提升你的客户开发技能,要么更积极地使用你正在使用的一个客户开发方法,要么学习新的方法。然后为客户开发方法创建一个开发次序和脚本。

第十章
如何专业地进行客户开发

小结

客户开发为销售创造机会，是成功销售的基础。你可以构建"无论如何你都会赢"的心态，改善客户开发方法并创建和完善开发脚本来提升客户开发技能。

要充分利用客户开发创造的机会，然后，你需要知道如何成交。在下一章中，我将教你如何成交。

第十章 要点回顾

1. 你需要进行客户开发来发现新客户和实现销售；
2. 客户开发时，只要你采取了行动，无论如何都赢了；
3. 客户开发的目的是开发而不是立即进行销售；
4. 设计多种客户开发方法，将客户开发效率最大化；
5. 采用"一对多"客户开发方法提高开发效率；
6. 利用与有影响力的人的关系；
7. 用诱饵吸引客户；
8. 自动收集客户开发结果能提高客户开发效率；
9. 使用脚本创造客户开发机会；
10. 创建脚本，如电梯行销脚本，来进行面对面客户开发；
11. 创建社交媒体脚本和电子邮件脚本进行线上客户开发；
12. 练习：审视你的客户开发方法。

第十一章

如何成交

埃尔默·惠勒（Elmer Wheeler）是20世纪最有影响力的销售培训师之一，他一个重要的贡献是教人如何成交。惠勒1903年出生于纽约，15岁时开始在美国纽约州罗切斯特挨家挨户地销售真空吸尘器。他在进行销售时遇到的一个障碍是狗。许多院子都标有"小心狗"。惠勒解决了这个问题，他在上门之前先了解这些狗的名字，上门的时候就唤它们的名字。

上高中时，惠勒是学报的一名记者。他的报酬是根据他的报道所占版面大小而定。为了获得更多报酬，他开始报道一些有新闻价值的事件。

上大学时，惠勒继续为学报工作。他在全国各地的报纸行业做过好几份工作。在洛杉矶，他为房地产代理商在报纸上刊登广告。那时，他就开始为每个客户设计几种不同版本的广告供他们选择。在向客户展示时，他会问："您喜欢哪个版本？"这是他第一次使用他发明的重要成交技巧，也是他第一次尝试创作同一广告的不同版本，这是另一个重要的创新。

1929年经济大萧条发生时，惠勒是一名记者，他因此丢了工作。雇主告诉他，他们只需要销售员，惠勒表示："我可以做销售。"然后，他开始将更多注意力放在报纸行业的广告上面。

报纸依赖本地商家的广告而生存。所以，惠勒的工作任务之一是设计广告，吸引顾客光顾一些商店。开始的时候，惠勒的广告的确吸引了许多顾客，但商家抱怨说，顾客进了商店却不买东西。惠勒调查了这个问题，他发现店内的销售员并不知道怎么销售。于是，他创建了一些销售脚本，并试着教给销售员，以便促进顾客购买。

受此启发，惠勒成立了"惠勒文字工作室"（Wheeler Word Laboratory），这是第一家致力于创建销售脚本的广告公司。惠勒为客户创建脚本，并测试哪些脚本效果最好。

例如，当时的加油站在给客户加油时也提供检查机油的服务，收取额外费用，需要的话还可以帮客户更换机油。德士古公司（Texaco）雇佣惠勒来创建一个用来推销机油检查服务的脚本。加油站的服务人员通常会问："要检查机油吗？"这个脚本的一个问题是，它给了客户回答"不"的选择。

惠勒于是将脚本换成："您爱车的机油状况还正常吗？先生。"这样的问话让客户很难用"不"来回答，因为除非他们最近检查过机油，否则是无法准确回答这个问题。在大多数情况下，客户需要简单地检查一下机油才能回答这个问题，这就增加了他们更换机油的可能性。在使用这个脚本一周后，德士古公司的机油检查服务销售量增加了25万次。

1937年，惠勒将他多年创建和测试销售脚本的经历写成了一本书，名为《销售演讲术》（*Tested Sentences That Sell*）。在书中，他提出了"惠勒五点论"（Five Wheelerpoints），总结了成功的销售脚本的关键。其中一点体现在著名的销售标语"不要卖牛排——卖嘶嘶声！"上。惠勒的方法十分强调成交时选择恰当的言语艺术。

惠勒后来成了那时美国最具影响力的销售培训师。他通过现场、书籍、录音和录像进行培训，训练出许多顶级的销售培训师，他们后来被称为"惠勒经销商"。

惠勒之所以强调言语艺术的重要性，是因为他认识到成交是销售的核心。在本章，我将教你如何将CSI运用在成交环节。我在这里教的方法不是成交的唯一方法，但也是我和我的学员经过几十年的销售和销售培训经历证明确实有效的。你采用这些方法也会产生效果。如果你不擅长促成成交，你可以使用这些方法变得更擅长。如果你已经擅长，可以通过这些方法变得更好。如果你已经知道如何促成成交，可以通过使用这些方法变成成交大师。

一、成交的基础知识

在打算持续改进成交技能之前，要确保你已经掌握了成交的基础知识。通过多年的教学，我了解到，许多学习销售的学员只在理论上学习了如何成交，但却没有真正花时间学以致用。其结果是，他们心里知道如何成交，但并没有消化学到的成交脚本，更没有在现实的销售环境中有效地促成成交。要做成交大师，需要在实践中学习，不能仅限于理论。这意味着应该不断将基础知识付诸实践。

在我的销售教学方法中，像销售的其他环节一样，成交环节也有3个基本要点：

（1）心态；

（2）销售山峰；

（3）销售脚本。

我在之前的一本书中详细介绍过这些内容，那本书名为《销售方法与销售脚本》(*The System and Sales Scripting Mastery*)。所以在这里，我仅向那些不熟悉我成交方法理论和需要温故的读者概括地讲一下要点。除此之外，还会涉及其他与成交基础知识相关的要点，重点讲一些可以模仿的实例，也包括需要避免的常见错误。

二、培养成交的心态

成交需要树立信心。有信心成交的人知道销售基本等于服务，成交是优质销售宣讲的自然结果。他们知道，在"销售山峰"的初始阶段，要与客户建立信任和友好关系、确认客户需求并宣讲产品的功用；为了成功成交，扎实的基础不可少。他们知道，只要在这个阶段打好了基础，下一步就可以自然而然开始逼单。他们也知道，在逼单时确切地应该说些什么，因为他们了解成功成交的方方面面，并且也在测试中完善了他们的成交脚本。他们知道，如果他们按照脚本说，同时他们的产品也符合客户的需求，客户有很大可能会回答："好。"

如果客户回答"不"，他们也不会担心，因为他们知道异议处理是销售过程中的一部分，他们早已准备好异议处理脚本。他们还知道，有的客户会回答"不"，但也有一些客户会回答"好"。但每一次只要他们开始逼单了，他们就赢了，无论他们得到的答案是"好"还是"不"。

这就是促成成交的心态。相比之下，大多数销售员的心态都走了两个极端，成为有效成交的巨大阻碍。

一个极端是胆子小。这种销售员没有完全认可销售这件事，也没有认识到销售就等于服务。他们在潜意识中对逼单感到愧疚，所以他们害怕促

第十一章
如何成交

成成交。他们一直拖延，不敢去努力成交或通过其他方式尽可能间接地表达想要成交的意愿。其结果是，当他们鼓起勇气要努力成交时，他们的言语显得那么的无力，他们本来能够得到的销售机会也就失去了。

另一个极端是典型的咄咄逼人地逼单。二手车经销商就总是如此，他们总想卖给你一辆不想要或不需要的车子。还有电话推销员也是如此，他们在你晚餐的时候打电话给你，即使你说了不感兴趣他们也不闭嘴。他们就像酒吧里的醉汉，试图调戏每个女性，即使别人拒绝他。这种销售员不但不胆小，反而自信过头、过于乐观。他们一看到你就准备好逼单，甚至连销售宣讲都还不做。他们不想费神去与客户建立信任和友好关系，或探查客户需要什么。他们听不进异议，不管你说什么，只坚持告诉你为什么应该买。他们没有信任感或时机观念，他们的逼单是笨拙的，是在错误的时间用错误的方式提出的。他们粗鲁地要求人们买他们的东西，但在大多数情况下，他们又拒人于千里之外。具有讽刺意味的是，他们极其缺乏自知之明，有了一点业绩，就以为自己很擅长推进成交。他们根本不理解为什么客户要避开他们。

你要避免这两个极端。要养成一种自信的心态，意味着既不能胆怯懦弱，也不能狂妄自大。要通过不断重复销售和成交方面的激励言语，树立促进成交的心态。销售等于服务，成交是优质销售宣讲的自然结果。你要通过在销售宣讲过程中的恰当时间运用精心创建的销售脚本，最终顺利地成交。信心来源于充分准备。充分准备意味着你要练习激励言语和成交脚本，直到它们成为你的第二天性。

幸运的是，如果你没有自信的成交心态，你可以培养。记住，心态不是固定的，是可以变化的。如果你不擅长去成交，你可以变得擅长。如果你已经擅长促进成交，你可以变得更擅长。如果你已经非常擅长促进成交，你可以成为成交大师。

我们每个人对最终的成交都有自己的想法。例如，我心里会想："我不擅长成交。"这是我的想法。如果我心里反复这样想，信心就会遭受打击。但是，我可以不这么去想，我可以想："我成交技能越来越厉害了，变得擅长这件事了，我可以成为成交大师了。"改变自己的想法也就改变了结果。

三、熟悉成交的次序和构成

销售基础知识的另一个方面是要完全熟悉如何根据"销售山峰"原则给成交过程排序并如何将这个次序应用在现场销售环境中。其中一个关键是，要牢记攀登"销售山峰"的次序，这样才能判断你和客户的交谈是否进入了成交环节。你跟客户建立起了信任和友好关系吗？你探查了客户的需求吗？你有没有衡量你的产品或服务是否可以满足客户的需求？你的客户开始问价格、支付方式或合同条款之类的问题了吗？如果有，那就应该过渡到成交环节了。

为了培养判断什么时机能成交的能力，你要养成留意步骤过程的习惯，当你在做销售宣讲时，留意你到了"销售山峰"的哪个步骤。通过销售宣讲获得一定经验后，你就会本能地意识到你进行到哪一步了，也会开始注意到客户有意愿购买的一些行为表现，即购买信号。当客户开始谈及你对成交客户的期望时，购买信号就出现了。例如，与购买信号相关的问题有：

（1）详细的产品特性和功用（"是黑色的吗？"）

（2）价格、支付方式或合同条款（"可以用信用卡支付吗？"）

（3）库存现货（"有现货吗？"）

（4）交付方式（"你们有连夜发货服务吗？"）

学习成交进程的部分内容就是学习识别这种购买信号。增强对购买信号的辨别意识有助于判断什么时候成交。

如第八章所讲，成交本身分为三个阶段：

（1）过渡到预成交阶段；

（2）预成交阶段；

（3）逼单。

在过渡到预成交阶段，表明你想促成销售的意图。例如，你可以说："我得和您说说，遇到像您这样的客户，现在我一般会这样……"

在预成交阶段，你应该跟客户讨论产品的细节问题，如价格、附带物品、保修和付款条款等。

在逼单阶段，你进行逼单，完成销售行为。例如，你可以说："想好进行下一步了吗？"

为了掌握成交的基础知识，应该要非常熟悉成交的三个阶段。这样，一旦你意识到是时候成交了，就会自动运用过渡到预成交阶段的脚本。

认识到什么时候停止也很重要。逼单后，就该等客户的回应了。他们或许会说："好。"这种情况下，你的销售就成功了。他们或许还是会肯定地说："不。"这就意味着他们现在还没准备好购买，你得等下一次机会，后面再试着促进成交，或者换一个客户。他们也可能不直接拒绝，只是提出异议，这种情况下，就该进入异议处理环节了。让客户做出回应很重要，以便进一步成交或者处理客户的异议。如果不让他们做出回应，只是继续跟他们谈，这笔生意可能就失败了。

为了避免这个错误，我认为逼单后就该保持沉默。当然，做起来比听起来难。一旦已经逼单了，在等待回复这期间，你心里肯定会很紧张。你可能会用交谈来掩饰你的紧张。事实上这样会无意识地暴露你的紧张，客户会更反感。最好的做法是将这个烫手山芋留给客户，让他们受不了这种静默的紧张感，不得不对你的成交要求作出回应。

埃尔默·惠勒的学生 J. 道格拉斯·爱德华兹（J. Douglas Edwards）说："一旦逼单，就闭嘴！先发声的就输了。"我建议，一旦你逼单了，心里也就不要去想这件事了，等客户回应就可以了。比如，你可以大声地说出你想成交的要求，然后就不要去想这个问题了，可以在心里默念："问了就可以了，问了就可以了，问了就可以了。"这样做有助于在销售现场强迫自己沉默。

四、使用成交脚本

在创建成交脚本时，你可以通过两个"三步走"来完成。第一个"三步走"是指上面提到的成交三个阶段：

（1）过渡到预成交阶段；

（2）预成交阶段；

（3）逼单。

每个阶段都有其相应的微型脚本。接下来，你可以使用第二个"三步走"创建这些微型脚本：

（1）列出成交牵涉到的内容（价格、包含物品、保修等）；

（2）将这些内容排序；

（3）针对每个内容创建宣讲脚本。

有了脚本就要练习去用。有了脚本，如果因为压力忘记用了，或在交谈中不会自发地用，那对你也没有什么帮助。不幸的是，许多销售员是有成交脚本的，但就是从来没有用过，结果跟篮球运动员从来不练习罚球一样。真正要在比赛中罚球了，他们很可能就卡壳了，表现远没有那些每周花数小时练习罚球的球员好。要想擅长成交，你也需要多练习成交脚本。

我建议你定期留出时间来练习，直到能够无意识地使用它们。练习每个微型脚本到滚瓜烂熟，然后再去练习另一个脚本，直到能够顺利地过渡到预成交阶段，从预成交阶段顺利过渡到最终销售。把自己练习脚本的过程录下来，反复听录音，然后再不听录音进行模仿。随时背诵这些脚本，检验记忆情况。

我还建议你在进行销售宣讲前预演一下你的成交脚本。这样做可以唤起你的记忆，让你在宣讲过程中能更熟练使用。

成交脚本运用得越熟练，成交的效果就越好。反复练习是学习技能的关键。

五、模仿成交大师的心态

如果你已经掌握了成交的基础知识，并且想比别人做得更优秀，那么提升自我的一个好办法是模仿成交大师。人们通过模仿进行学习，模仿成交大师是成为成交大师最快的途径之一。我鼓励我的学生观察成交大师的行为，用大师的眼界看待成交，以此来学习他们的心态、成交策略和脚本。

一位通过观察其他成交大师成为成交大师的销售培训师是本·盖伊三世（Ben Gay Ⅲ），他是著名的销售培训系列书籍《成功的销售员》（*The Closers*）的作者，我建议你阅读这套书。20世纪40年代至50年代，盖

第十一章
如何成交

伊还是孩子的时候，就开始为慈善机构挨家挨户募集资金。14岁时他开展割草生意，雇佣其他孩子为他工作。20世纪60年代，他通过一家名为"假日魔术"（Holiday Magic）的化妆品公司参与多层次分销（Multi-level Marketing）[1]，他与未来的销售传奇人物金克拉同一天加入了这家公司。当时，假日魔术公司正与拿破仑·希尔的搭档厄尔·奈廷格尔（Earl Nightingale）合作，厄尔以畅销的励志唱片《世界上最奇妙的秘密》（*The Strangest Secret*）而闻名。那时，假日魔术的销售培训师是埃尔默·惠勒（Elmer Wheeler）的学生J.道格拉斯·爱德华兹。因此，盖伊有了近距离观察那些顶级成交大师行为的巨大优势。

在《成功的销售员》中，盖伊指出了让成交大师与普通成交人员不同的两个品质：自信和表演技巧。成交大师更自信，因为他相信自己，相信自己的产品。他自信因为他在任何销售情况下都知道如何行事。他喜欢自己，也喜欢别人，所以很容易跟别人建立信任和友好关系。他相信他的产品是有益于他的客户的，所以当宣讲他的产品的功用时，他给人的印象是真诚的。他仔细地听取异议，知道如何处理这些异议。至于表演技巧，他想出了通过讲故事和使用道具的方法来吸引客户的注意力。他通过有趣的方式销售。

以斯威夫特公司（Swift Response）CEO菲尔·斯威夫特（Phil Swift）为例，他在电视广告中宣传公司的黏合产品，如强力密封带、防水胶带和强力黏合胶。斯威夫特在广告中表现出了强大的自信和优秀的表演能力，他令人印象深刻地展示了产品的防水密封性能。例如，在一则广告中，他将船锯成两半，再用防水胶带修好，然后放进水里，宣称："船里面一定是干的！"随着斯威夫特越来越出名，他不断使用一些惊人的方式来展示他的产品，用钻头、喷枪和炮弹来破坏船只，再用他的产品将其修好，然后划着他们渡过满是鳄鱼或鲨鱼的水域。这种娱乐性的广告令人印象深刻地显示

---

[1] 又称为结构行销（Structure Marketing）或多层次分销（Multi-level Direct Selling），指直销企业在具体开展的直销业务中，允许自己的直销产品经过若干层次的直销商的销售行为进入到消费者手中。——译者注

了斯威夫特对他自己和产品的信心，也展示了他高超的表演技巧。产品的品质和斯威夫特自身的品质一起给他带来了回报，斯威夫特公司 2020 年的净资产约为 1000 万美元。成为成交大师是有回报的。

成交大师的自信也来自毅力。成交大师在进行销售宣讲前会在心里设定一个结果。他们不达结果不罢休，这种决心使他们显示出强大的自信，可以战胜各种异议，一直坚持到销售完成。我称其为区分顺利成交与否的分水岭。

举一个我自己的例子。在我的销售生涯初期，我决心要为托尼·罗宾斯工作。当时，托尼已经因为他的书籍和商业广告上的成功成了世界上最优秀的励志演说家之一。我的目标是当托尼·罗宾斯的销售培训师。

我设法找到了托尼一个办公室的地址，走进去求职。提交申请后，我被通知去面试。面试结束后，我又接到一个电话。工作人员首先感谢我提交申请，但又告诉我，他们不打算雇佣我。

可是我已经下定决心要得到这份工作，不打算放弃。我决定换一个策略，就是找一个推荐人。我打电话给"疯子"马克·刚萨尔夫斯（Mark "Gonzo" Gonsalves），他是"顶尖成就研讨会"（Peak Achievement Seminars）的主席，还是托尼·罗宾斯的特许经销商、主持人和培训大师。我告诉他："我想为托尼工作，您能帮我推荐下吗？"

"你需要跟戴布·海因茨（Deb Heinz）谈谈。"他说。

所以，我又给海因茨打了电话，说我是刚萨尔夫斯推荐的。就这样，我再次被约到上次面试的那栋楼进行面试。这一次，我被雇用了。

想要干脆利落地成交，需要一种力量。你要养成在进入销售会议之前设定目标的习惯。心里要清楚你想如何成交，你计划如何引导谈话走向成交。提前想象一下你要的结果是什么，以及如何得到那个结果。心里默想一遍如何进行宣讲，如何促成成交。想象一下，如果顺利成交，你会有什么感觉。引导谈话朝你想要的结果发展，要有信心你能达成它。这样做得越多，你的宣讲最后可能就越像你想象的那样。

六、学会识别购买信号

前面我提到，当客户准备购买时，他们会发出购买信号。成交大师有足够的经验，因此当购买信号出现时，他们能马上意识到，然后迅速平稳地过渡到成交环节。要变成成交大师，你需要培养这种高度敏锐的意识。

为了培养对客户购买信号的敏感度，你得养成观察他们同意购买前表现出来的肢体和言语信号，将这些表现与不打算购买的客户的表现进行对比。下面是你应该注意到的一些常见表现：

（1）客户不断点头或口头表述赞同你的宣讲，这表明你们之间已经建立起信任和友好关系。

（2）客户详细打听某种产品或服务的具体特性或用途，表明他们有这些需求。

（3）客户重复你宣讲的一个功用，这表明这个功用对他们很重要。

（4）客户期望你的产品或服务具有某种功用，这表明这个功用对他们有用。

（5）客户想看成功案例或相关证明，这表明他们倾向于购买，但还想确认一下你是否值得信任。

（6）客户询问合同条款与条件、担保、保修或折扣，这表明他们想购买，但对可能存在的潜在风险还有一些保留意见。

（7）客户询问交付方式或时间表。

（8）客户讲话听起来就像他们已经拥有你的产品或已经在享受你的服务。

（9）客户说他们需要咨询另一个人的意见，如家庭成员或上级领导，才能做决定。有时，这可能是一个托词，但也可能是客户想要购买的信号，但需要另一个有话语权的人做最后决定。

（10）客户想知道下一步该做什么。

（11）客户想要免费试用。

（12）客户询问价格、支付方式或融资方案。这是最明显的购买信号之一。

（13）客户其实已经同意购买。这看起来好像很明显，但你可能会吃惊地发现，很多时候，销售员并没有意识到客户的意愿，因为他们还在焦急地进行宣讲。如果你忽略了这一点，还在试图说服一个已经被说服的客户，没准无意间这笔生意就失败了。客户会因为你迟迟不进行下一步而开始对你产生怀疑。

这些购买信号的共同之处是，客户积极参与并配合了你的销售脚本。在一些情况下，他们其实能预见你要说什么。如果你看清这一点，离成交就不远了。

一定要注意客户表现出的是哪种购买信号，这样才知道如何做出反应。比如，如果客户表现出对某种特性或功用感兴趣，可以给他们描绘一下；如果他们询问这个特性或功用在使用中会是什么样的，你可以通过想象带他们操作一遍。如果客户表明某种功用对他们很重要，你可能就要在促进成交的环节重点讲一讲这个功用。如果他们担心有风险，那就准备好告诉他们如何降低风险。客户有什么购买信号就做出相应的反应，如果你觉得客户已经决定好了，就实时地过渡到成交环节。

购买信号的另一面是客户表达出的不想购买的信号。比如，他们可能会摇头表示不同意，表明对产品的特性或功用不感兴趣，或对你公司的品牌优势表示怀疑。这些只不过是客户还没有准备好成交的信号而已。如果你回到"销售山峰"的相应次序，再与客户沟通，而不是在不成交的信号出现时坚持成交，你会有更好的机会进行成交。比如，如果他们摇头表示不同意，你可能需要在这时顺着他们说话，重新与客户建立信任和友好关系。

对购买信号敏锐有助于你的成交技能更上一个台阶。要培养这种敏锐，首先回顾一下你以前的销售宣讲情况，看看有没有已经出现过的购买信号。然后在心里牢记，以后宣讲时要注意观察购买信号。在宣讲完毕后做个笔记，通过这种方式回顾一下客户释放出了什么样的信号，提高你的敏锐意识。

七、选用多个成交脚本

J. 道格拉斯·爱德华兹认为，许多销售员无法达成成交是因为他们明明

第十一章
如何成交

知道两种成交方法，却只使用其中一个。说得难听点是，许多销售员甚至连一个成交方法都没有，还不想花时间去学习。成交这件事很容易让人焦虑，也很容易让人满足，以至于有人不想开发其他的成交技巧和脚本。

关键是应该根据不同客户选用不同的成交方法。适合一个客户的成交方法不一定适合另外一个客户。另一方面，拒绝一种成交方法的客户可能会认可另外一种方法。

这就是我为什么要教学生许多不同成交方法的原因。下面是我教学生的十几种不同类型的成交方法：

（1）邀请式成交法：最基本的类型，只需直接邀请客户进行下单购买。

（2）询问式成交法：邀请式成交法的一个变体，婉转地问客户要不要下单购买，"你觉得怎么样？"。

（3）预设式成交法：宣讲之初就让客户知道你能提供些什么。

（4）尝试式成交法：问客户，如果你满足他们某些条件，他们是否愿意购买。

（5）假设式成交法：以假设客户会购买的方式逼单，如问客户想用信用卡支付，还是"贝宝"（PayPal）在线支付。

（6）选择式成交法：给客户几种选择，客户可以从中选一种下单。

（7）订货单式成交法：直接邀请客户填写一张订货表格或类似的方式。

（8）博取同情式成交法：恳请客户购买。

（9）衡量式成交法：将产品的价格与高出价格的受益进行对比。

（10）杠杆式成交法：强调不购买的负面后果。

（11）稀缺式成交法：强调售出物品的有限性。

（12）逼单及缄默式成交法：逼单后，等待客户的答复。这种方法可以跟其他成交方法一起使用。

可以使用上述任意一种成交方法或另创其他创建脚本。成交大师会学习其他销售员和广告商所使用的成交方法，并在这些方法的基础上创建多种成交脚本。想成为一名成交大师最好使用多种方法创建成交脚本。

除了使用多种成交方法和脚本外，最优秀的成交人员还会反复测试不同的脚本和同一种脚本的不同版本，以确定哪个脚本能产出最好的结果。

在广告领域，这被称为"对比测试"或"A/B测试"。广告商创作的同一广告的两个版本之间只有一个元素不同，例如标题和价格。然后他们看哪个版本能获得最好的结果。效果最好的版本会被广泛地使用。广告公司不断使用对比测试方法来测试和调整广告，并不断改进广告。通过这种方式，他们构建了一个有效广告的信息库，同时避免了将时间浪费在那些没有效果的广告上。

在编写成交脚本时，可以测试并记录不同版本的效果，并记录下来。以下方法可以用来修改成交脚本：

（1）使用不同方法，例如改变成交的措辞；

（2）改变过渡到成交环节的方式；

（3）强调与众不同的好处，改变产品；

（4）更改价格；

（5）提供折扣；

（6）提供不同的支付方式；

（7）给产品或服务重新命名；

（8）改变附带物品；

（9）提供额外的好处；

（10）担保或保修；

（11）鼓励客户今天购买；

（12）强调数量稀缺。

练习使用不同版本成交脚本，并注意哪个版本效果最好。一旦找到有效的脚本，应坚持使用，但还要继续测试细微的变化，以便进一步优化它。

八、提升成交技能的十大方法

最后，我想进一步介绍提升成交技能的十大方法：

（1）参加面对面、在线或电话连线的销售和成交课程。我每周都会以网络和电话会议的方式教授一门销售课程。

（2）在在线视频网站上找一些关于成交的视频。比如，你可以找我和本书提到的顶级销售培训师的相关视频。

（3）阅读关于销售和成交的书籍。

（4）当擅长成交的人成交时，跟着他们，观察他们是如何做的。你可以通过现场、电话或视频观察他们。

（5）采访那些擅长成交的人，问他们是如何做的，有什么见解，对你有什么建议。

（6）如果销售经理在场，问问他们是否有关于成交的见解可以分享。

（7）使用"回放技巧"：思考一下你成交成功和未能成交的经历，看看你为了顺利成交做了什么事情。

（8）通过录下你成交的过程、收听录下的音频和与他人进行角色扮演来练习成交。

（9）在销售宣讲前，清晰地设定你想要的结果。

（10）在销售宣讲前，通过想象预演一下你打算如何成交。

练习上述任何一种方法可以帮助你提升成交技能。练习上述所有方法可以帮助你快速提升成交技能。

练习：采访一名成功的成交销售员

采访一名擅长成交的销售员，可以是销售团队的成员、销售经理、你所在行业或其他行业的人。问他们提出以下三个问题：

（1）你有什么能帮助我提升成交能力的建议？

（2）你所做的事情中，最影响销售结果的事情是什么？

（3）你有没有读过什么书或参加什么帮助你提升成交技能的课程？

将答案录下来或写下来，以便温习。如果你想提高更多，养成采访或阅读成功销售员的采访的习惯。许多对优秀成交销售员的采访都可以在网上找到采访文本或视频。

小结

成交技能是成为销售大师最关键的技能之一。有些销售可能成交得很快，但大部分时候你得回应异议后方能成交。所以，你还需要掌握异议处理的技能才能成为一名销售大师。在下一章中，我会教你如何提升异议处理技能。

第十一章 要点回顾

1. 要掌握成交技能，应从掌握成交的基础知识开始：心态、销售山峰和成交脚本；
2. 成功的成交销售员的心态是，成交是优质销售宣讲的自然结果；
3. 成功的成交销售员知道什么时候会成交，什么时候停止催促成交和什么时候保持沉默；
4. 成交分为三个阶段：过渡到预成交阶段、预成交阶段、逼单完成销售；
5. 预演成交过程，直到成为下意识行为；
6. 模仿成交大师的心态；
7. 培养自信和表演技巧，成为成交大师；
8. 在销售宣讲前就想一想如何成交；
9. 练习识别购买信号以及如何回应不同购买信号；
10. 开发多种成交技巧和脚本；
11. 测试不同成交脚本和同一成交脚本的不同版本，以确认哪些脚本能产出最好的结果；
12. 练习：采访一名成功的成交销售员。

第十二章

如何通过异议处理挽救销售机会

埃尔默·惠勒的学生 J. 道格拉斯·爱德华兹是 20 世纪下半叶顶级的销售培训师之一。20 世纪 60 年代初，爱德华兹和金克拉在一家名为"美国销售大师"（American Salesmasters）的培训公司就职，这家公司致力于培训房地产销售员。美国销售大师公司的培训项目主要是顶级销售培训师的演讲，该公司也是率先使用音频和视频作为工具的培训公司。爱德华兹最知名的一个学生是我的助手汤姆·霍普金斯（Tom Hopkins），汤姆是房地产销售领域的传奇人物。我在此强烈推荐汤姆的书《如何达成卓越销售》（How to Master the Art of Selling）。

像惠勒一样，爱德华兹也十分强调异议处理的重要性。他总结了一些在客户有异议的情况下还能赚到钱的重要技巧。最基本的原则之一就是不要跟客户争论，对客户的异议要逆来顺受，就像拳击手主动承受对手的重击一样。爱德华兹注意到，许多销售员一遇到客户提出异议，总要试图证明客户是错的，就像拳击手跟对手针锋相对一样。他认为，如果这样做能让客户知道自己错了，但那不是销售员应该做的事。销售员应该做的是证明客户是对的，这样他们才会想要购买你的产品。

如果你知道如何处理异议，就能挽救有可能失去的销售机会。我教我的销售学员如何互动来化解客户的异议，我称这种方式为"与客户共舞"。在本章，我会教你一种化解所有销售异议的方法，以及如何持续提升异议处理技能。

一、异议处理基础知识

想要学习高端的异议处理技能，你需要扎实地掌握相关的基础知识：
（1）心态；
（2）"销售山峰"次序；
（3）创建脚本。
这些内容在我之前的两本书《销售方法》（The System）和《销售脚本

创建》（*Sales Scripting Mastery*）有详述，我建议你去阅读那两本书了解更多细节。在这里，我只给那些还不熟悉我方法的读者概括性地回顾一下要点，也跟熟悉我的方法并想要提升异议处理技能的学员一起复习一下相关内容。主要是回顾一下那些你不仅要知道，而且还能付诸实践，可以用来有效处理异议的要点。

二、树立"与客户共舞"的心态

首先，异议天然就是购买过程的一部分，异议处理也是销售中自然而然的部分。想一想，你在买东西之前，脑袋里会想些什么。你会不假思索地买你看到的东西吗？当然不是。你会考虑你的预算，思考你是否真的需要这个东西，比较其他品牌，权衡是否应该执行一种选择而不是另一种选择。客户在考虑购买什么东西的时候同样经历了这个过程。如果他们表示异议，就是他们在考虑购买的信号。很多时候，在听到"好"之前，你会听到数种像是"不"的异议。这意味着你应该愿意听取异议。如果你没有听到任何异议，你的客户很可能一开始并没有真的想要购买。

其次，异议并不是购买的真正障碍。这是客户常采用的拖延策略，以免仓促做出决定或显得急切。比如，如果他们说："我买不起。"这意味着他们做过成效效益分析。他们真的买不起吗，还是意味着你没有用价值回报说服他们，他们不愿意支付你出的价格？有的时候，他们是真的买不起，但很多时候，他们其实买得起，只是你要进一步说服他们那是物有所值的。异议处理的目的之一就是通过筛选客户的异议，以确定这些异议是不是真正的购买障碍。如果不是，回应异议就是销售必不可少的一步。

不幸的是，大多数销售员并没有意识到这一点。正如他们因为害怕被拒绝逼单畏首畏尾一样，他们遇到异议往往也会生畏。在这种情况下，他们通常会做出两种反应。一种是陷入恐惧并放弃，而不去回应异议。另一种反应是回应过激，与客户争论，而不是认真倾听客户的异议再回应。有这两种心态的销售员都不可能学会异议处理。

相反，要树立一种异议是机会而不是障碍的心态。我常教学员，异议处理就像与客户优雅地共舞。尝试成交是共舞的一步。客户提出异议是另一步。你回应异议，又是另一步。如果你会这种舞蹈，你就可以引导谈话朝成交发展。利用异议处理技能就是这样将异议转化成机会的。

从另一个角度来看，当你进入成交环节就与客户开始对话，试图逼单后你们还会继续交谈并交换意见。异议处理是交谈的自然组成部分。

掌握异议处理就是掌握这个部分销售对话的模式。销售对话的模式就像舞蹈、音乐会一样。随着时间的推移，乐队了解到，如果他们将最受欢迎的乐曲留到音乐会最后，就能获得更多的掌声。例如，我是比利·乔尔（Billy Joel）的粉丝。比利·乔尔的音乐会有一种模式。唱一首歌，获得掌声；再唱一首歌，获得更多掌声；就这样持续下去直到乐队鞠躬离开舞台。观众往往会一直要求再来一首，因为想要听比利·乔尔的代表作《钢琴师》（Piano Man）。最后，在期待达到顶峰后，比利·乔尔走回台上开始演奏《钢琴师》。从经验中，比利·乔尔了解到，这是他们成功举办音乐会的一种方式。

异议处理也类似。了解处理模式，不断练习，然后你就会越来越精通。销售是一种模式，这种模式是可以被确定的，可以了解它，然后变得精通。如果精通了，就可以变得杰出。如果杰出了，就能掌握它。

三、明确异议处理在"销售山峰"次序中所处位置

在基本的"销售山峰"次序中，异议处理发生在逼单后。逼单后可能会出现几种情况：

（1）客户对逼单肯定回答；

（2）客户对逼单否定回答；

（3）客户提出异议。

要区分"不"和异议。"不"是指客户当着你的面砰然关上门，直接挂断电话，或断然结束对话，表明他们不想跟你谈。对话就这样结束了。你只能等下次他们心情好点。同时再换一个客户。

异议不一样。异议是指你逼单后，客户给出了不购买的理由。这时，

你可以以他们应该购买的理由回应，这就是异议处理。如果你的回应比他们的异议更有说服力，就重新获得了成交机会，可以完成一笔交易。

客户提出的异议可能不止一个，你可能不得不多次回应。因此，在顺利成交之前，你可能要尝试多次逼单。这种来回反复形成了一种节奏：逼单—异议—回应—逼单—异议—回应—逼单—异议—回应。这就是销售对话的节奏。它的目的就像是演奏乐曲到结尾音符，你与客户优雅地共舞，你领着客户，引导他们直到舞曲结束。

这就是异议处理通常在"销售山峰"次序中所处的位置。但是，随着你在异议处理上的经验越来越丰富，越来越精通，你可以学会在销售次序中的三个阶段处理异议：

（1）成交前；

（2）成交中；

（3）成交后。

第一种情况是客户可能会在成交前提出异议。你可以选择马上回应或在后续程序中采用一种恰当的方式进行回应。一种先进的做法是预测常见的异议，并在成交前将你的回应融入销售宣讲中。这可以让你在异议出现之前就化解它。

第二种情况，你也可以预测成交过程中的异议。比如，如果你预测到会有价格异议，就可以在成交过程中提供一个折扣优惠。

第三种情况是普遍情况，在逼单后处理异议。

随着异议处理经验的积累，你应该要把握成交的节奏，安静地倾听异议，然后回应异议。同时，你还应该尝试先发制人地预测成交前和成交过程中的异议。异议处理大师能够在销售宣讲过程中的任何时候应对异议。在整个宣讲过程中，分别化解各个异议。

四、使用异议处理脚本

和成交一样，简单但必不可少的步骤是使用脚本。要练习使用脚本，我建议录下你自己提出异议并进行回应的过程。反复听你自己怎么提出异议和进行回应的，直到不听录音，这些内容也会出现在你的脑海里。

另一种练习方式是找一个陪练伙伴。你的伙伴提出异议，你给予回应。你会发现这是比听自己说更真实有效的异议处理练习。

五、改变心态

下面是高端的异议处理心态树立技巧。对于如何处理异议，我们每个人都有自己的想法。审视自己的想法很重要。如果心里总是想自己不擅长异议处理，潜意识中就会降低自己的表现来匹配这个想法。但可以不这么去想，因为心态不是固定的，是可以变化的。你可以想自己会在异议处理方面做得越来越好，然后这就可以提升自己的表现来与这个期望保持一致。你大可以想自己十分擅长异议处理，可以想自己极其精通异议处理，还可以想自己是异议处理大师。

如何成为异议处理大师？就像成为其他大师一样：熟能生巧。你努力练习的次数与你能获得的成果成正比。如果你从来都不练习异议处理脚本，那么你认为你的表现能获得什么样的结果？想一想，你连续一个月每天练习脚本 15 分钟，跟从来不练习相比，获得的结果会越好还是越坏？答案显而易见。如果坚持练习，你在异议处理方面就能做得越来越好，可以更擅长，甚至成为异议处理大师。

好在你需要练习的脚本并非是多不胜数。在任何行业，大约都有 7 至 12 个常见异议。我在第八章中列举了其中最常见的一些异议：

（1）我要考虑下；

（2）我没那么多钱；

（3）我得跟某人商量下；

（4）能先把资料发给我看下吗？

（5）我没空；

（6）太贵了；

（7）我已经在某人那里买了；

（8）我已经试过了，没什么用；

（9）没兴趣。

你还会听到上述异议的其他表达形式，也会遇到专属于你所在行业的一些异议。大多数情况下，你只会经常遇到最常见的异议中的一半，其余的则很少遇到。如果你擅长使用脚本回应经常遇到的异议，就可以很熟练地处理异议。你需要的只有不断练习。

六、把握异议处理的节奏

异议处理的节奏是由"销售山峰"次序决定的。学习异议处理包括把握好节奏，也包括熟知节奏打乱时会发生什么。

把握异议处理节奏的一种方法是在异议出现之前先发制人。先发制人主要有这2种：

（1）在成交前将常见异议的回应融入销售宣讲；

（2）在成交过程中融入常见异议的回应。

例如，如果你在销售太阳能电池板，而你知道价格是常被提出的异议，你可以事先做好准备，在宣讲益处的时候给客户做一个节省度评估，然后凭此在成交时给他们报价，由此表明他们能从报价中获得益处。这样可以在成交前就把这个异议解决掉。同样地，如果你知道许多客户担心产品是否有效，也可以在成交时做出无条件退款的承诺，给客户降低风险，提前将异议化解。

把握异议处理节奏的另一种方式是控制异议在你进入成交环节后出现的节奏。能不能成功处理异议从你一开始成交就可见端倪了。我建议你逼单后就保持沉默，认真倾听。如果他们提出异议，你就利用相应的异议处理脚本做出回应，然后继续倾听。就是这样的节奏：逼单—沉默—倾听异议—回应—再沉默。重复这个节奏，直到获得客户的确切回答——"好"或"不"。熟悉了这个节奏也就掌握了异议处理的节奏。

我把这比作烫手的山芋。逼单后沉默，你就把这个烫手的山芋留给了客户。他们提出异议，又把这个山芋给了你。你对异议做出回应，又把山芋丢回给他们。一旦掌握了诀窍，就会发现这件事做起来很简单。只要记住，逼单后就保持沉默，还要认真倾听。

倾听客户的异议很重要。确定你在倾听的一种方式是在做出回应之前向客户重复他们的异议。这可以让他们知道你在听，也可以证明你明白他们的异议。

异议处理的节奏被打乱了怎么办？有时候，你会发现并不是所有事情都是按脚本进行的。客户可能会在比预期早的阶段提出异议，或者提出你没有预计到的异议。

如果你有练习，提前准备会带来回报。如果你充分练习了异议处理技巧和脚本，就能视情况思考对策。如果你准备在后面回应的异议提前出现了，也可以做出明智的决定。你可以利用脚本马上做出回应，或者征得客户的同意，先分享一些基本细节，再更好地回应他们的异议。如果你准备得足够充分，就能灵活处理。

如果他们提出一个你没有思考过的异议怎么办？你可能没有这方面的脚本，但如果你研究过并练习过异议处理技巧，还可以使用这些技巧。你需要认真倾听异议，客户是真的有异议还是在拖延？他们陈述的异议就是真的异议，还是说背后还有隐情？利用你的训练经验区分这些异议，想好恰当的回应。在某些情况下，回应甚至可以是坦白地承认你从没听别人提过这种异议。如果实在不知道怎么回应，你还可以称赞客户提了一个很好的意见，这样有助于赢得客户的好感。

七、利用案例回应异议

一种效果相当好的异议处理技巧是利用案例回应。既然需要案例，就要收集一些客户的案例，案例中的客户也提出了一些异议，但最终在你做出一定回应后，还是决定从你这购买。你还可以从其他销售员那里收集他们成功化解异议的类似案例。

将这些案例记录在笔记本或电脑文档里。当需要回应异议时，这些案例就派上用场了。如果你能陈述一个有相似异议的案例，你的回应就会显得生动无比。客户会将自己看成案例中的主人公，站在跟他有一样异议的客户的立场上看待问题。如果你能让客户感觉像切身经历了一遍异议处理的过程，就可以继续引导他们做出和案例中一样的后续行为，即最终购买你的产品。这样，就利用案例化解了客户的异议。

八、有时只需要坚持

有时，你甚至不需要回应异议，更不用说化解它了。你只需要在成交时坚持己见，直到客户回答"好"。

通常情况下，客户并不是真心提出异议，并没有坚定的立场或充分的理由。在其他时候，他们可能根本不喜欢提出异议。在这种情况下，你可能只需坚持己见就能拿下这单。

这类似早上叫一个不想起床的人起床一样。你第一次叫他们，他们还半睡半醒，还想继续睡。下次你再叫他们的时候，他们清醒了一点，不再那么抗拒了，但是还想睡。如果你反复叫他们，他们最终可能就起来了。你根本不用跟他们争论什么，只需要一直坚持叫醒他们，直到他们放下抵抗。

下面是我通过坚持己见化解的一次异议。我当时在向客户推销我的一门课程。这门课程需要招收 20 名学生。我问他们愿不愿意报名参加，成为 20 名学生中的一员。

"我没钱"，他们说。

我没有直接回应他们的异议。相反，我只是问他们："如果你们不想报名参加培训，你们打算做什么？"

过了一会儿，他们答道："可以用美国运通卡支付不？"

结果显示，他们并不需要我回应他们的异议，他们只需要多考虑一下如果不报名参加我的课程会有什么损失。通过坚持，我给了他们这次机会。他们也意识到，他们能支付得起。事实上他们不能错过这次机会。因为我的坚持，他们自己化解了他们的异议。

九、14 个顶级异议处理技巧

像成交一样，如果你想在销售方面变得擅长、优秀、杰出，异议处理是值得提升的一项重要 CSI 技能。下面有 14 个顶级技巧可以用来提升异议处理技能：

（1）有意在异议处理方面取得进步。

（2）使用激励言语："如果我不断练习，我可以在异议处理方面变得擅长、变得优秀，甚至成为异议处理大师"。

（3）研究线上视频，收集异议处理技巧和脚本。

（4）阅读异议处理方面的销售书籍。

（5）询问你的销售经理如何回应你经常遇到的具体异议。

（6）如果你在某个社交媒体群里，针对你遇到过最麻烦的异议咨询群友的意见。

（7）咨询你所在行业和其他行业的人，他们如何处理常见异议。

（8）提出一个异议并给予 3 至 4 个回应，用手机录下整个过程，反复查看视频，直到你能下意识地使用这些回应。

（9）创建异议处理脚本集，针对每个最常见的异议写下 5 个以上回应。

（10）主动教你的销售团队或朋友异议处理技巧。

（11）研究其他销售员的异议处理脚本。

（12）运用"销售最大化者"概念激活你的想象力。你可以问自己："从 1 级到 10 级，我的异议处理能力在第几级？我如何能在未来 90 天内提升 1 级？"

（13）综合使用这些技巧，去进行我所说的"组合思考"。比如，你可以向销售经理咨询他们认为的最佳回应，将他们的回应融入你的脚本集，然后录下你的回应。这种做法结合了上述的 3 种策略。

（14）最后是莫伊博士教我的一种先进策略：针对不同的个性和异议形成多种回应。每个人都是不一样的，你可能会在不同情况下从不同角度应对异议。

如果你经常练习这些技巧，异议处理技能将得到大幅提高。

✏️ 练习：练习处理你最常见的异议

在本章的练习中，我希望你花一些时间去练习处理最常见异议的脚本。按照下面的步骤做：

（1）列出你所在行业最常见的异议；

（2）选出你听过最多的异议，将常见异议的范围缩小到几个；

（3）检查你回应这些异议的脚本，如果还没有创建脚本，那就先创建几个；

（4）说出这些异议并进行回应，将整个过程录下来；

（5）找一个伙伴进行角色扮演，练习回应这些异议。

如果你如实做好这个练习，你会惊讶于你在异议处理方面做得有多好。

小结

掌握异议处理技能助你利用之前尝试过却未能完成的销售机会，提升你的销售成果。在下一章中，我将教你如何在成交后，将客户变成回头客，从而提升销售结果。

第十二章 要点回顾

1. 掌握异议处理的基础知识：心态、"销售山峰"次序、脚本；
2. 树立异议处理是与客户优雅共舞的心态；
3. 回应异议可以在成交前、成交中或成交后；
4. 利用脚本为回应常见异议做好准备；
5. 改变你的异议处理思维，从而改变你的心态和表现；
6. 把握异议处理的节奏；
7. 在异议出现前提前化解异议；
8. 像处理烫手山芋一样处理异议；

9. 练习让你能够有准备地面对意外出现的异议；

10. 利用案例回应异议；

11. 有时候，你只需要坚持；

12. 练习：练习处理你最常见的异议。

第十三章

如何利用回头客增加收入

吉列安全剃须刀帝国创始人金·吉列（King Gillette），因为推广了一种被称为"剃须刀柄和刀片"的销售模式而知名。1855年，吉列出生于威斯康星州的丰迪拉克，在芝加哥长大，后来在皇冠瓶盖公司（Crown Cork and Seal）工作，该公司生产瓶装碳酸饮料的盖子。吉列在该公司的导师威廉·佩恩特（William Painter）发明了标准化瓶颈和用来密封瓶口的一次性瓶盖。佩恩特给吉列留下了深刻的印象，一次性瓶盖的使用造成了对新瓶盖的持续需求。佩恩特鼓励吉列将这个想法融入他自己的发明中去。

1895年，吉列开始设计一种新的安全剃须刀，这种剃须刀使用一次性刀片。当时的剃须刀使用的都是锻造刀片，吉列和他的工程团队用碳钢刀片取代了锻造刀片，获得了更大的利润空间。由于刀片是一次性的，客户需要不断购买新刀片。1901年，吉列创办了一家公司出售他的新剃须刀，名为"美国安全剃须刀公司"（American Safety Razor Company），1902年更名为"吉列安全剃须刀公司"（Gillette Safety Razor Company）。

起初，吉列以高价出售他的剃须刀和刀片。但随着他最早发明的刀片的专利于1921年到期，吉列采取了一种新的销售策略。他推出了一种改进后的吉列安全剃须刀，这种剃须刀更实惠，包装也便宜。他意识到，刀柄的价格可以降低，因为客户购买替换刀片就足够收回成本，甚至赚取额外的利润。这种新的"剃须刀柄和刀片"销售策略体现在一句口号中："送他们剃须刀柄，卖他们刀片。"截至1925年，吉列的销售额比10年前增长了10倍。

吉列的剃须刀柄和刀片策略说明了将客户变成回头客是提高销售的成功率极佳策略。在本章，我将教你如何将客户培养成回头客，来不断增加销售收入。

一、认识到客户的终身价值

要树立开发回头客的心态，你可以将"销售山峰"想象成只是整个山

第十三章
如何利用回头客增加收入

脉中的一座山。跟客户达成第一次销售，你就爬上了第一座山，但前面还有很多座山要爬，其中一些山跟第一座山一样高，代表着再次向同一客户销售同样的产品或服务，也包括更新订阅信息或售出替代产品。一些山比第一座山矮，代表着向同一客户低价出售产品，比如交叉销售❶。还有一些山比第一座山高，代表着高价出售，比如升级销售❷。在远处，你可以看到其他的山脉，代表着原有客户对其他客户的推荐。

"销售山峰"作为山脉的一部分代表着客户的终身价值。对客户的第一次销售并不一定是对他们的唯一销售。如果他们喜欢你的产品或服务，他们可能会再次从你那里购买，还很可能会成为你多年的回头客，或将你转介给其他客户，成为你品牌的代言人。

为了帮助你理解这个概念，你可以量化客户的终身价值。你需要使用许多不同的方式来计算客户的终身价值。一种方式是用每次购买给你带来的平均收入乘以周期内客户从你那购买的频率得出客户在一定周期内的价值（每次购买平均收入 × 周期内购买频率 = 周期客户价值）。然后，用结果乘以平均客户寿命得出客户终身价值（周期客户价值 × 客户寿命 = 客户终身价值）。比如，假设你的客户平均每年从你那里购买 12 次 100 美元的产品，每年产出 1200 美元（100 美元 ×12=1200 美元）的价值。如果平均每个客户跟你合作 5 年，那客户的终身价值就是 6000 美元（1200 美元 ×5=6000 美元）。

你还可以用其他方式来计算客户的终身价值，但是道理是一样的。在进行销售时，你需要学着以客户代表的终身价值来考虑问题，而不只是考虑首次销售带来的价值，学着将注意力转移到与客户保持长期关系带来的价值。这将改变你的思维模式和你与客户在销售前及销售后的互动方式。你会认识到，成交不是整个销售过程的结束，而只是销售开始阶段的结束。

---

❶ 借助客户关系管理发现现有客户的多种需求，并通过满足其需求而销售多种相关产品或服务的新兴营销方式。——译者注

❷ 向客户销售某一特定产品或服务的升级品、附加品或其他用以加强其原有功能、用途的产品或服务。——译者注

回头客所引起的心态改变可以比作狩猎与农垦之间的区别。狩猎重在即刻杀戮，农垦重在提前计划未来几年如何耕种一块土地。两种心态在销售中都有一席之地。狩猎的紧迫性对成交很重要，但你也需要农垦的愿景来开发回头客。

回头客心态可以概括成"买家一直是买家"。换句话说，如果某人从你那里购买了一次，而且他们也喜欢你的产品或服务，他们很可能想再次从你那购买。如果你已经有了随时准备再次从你那里购买产品的忠实客户，你就不必总是去寻找新客户了。

二、成为客户的持续价值来源

你在看到客户给你带来终身价值的同时还应看到另外一面：你也在给客户提供持续的价值。认识到这一点，你就能毫不犹豫地向已经在你这购买过的客户再次出售。

这是我们在第四章讨论过的关于成功销售心态的另一种体现。正如我们在那章解释的那样，销售等于服务。你要诚实、正直、富有爱心地销售。销售是引导，是让人们采取行动。

我告诫大家要记住这一点，许多人也这样做了，但并不是每个人都是从心底明白这意味着什么，从而去做。具体来说，销售等于服务就是要认识到，当你向客户售出额外的产品或服务，就是在给他们提供额外的价值。你不只是从他们那里获得金钱价值，你也在给他们提供价值。杰·亚伯拉罕称这为"做客户最信任的顾问"。作为一名销售员，你的工作和职责是引导客户购买符合他们需求的、有价值的产品和服务。要做客户的持续价值来源。

三、规划终身客户关系，培养回头客

当你注重回头客的培养，就可以将"销售山峰"次序扩展成与客户保持关系的过程中进行的一个完整销售序列。这被称为创建终身客户关系

第十三章
如何利用回头客增加收入

图❶。我从市场营销大师杰·亚伯拉罕那里学到了这个概念，这个概念是市场营销中最强大的概念之一，它可以为你的业务增加数百万美元的收入。

终身客户关系图显示出客户在整个销售关系中经历的阶段，以及在每个阶段客户有可能从你那里购买什么产品或服务。将这些绘制出来，可以让你计划在每个阶段如何向客户推销。

在客户终身周期内进行重复销售的主要模式有 2 种：

（1）交叉销售；

（2）升级销售。

交叉销售是指向客户提供作为他们当前正购买或已经购买产品的附加品其他产品。附加品常常较便宜或与最初购买产品的价值相当。以吉列刀柄与刀片模式为例，那些已经拥有刀柄的人偶尔需要刀片。打印机公司会销售墨水，麦当劳在销售巨无霸汉堡包的时候会一起销售薯条和饮料，理发师会在给客户理完发后推销护发产品。

升级销售是指向客户提供更昂贵的产品，为客户原来购买的产品增加显著的价值或替换原来的产品。例如，你购买智能手机一段时间后，供应商可能会提供升级后的新款手机。如果你去参加一场励志演讲会，演讲者可能会提供一对一指导，当然价格比团队培训要高。

以我自己的业务为例，我的入门产品是白银级培训课程，教授"销售山峰"的基础知识。完成这个课程后，我还提供黄金级培训课程，教授销售脚本创建技巧和如何以高价出售。下一个提升课程是白金级培训课程，教授你现在正在本书中学习的销售能力提升策略。我还提供其他课程，但这已经足以说明问题了。

交叉销售或升级销售可以在销售次序中的不同阶段进行。其中一个阶段是客户购买的时候。可以以麦当劳收银员在你购买三明治时，推荐你购买饮料或薯条为例。在购买的时候提供交叉销售或升级销售的好处是，客户已经决定购买，手上又已经拿出了现金或信用卡，就很容易再购买其他

---

❶ 一种用来描述与团队相关的客户以及团队能为这些客户提供某些产品或服务的图示。——译者注

东西，对销售推荐的抵抗力比其他时候更低。

但是，并不是所有产品和服务都适合在客户购买当前产品或服务的时候提供。有时在客户使用你的产品或服务一段时间后，表现出有相关购买需求的时候提供更合理。例如，汽车经销商在春天卖给客户一辆车，可以尝试在冬天临近时提供轮胎更换服务。注意提供额外产品或服务的时间，根据客户的使用经验，在最恰当的时候提供，这些内容应都绘制在终身客户关系图当中。

绘制终身客户关系图，要考虑一下这几个问题：

（1）客户可能一直从你这购买的产品和服务有哪些？

（2）客户购买这些产品和服务是否有逻辑顺序？

（3）在这个逻辑顺序中，每个阶段的时间表是怎样的？

（4）逻辑顺序中的每个阶段要采用哪些营销方法？

说到向现有客户推销要采用的方法，下面这些方法可以参考：

（1）提供优质的客户服务，这样客户会想到再次从你那购买；

（2）使用电子邮件订阅者列表与客户保持联系，当新产品和服务发布时，向他们更新信息；

（3）持续更新社交媒体上发布的信息；

（4）打电话给客户提供特别优惠；

（5）发送邮件给客户提供销售信息；

（6）发送短信给客户提供销售信息；

（7）通过客户在线联系方式，提供交叉销售和升级销售信息；

（8）结账时通知客户有特别优惠；

（9）给客户提供个性化礼物，如日历，全年提醒他们产品的品牌。

你可以利用以上和其他方法发掘适合你自己的方法，去接触已经从你那里购买过产品或服务的客户。

四、利用交叉销售和升级销售

你可以采用创建"销售山峰"次序脚本一样的方式创建开发回头客的

第十三章
如何利用回头客增加收入

脚本。如果你要在客户购买的时候提供交叉销售或升级销售，只需将这个过程添加到成交脚本中，作为成交的后续操作。如果在客户购买现有产品或服务之后提供交叉销售或升级销售，你就得按"销售山峰"次序再进行一遍，但只需进行新产品或服务的相关内容，而之前已经用来说服客户的内容就不用重复了。交叉销售和升级销售脚本应该要考虑到前面已经跟客户建立了信任和友好关系，已经问过客户一些探查性问题，已经宣讲过相关益处。这意味着交叉销售和升级销售脚本通常都非常简单。

进行交叉销售或升级销售的一个好办法是问一些能创造销售机会的探查性问题。有一次，我去银行存钱，出纳员对我说："你的生意怎么样？"

我说："还好吧。"

她说："你还需要更多资金吗？"

我说："是的，也许吧。"

她答道："那为什么不让我跟领导帮你申请提高信用额度或申请一笔贷款呢？"

几分钟后，她让我填写了提高信用额度的申请表。她所做的只不过是问了我几个简单的问题，就简单问了下我的生意怎么样以及我是否需要资金。交叉销售就是这么容易。

这里的关键是在恰当的时间提出恰当的探查性问题，这能创造很多额外的销售机会。想一想哪些问题可以创造更多的销售机会。

另一个常见的例子是，你刚买了一辆车，金融人员就试图向你推销额外的产品。在价格达成一致后，金融人员就会问你是否愿意延长保修期，每个月只需额外支付一小笔费用。这里的关键是在恰当的销售次序中的恰当时间问恰当的探查性问题。

同样的策略可以用在创建升级销售脚本中。例如，假设你在健身房做私人教练，看见一个人正在锻炼，就可以通过点评他的锻炼方式开始对话，并提到："我们提供免费的私人训练。你有没有兴趣跟我们的私人教练免费训练一段时间？"

这里有一个简单的升级销售脚本，可以适当修改并用于不同行业："如果你愿意支付额外的费用，我们还提供一些额外的优质产品。你愿不愿意了解下这些产品？"

这个脚本还有个变体："我们还提供贵宾（VIP）套餐，需要额外支付50美元。你想不想买个套餐？"

下面是如何将这个策略运用在网络营销中。假设你卖的是奶昔，并刚好卖出一单，一周后，你与客户联系，看看他们对产品如何评价。你正好可以利用这个机会进行升级销售。脚本可以是这样的："你觉得奶昔怎么样？你喜欢吗？我们有一个转介计划，参加这个计划可以获得免费奶昔。你想不想了解一下？那好，让我们约个时间，或者你现在有时间的话，我们现在就可以聊一聊。"

下面是我指导客户的一个例子，这个客户是玫琳凯（Mary Kay）的销售员。她销售了不少产品，却无法成功招募其他下线销售员。我发现原因是她没有问客户是否愿意当玫琳凯的销售员。我建议她完成销售后立即使用这个脚本："现在玫琳凯正在扩大销售员规模，你有没有兴趣在业余时间兼职赚点外快？"

这个例子显示出了交叉销售和升级销售脚本的重要性。通常，进行交叉销售或升级销售的关键仅仅是推销相关产品或服务。很多时候，销售机会就在那里，但如果你没推销，就没能利用到这个机会。有时候，所需的只不过问一些探查性问题而已。

五、开发回头客的十大顶级技巧

我想通过分享我开发回头客的十大顶级技巧来结束这一章：
（1）有意成为值得客户信赖的终身资源；
（2）努力提供优质的客户服务，激励客户再次从你那里购买；
（3）绘制你与客户之间的终身客户关系图；
（4）调查一下客户在购买了你的产品和服务后还有什么需求，这样就可以确定你能向他们推销什么；
（5）开发交叉销售和升级销售产品和服务，这样就能为开发回头客创造机会；

（6）与现有产品和服务的供应商合作，以换取向客户销售的佣金；
（7）首次销售后，使用电子邮件与客户保持联系；
（8）通过社交媒体与客户保持联系；
（9）给忠实客户提供特别优惠；
（10）根据客户购买记录，分别推销个性化产品或服务。

将这十大技巧和本章讲到的其他技巧付诸实践可以增加你的销售收入。

> ✏️ **练习：开始赚取重复销售收入**
>
> 回顾上述十大开发回头客的技巧。看看你能从哪些技巧开发回头客？

小结

开发回头客是增加销售收入最强大的方式之一。现有的客户可以成为你业务的最佳稳定来源，也可以成为新业务的来源。在下一章中，我将教你如何让现有客户帮助你向新客户推荐。

第十三章要点回顾

1. 要认识到客户的终身价值：买家一直是买家；
2. 成为客户的持续价值来源；
3. 绘制客户终身价值关系图，规划开发回头客的步骤；
4. 开发向现有客户销售的方法；
5. 为终身客户关系图的各个步骤创建交叉销售和升级销售脚本；
6. 通过问探查性问题创建交叉销售和升级销售脚本，在恰当的时刻创造销售机会；
7. 练习：开始赚取重复销售收入。

第十四章

如何利用转介使利润最大化

特百惠的销售代表布朗尼·怀斯（Brownie Wise）推广了所谓的"派对销售模式"。1913年，布朗尼·梅·汉弗莱（Brownie Mae Humphrey）出生于佐治亚州的农村，父母分别是水管工和帽子制造商，他们在布朗尼出生后不久就离婚了。据亲戚们说，布朗尼很小的时候就非常有人格魅力，并找到了利用个人魅力做事的诀窍。她母亲是一个帽子制造商工会的组织者，布朗尼会跟母亲一起参加工会活动。她14岁时就能发表演讲。18岁时，她参加了基督教女青年会（Young Women's Christian Association, YWCA）面向对经商感兴趣的女孩们开展的夏令营活动，她梦想从事写作和插图绘画。

1936年布朗尼在达拉斯遇到了福特汽车公司代表罗伯特·怀斯（Robert Wise）。他们很快就结婚，搬到了底特律居住。1938年，他们的儿子杰里出生了。不幸的是，罗伯特有酗酒的毛病，他们在1942年离婚了。

作为一名单身母亲，为了抚养小孩，布朗尼·怀斯卖起了衣服，并做些文秘工作。为了赚更多的钱，她开始在斯坦利家居用品公司（Stanley Home Products）做销售，这家公司是富勒刷子公司的子公司。在那里，她学习了阿尔弗雷德·富勒和弗兰克·斯坦利·贝弗里奇开发的销售技巧。

20世纪20年代，富勒刷子公司和炊具制造商韦雷弗尔铝制品公司（Wear-Ever Aluminum）开始居家式产品演示。30年代，韦雷弗尔公司销售员诺曼·斯奎尔斯（Norman Squires）将居家演示发展成女主人家庭派对计划（Hostess Home Party Plan），这个计划的主要内容是，在派对上向朋友进行产品演示的女主人可以获得产品作为奖励。1938年，斯奎尔斯将他的想法带到了斯坦利家居用品公司，他向这个公司介绍了一份名为"女主人团体演示计划"的销售脚本。斯奎尔斯的营销策略在斯坦利公司取得了巨大成功，很快创办了自己的公司——女主人家居用品公司（Hostess Home Products）。

斯奎尔斯营销模式的成功吸引了发明家、特百惠公司总裁厄尔·特百惠（Earl Tupper）的注意。这是一家总部位于马萨诸塞州的公司，发明了一种存储食物的带有密封盖子的轻巧塑料容器，这种容器被称为特百惠（Tupperware）。该公司发现，一些最成功的特百惠销售员其实是斯坦利家居

第十四章
如何利用转介使利润最大化

用品公司的销售员，他们不仅充实了特百惠公司的库存，还证明了特百惠产品是居家演示的最佳产品。于是，特百惠聘请了斯奎尔斯在他公司成立了一个家庭派对营销部门。

斯坦利公司家庭派对营销策略中最成功的销售员之一就是布朗尼·怀斯，她当时住在佛罗里达州。怀斯使用家庭派对方式售出的特百惠产品比当地的商店售出的还多，这给特百惠留下了深刻的印象。1951年，公司把特百惠产品从商店货架上撤下来，在佛罗里达州成立了一家新的销售中心——特百惠家庭派对销售中心（Tupperware Home Parties），隶属于马萨诸塞州生产开发中心，并聘请怀斯来经营。从那时起，特百惠产品基本只通过家庭派对演示来提供。

作为特百惠的公众形象代表，怀斯对家庭派对销售模式进行了重要创新。她强调特百惠派对的社交功能，把它变成了女性的趣味聚会。她会用一些方法生动地进行产品演示，比如用特百惠的塑料密封碗装葡萄汁，然后在客人间扔来扔去，以展示这些碗的密封性。她还将销售团队分成若干层次，鼓励销售员聘请他们自己的销售员作为下线，从下线销售员的销售中按比例提成。她的人生信条是"你构建人脉网络，网络中的人去开展业务（You build the people and they'll build the business）"。通过这种方式，怀斯创建了所谓的多层次直销，也被称为网络直销（network marketing）或推荐营销（referral marketing）。

派对销售模式助特百惠取得了巨大成功，使该品牌变得家喻户晓。到1954年，特百惠的销售员队伍达到2万人，年销售额达到2500万美元，怀斯也成了第一位登上《商业周刊》（Business Week）封面的女性。1958年，特百惠得以1600万美元的价格将他的公司卖给了雷克萨尔（Rexall）连锁药店。派对销售模式很快被安利（Amway）、玫琳凯和假日魔术等公司成功复制，并一直沿用至今。

派对销售模式说明了转介对业务快速发展来说是多么强大的方法。本章中，我将教你如何利用转介提升你的销售业绩。

一、树立转介大师心态

此时此刻，你或许认为自己并不擅长推行转介，或者认为自己在这方面能力还行，只是不特别优秀。但是，无论你现在转介技能水平怎么样，你都可以做得更好。转介技能像本书中讨论的其他技能一样，重要的不是你现在水平怎么样，而是运用了 CSI 后你会变得怎么样。如果你提升了转介技能，即使成不了公司最优秀或行业最优秀的人，也会成为最优秀的人之一。

正如托尼·罗宾斯所说："过去并不等于将来。"如果你过去不擅长转介，并不意味着你将来的转介能力也不行。努力提升可以帮助你在转介方面变得擅长、优秀，甚至成为大师。

改进转介心态和策略性思维的方式之一是借鉴学习转介大师心态和策略。CSI 就是致力于终身学习的。有声读物是一种向精英人士学习的实惠而可取的方式。杰·亚伯拉罕是我的导师之一，也是当今在世最伟大的转介策略大师之一。他出版过一个有声读物，名为《93 种出色的转介方法》（*93 Extraordinary Referral Systems*），你可以从亚马逊或其他提供数字音频的网站，如听书网（Audible）等渠道获得。通过收听这本书，你可以向世界上顶级营销专家之一学习如何使用转介来拓展业务，也可以像转介大师一样来考虑问题。

二、吸收品牌代言人

形成积极转介心态的一个关键是将客户视为品牌代言人。如果客户喜欢你的产品，他们就会分享给其他人，即使你没有刻意推动，这样的事也会自然而然地发生。但是，如果你刻意去推动、吸收一些品牌代言人，将转介作为客户开发方式之一，就可以大大促进转介率。

我有一个客户名叫玛格丽特·克雷斯皮洛（Marguerite Crespillo），她就成功运用了这个策略。玛格丽特是我遇到过最优秀的房地产销售代理之一。我认识不少房地产销售代理和销售主管，包括传奇人物汤姆·霍普金斯。连续 17 年，玛格丽特的年交易量都超过 100 笔，个人年交易量最高纪录是

226 笔，每个月售出大约 19 处房产。玛格丽特在所有加州房地产销售代理中排名前十，在全国排名前百。几年前，我采访了玛格丽特。采访内容可以在我的个人频道上找到，标题是"与玛格丽特·克雷斯皮洛谈房地产"。

玛格丽特的成功策略之一就是通过房地产客户数据库与客户保持联系，并建立长期的转介关系。她卖房产，不是只做那一笔生意，而要与客户建立终身关系。这样，当客户与其他买家谈起的时候就会提到她。为了与客户保持联系，她每个月给她客户数据库里的客户发送电子邮件和纸质版信息通讯。她其中一个客户从 1997 年开始帮她转介超过 65 次，赚取了 30 万美元的佣金，包括通过这个客户直接介绍给玛格丽特的其他客户进行的间接转介。玛格丽特将她的客户数据库看作是她业务中最有价值的部分，因为通过它能推动转介。

我建议你树立这种心态。不要只是将你的客户看做是一次性购买人或回头客，而要将他们看成品牌代言人。你要与这些品牌代言人建立长期关系，有意识地催生转介。

三、请求转介

有意识地催生转介的一个关键是要有请求转介的意识。就像许多销售员在逼单或回应异议时犹豫不决一样，许多销售员也害怕请求转介。但要想有效地产生转介，你就应该打心里接受请求转介的做法。

要接受请求转介的做法，你得提醒自己，销售就是服务。当你请求转介时，你是在请客户帮助你将有价值的产品或服务介绍给他们认识和在意的人。你是在请他们帮助那些可能从你的产品或服务中受益的人一个忙。如果从这个角度看待转介，许多客户就会愿意将你转介给其他人，你也可以有信心地请求转介。

四、将转介纳入"销售山峰"次序

成功的转介心态也需要成功的转介销售次序。要将转介纳入销售次序，就要将"销售山峰"的次序予以扩展。一开始，我们只将"销售山峰"看作是单次销售的方法。在上一章里，我们将这一概念扩展到山脉，代表向单一回头客进行一系列销售行为。现在我们将范围内的其他山脉想象成当前客户转介后产生的额外销售。在某些情况下，两座山相隔很近，近到你都不需要从山脚开始攀登，可以从一座山直接进入到另一座山的半山腰。

这就是转介的好处。当你向完全陌生的客户进行推销，你不得不从头开始建立信任和友好关系。但有了转介，你的销售就建立在客户之间的信任基础之上。他们信任你的客户，你的客户又信任你，这通常会让你比从头开始使用非转介销售方法更接近成功销售。你不需要总是从山脚下开始。

五、构建转介客户开发方法

"销售山峰"从客户开发开始。转介也明显是一种高效的客户开发方法。你可以用与之前类似的方式构建转介客户开发方法。

开始构建时，一种可取的方式是模仿你所在行业或其他行业的其他转介方法。你可以留意一些在转介方面做得好的公司和销售员，如开头我介绍的特百惠公司和本章中的其他例子。这些公司和销售员做了什么才让他们在转介方面如此成功？研究他们的案例并进行模仿。

有一些转介方式在大多数行业都很有效。其中一种方式是建立互荐关系。但前提是你和你的转介伙伴目标市场一致，同时销售的产品不具竞争性，你们之间可以共享客户。比如，保险代理人可以找一个房地产代理人作为伙伴，跟他们说："我把房地产客户介绍给你，你将保险客户介绍给我怎么样？"

要是你与 10 个不同行业的伙伴建立了 10 个这样的互荐关系会怎样？在上述这个例子中，保险代理人可以与以下行业的人建立互荐关系：

（1）住宅地产代理人；

（2）商业地产代理人；

（3）管道工人；

（4）电工；

第十四章
如何利用转介使利润最大化

（5）暖通空调系统安装工人；

（6）太阳能电池板销售员；

（7）建筑维护服务人员；

（8）汽车销售员；

（9）商业顾问；

（10）财务顾问。

如果你与上面这些行业的人建立了互荐关系，你就等于有10个伙伴在未来几年里持续为你转介客户。选对了行业，选对了人，一段时间后，这种做法没准能给你带来25万美元或更多的收益。

例如，我的客户里克提供暖通空调安装等服务。给他打电话，他就会派一个技术人员到你家里或现场开工。为了开发转介客户，他会打电话给家得宝（Home Depot）[1]，问："你们有需要暖通空调服务的客户吗？"

他们说："是的，我们一直都有。"

他问道："我们能合作吗？我是做这个工作的，你们将我推荐给他们。"

他们说："当然可以。"

结果，里克就被收录进当地家得宝授权安装人员名单。仅通过这种转介方法，他就多赚了25万美元。

当你建立了互荐关系，你和你的合作伙伴可以向彼此客户数据库中的客户进行交叉推广。我的一个客户阿尔维·罗宾逊（Arvee Robinson）在一家商业服务公司工作。阿尔维告诉我，他们正在向客户推广一场公开演讲活动。我想："如果他们推广公开演讲，或许能够一并推广我的销售培训课程。"我联系了他的公司，提出："如果你们帮我推广，我也可以将你们推广给我的客户。"他们同意了。这样跟别人提出建议，就可以建立转介关系。

你甚至可以与非买家建立转介关系。我最富成效的一个转介关系是在我第一次联系美国通信网（American Communication Network, ACN）并遭到拒绝时建立的。ACN是一家多层次直销公司，最初是长途电话服务经销商，

---

[1] 全球最大的建材家居零售企业，美国第二大零售商。——译者注

现在也提供许多其他的住宅和商业服务。有一年，托尼·罗宾斯在他们的大会上做主题演讲，我就联系西雅图的一位 ACN 领导，想要预定一场演讲名额。他却说名额已经预定满了。尽管我这次被拒绝了，但我还是抓住这个机会请求他们帮我转介。我告诉他们，我准备去亚特兰大，并问道："你们能不能将我推荐给亚特兰大的 ACN？"

他们说："当然可以。"然后给了我一个联系人的名字。

我来到亚特兰大，最终赚了 1 万美元。但这还只是开始，我继续重复这个做法。我告诉亚特兰大的 ACN 代表，我打算去费城，请他们将我转介给费城的 ACN。在费城，我又被转介给洛杉矶；在洛杉矶，又被转介给旧金山。最后，在圣迭戈的 ACN 也做了演讲。在圣迭戈，我创办了现在的公司。通过这些转介，我赚取了 25 万美元，我用这些钱创办了我的公司。

六、将转介纳入销售次序

如果你想获得稳定的转介量，可以将转介纳入"销售山峰"次序中，就像你纳入其他内容一样，也可以将转介纳入一些关键环节中：

（1）新客户开发过程中；

（2）成交前，需预设；

（3）顺利成交后；

（4）成交失败后；

（5）后续市场营销过程中。

第一个可以将转介偶尔纳入的环节是新客户开发过程中的营销漏斗。你可能看过一则广告，以"如果你或你知道的某人正在与……作斗争……？"开头，然后用这种语言划定一个目标市场。这种语言就是在请求观众的转介，即使观众自己不是适合的客户，但却可能认识某个适合的客户。你也可以这样在营销漏斗构建早期，在新客户开发时使用这种语言请求他们转介。

在成交前的销售宣讲期间，也可以用提前设计好的转介请求在恰当的时候请求客户转介。比如，可以在你的议程脚本中提及你的业务靠的是转介，如果客户认为他们认识的人可以从你出售的东西中受益，也请他们在宣讲后告诉你。然后，晚一点的时候就可以提出转介请求。

另外一个你可以请求转介的环节是顺利成交后。如果能让客户意识到你的产品或服务是物有所值的，他们很可能更愿意将你转介给他们认为能从你产品中受益的其他人。你可以在顺利成交后立刻请求转介或在客户使用了一段时间后提出。比如，你可以等一个月，找机会了解下客户怎么评价你售出的产品或服务，然后再适时请求他们转介。

你也可以请求那些不打算从你这购买东西的人转介。只是因为他们没有购买需求并不代表他们认识的人也都没有购买需求。你可以创建一个标准程序，用于成交失败后请求转介。

你还可以在后续市场营销过程中请求客户转介。比如，定期向电子邮件通讯录中的客户发送转介请求。

七、创建转介脚本

无论在销售过程中的哪个环节请求转介，都可以使用转介脚本。转介脚本的关键是像逼单一样请求转介。事实上，可以将转介脚本看成一种特殊的微型成交脚本。

参照成交的过程，提供相应的奖励，可以让转介脚本更有说服力。我称之为"给轮子抹上润滑油"。

"给轮子抹上润滑油"一种可取的做法就是提供切实的奖励作为转介回报。我曾经在看视频时看到一个很好的例子，事件主人公名为罗杰·萨拉姆（Roger Salam），是托尼·罗宾斯手下的一名销售员。罗杰可以说是托尼·罗宾斯研讨会中的最佳销售员。我在培训资料库找到关于他的一个视频。在视频中，他给演讲现场的听众的分发了请求转介的纸条。

现场的每个听众都可以在这张纸条上写下他们的名字，以及一些他们可以转介的人的名字。然后，罗杰拿起一盘托尼·罗宾斯的录音带说："谁能在我给你们的纸条上写下三个以上可以转介的人名，并在会后将纸条交给我，我就会给他一盘托尼·罗宾斯的录音带。"

视频的最后，现场所有人几乎都走到他面前，将纸条递给了他，他也给了一人一盘录音带。这意味着现场的每个人都给了他三个以上可以推荐的人名。

我决定学罗杰的做法，让公司办公室给我寄来了一些录音带，设计了一张转介纸条，并复印了很多份。我在演讲中将这些纸条发下去，并使用一个类似罗杰用的脚本的方式。于是，现场的人将写满名字的转介纸条交给我，每个人写了大约 10 个转介人名，我总共得到了大约 5000 个可以转介的人名。

你也可以把这个技巧用在你自己的转介方法中。你能想到什么回报方式来奖励别人的转介？如果有回报的话，转介的客户数肯定会增加不少。

你也可以给转介提供一些无形的奖励。一种无形的奖励就是给别人一次帮助你的机会。你有没有注意到，当人们问："你能帮我一个忙吗？"的时候，人们通常都愿意帮忙。人们有一种帮助他人的本能，这使得他们看起来乐于助人，他们也觉得这样做很重要。同样地，如果你请求他们帮你转介，他们也会乐于帮助你。

你可以说："我的业务在很大程度上依赖于客户的转介。如果你觉得其他人能从我的产品中受益，你能帮我个忙告诉我吗？"

另一种做法是激起对方去帮助他们家人和朋友的热情。例如，你或许看到过一则广告，上面说："如果你或你的亲人患有关节炎……"同样，提供财务规划服务的人可能会说："如果你还知道谁可以从退休计划中获益，请告诉我或向他们推荐我的网站。"你可以在这个基础上适应场景做适当修改。

八、10 种顶级转介方法

将转介付诸实践来增加销售额的方法有很多，下面有 10 种非常有效的方法：

（1）树立客户就是品牌代言人的心态；

（2）有意地推动客户转介；

（3）将转介纳入销售过程，使其成为必不可少的一部分；

第十四章
如何利用转介使利润最大化

（4）创建用于在你那里购买过产品的客户身上的转介脚本；

（5）创建用于没有在你那里购买过产品的客户身上的转介脚本；

（6）创建用于协同伙伴身上的脚本；

（7）为转介者提供折扣；

（8）为转介者提供佣金；

（9）确定最佳客户转介来源，寻求长期合作关系；

（10）确定当前客户之外的最佳客户转介来源。

你可以一次实施多种方法，提高转介率。

练习：寻求转介机会

审视你的"销售山峰"次序，包括客户开发方法、销售宣讲和回头客开发方法等，看看哪个环节可以有效地请求转介。至少确定在哪个环节提出转介请求，并创建一个相应脚本。尝试在实践中使用这个脚本，看看能得到什么结果。

充分利用这个练习，重复这一步骤。然后试着在销售次序的多个环节中加入转介请求，并创建相应的脚本。

小结

在所有的营销手段中，转介是最强大的客户开发方式，能够比其他任何方式都更快地增加客户量。转介是本书销售能力部分中的重要内容，销售能力是实施 CSI 的第二个关键。下一章，我们将继续学习四个实施 CSI 的关键中的第三个：产品和服务知识。

第十四章 要点回顾

1. 无论你目前的转介技能水平如何，你都可以提升你的转介技能，变得更擅长、杰出，甚至成为大师；
2. 与品牌代言人建立长期关系，推动转介；
3. 主动请求转介；
4. 将转介纳入"销售山峰"次序；
5. 构建转介客户开发方法；
6. 转介请求可以在 5 个环节中提出：新客户开发过程中、成交前、顺利成交后、成交失败后和后续市场营销过程中；
7. 创建转介脚本；
8. 为转介提供奖励，"给车轮抹上润滑油"；
9. 练习：寻求转介机会。

第十五章

关键三：持续更新产品和服务知识

班·费德雯是20世纪最伟大的人寿保险销售员。费德雯1912年出生于纽约，之后随家人搬到了俄亥俄州的萨林维尔，在那里，他父亲跟随一名鞋匠一起修鞋。后来，他父亲做起了家禽生意，先从农民那里买来鸡和鸡蛋，然后在镇上出售。费德雯16岁时开始帮助他父亲，每周赚取5美元。他在帮他父亲做生意上花了太多时间，学业受到了妨碍，但他父亲坚持要他帮忙，于是他被迫辍学。费德雯自此养成了长时间工作的习惯。

在接下来的10年里，他继续为他父亲工作，之后他的薪水提高到了每周10美元。后来，费德雯想娶一位名叫弗雷达·扎伦伯格（Freda Zaremberg）的教师，弗雷达却指出，每周10美元不够他们生活。费德雯开始寻找新的工作。他认识一个朋友，在一家保险公司每周赚35美元工资。所以，他也去了那家公司求职。一开始，这个公司并不想招他，因为他只是个高中辍学生。但是在费德雯的坚持下，最终公司给了他一份工作，每周薪水为15美元。

费德雯的第一个任务是催收钢铁厂和陶器厂工人每周欠的保险费。他不得不设法在发薪日安排与那些工人的会面，那时他们才有钱交欠款。费德雯每个月要催收300多笔保险欠款，因此只能在业余时间销售保险来赚取更多的钱。

但费德雯设法证明了自己是一名出色的人寿保险销售员。他没有采取传统的保险销售方法，而是强调投保人随着时间推移可以累积多少收益。他会问客户是否愿意存钱。然后，他会问客户过去5年里存了多少钱，以及在未来5年想不想有所改善。这让他可以向客户展示购买人寿保险能赚多少钱。

费德雯很快就获得了不少新的保险客户，以至于他不得不四处奔波。到1942年，他每周都能赚100美元，于是他决定全职销售人寿保险，并在纽约人寿（New York Life）找了一份工作。

在纽约人寿的第一年，费德雯售出了价值25万美元的保单。到1944年，销售额就达到了75万美元。这时，他觉得快没有新客户了。他的销售经理建议他，将销售重点放在公司老板身上。就这样，在1946年，他的年销售额超过了100万美元。

到他1993年去世时，费德雯总共售出了大约15亿美元的保单，创下了多项纪录。他一度保持着日保险销售额最多（2000万美元）、年保险销售额最多（1亿美元）和职业生涯保险销售额最多的纪录。他的年佣金最终超过了100万美元。他单人销售额超过了大多数公司全部销售员的销售总额。

影响班·费德雯成功的因素之一是他坚持不懈地更新人寿保险行业的知识。费德雯每天晚上10点都会花2小时研究影响人寿保险最新发展的知识，包括市场营销方法、财务规划策略、精算表和其他与这个行业相关的知识。他还定期参加销售会议和研讨会，深入了解人寿保险。这使得他在销售前就做好了充分的准备，可以预测客户的需求、询问准确的问题和回答各种问题并回应各种异议。

费德雯之所以投入这么多时间更新他的保险知识，是因为他看到了保险知识对他销售业绩的影响。但是，很多销售员并没有意识到这一点有多重要，也没有意识到它能在很大程度上影响他们的销售结果。当你也能像班·费德雯那样深入了解你的产品或服务时，就可以提出更好的探查性问题、更吸引人地宣讲收益、更有说服力地成交和更有效地回应异议。

持续更新产品和服务知识是实施CSI的第三个关键。在本章，我将教你一些更新专业知识的技巧，以便更有效地进行销售。

一、通过更新产品和服务知识来提升销售业绩

像班·费德雯这样的顶级销售员心里很清楚，更新产品和服务知识可以提高销售成果。在费德雯的例子中，他认识到人寿保险行业是一个不断变化的行业。由于经济、立法、医疗保健和寿命周期等的变化，人寿保险业务也在不断发生变化。如果不能跟上这些变化，他就无法了解如何满足客户的需求。

其他行业也是如此。例如，想想看，如果苹果公司的智能手机业务跟

不上电信技术、网速的变化或屏幕改革的进步，这项业务的结局会是什么。如果医疗保健提供商不能及时了解最新治疗方法，他们的结局会怎样？如果银行忽视客户对移动银行服务的需求，他们的结局会怎样？在个人层面上，如果公司刚刚发布了一种新型产品，销售员却不知道如何回答客户关于新产品的问题，这些销售员的结局会怎样？往好了说，他们不过失去一笔交易。往坏了说，他们会失去工作。

随时了解产品和服务知识很重要，原因如下。首先，会影响销售员的业绩。如果不了解产品或服务，你的销售宣讲会受到影响。你不可能完全了解客户有什么需求、你可以给他们提供什么好处，或者你会面临什么异议。不了解产品和服务知识会让你感到毫无准备，也会打击你的信心。其次，如果你对产品或服务乃至你所在行业有了深入的了解，你在进行宣讲时，就会更加自信，宣讲效果也会更好，也能做好准备应对遭遇到的各种异议。

随时更新产品和服务知识也会影响你服务客户的能力。销售等于服务。你的工作是通过满足客户的需求来提供价值，你对产品或服务了解得越多，就越能满足客户的需求。

更新产品和服务知识很重要的另一个原因是竞争。无论你有没有跟上你所在行业的最新变化，你的竞争对手都始终存在。如果你想保持领先，甚至只是持平，你都需要跟上变化。不能跟上最新变化会让你有落后的风险。

学习知识也可以让你在你自己的销售团队内部的竞争中获得优势。如果你比团队中的其他成员更加了解你销售的东西，你将表现得更加突出，不仅因为你知识全面，也因为你的销售业绩更加优秀。想象一下，如果你是团队中对产品和服务最了解的人，你在团队中会处于什么位置。

出于这些原因，花时间随时更新产品或服务以及你所在行业的知识是值得的。更新你的产品和服务知识可以提升销售业绩。

为了提醒自己这一点，你可以反复问自己下面这些问题：

（1）从1级到10级，我的产品或服务知识处在几级？

（2）如果我的知识水平处在7~10级，对我的销售有什么影响？

（3）我怎样才能将我的知识水平提高1~2级？

审视这些问题能够帮助你自己看到花时间更新产品和服务知识的价值。

二、研究产品和服务时，思考一些实际问题

当你在研究你的产品或服务时，注意思考这些重要问题：

1. 这个产品或服务是做什么的？
2. 如何向别人描述这个产品或服务？
3. 这个产品或服务的主要特性是什么？
4. 这些特性的应用方式有哪些？
5. 这个产品或服务的好处有哪些？
6. 这个产品或服务适合谁？
7. 对这个产品或服务，别人可能会有什么异议？
8. 这个产品或服务与竞争对手的有什么区别？

对这些问题思考得越深，回答得越准确，你就越了解你的产品或服务及其带来的实际市场价值。

三、开发更新产品和服务知识的方法

就像你可以开发销售方法一样，你也可以开发更新产品和服务知识的方法。例如，我在麦当劳工作时，我在休息和下班后常做的一件事就是学习培训手册。手册涵盖了各个方面的内容，从如何处理免下车订单到如何清洗地板和盘存等。从手册中，我学到了一些经理都没有教过的东西，使我工作做得更好，也让我知道了学习手册的价值。认真学习培训手册是一种我要强烈推荐给你以更新产品和服务知识的方法。

许多方法可以用来更新这些知识：

1. 亲自试用产品或服务；
2. 询问客户使用的感受；
3. 询问你的领导，如何增长这方面的知识；
4. 学习规范手册；
5. 观看公司培训资料库的相关视频；
6. 在线查找相关视频；

7. 参加培训研讨会；

8. 研究竞争对手的产品、服务和手册；

9. 阅读所属行业出版物；

10. 学习市场研究资料；

11. 阅读所属行业以外其他可能会影响市场发展的消息。

你可以单独使用上述任何一种方法或结合任何几种方法一起来使用。根据你的需要选择最适合你的方法。

四、定期更新产品和服务知识

为了养成更新产品或服务知识的习惯，应该将学习安排进你的日程表。班·费德雯每天投入2个小时，1周7天每天如此。你不必做得过分，但应该留出时间定期进行产品研究。具体需要安排多少时间取决于你的产品或服务、所处市场和个人需求。

除了安排时间定期研究，还有一些特殊情况需要额外研究。一类是当你的产品或服务有新的重大更新时。比如，如果你销售智能手机，而公司即将发布升级型号的手机，那你就应该留出时间来研究新型手机。你可以制定一个定期的产品研究时间表，或单独留出时间来做，一切看你的需要。

二是当你所处行业或有影响的相关行业发生重大变化时。比如，假设电动汽车的电池设计取得了突破性进展，让电动汽车续航能力加倍，那汽车销售员就要仔细地了解电池技术的进展及其产生的影响。同样，你可以为这种研究规划相应的产品研究时间表里，或单独学习，都看你的需要。

✎ 练习：制定一个回顾产品和服务知识的时间表

在本章的练习中，我希望你能制定一个时间表来回顾你对所销售产品或服务的知识。你要问问自己：

（1）从1级到10级，关于你所销售产品或服务的知识，你的熟悉程度

第十五章
关键三：持续更新产品和服务知识

处在几级？

（2）你对竞争对手产品和服务的了解处在几级？

（3）你对所处市场的了解处在几级？

（4）关于你所销售的产品和服务，你最了解的是哪方面？

（5）关于你所销售的产品和服务，你最不了解的是哪方面？

（6）熟悉哪些知识能够最大程度提升你的销售宣讲效果？

（7）你每周要花多少时间更新你的产品和服务知识？

根据你对上述问题的回答，你可以决定每周应该投入多少时间来更新你的产品和服务知识。记住，你在这方面投入的时间是实施 CSI 四个关键步骤的总时间的一部分。合理地分配你的时间才能安排其他重要事项。但即使每周你只有几分钟时间来进行提升，你也要将产品和服务知识更新提上你的日程。

小结

持续更新产品和服务知识是实施 CSI 四个关键的第三个。在下一章中，我们将学习最后一个关键：持续升级销售技术。

第十五章 要点回顾

1. 通过更新产品和服务知识来提升销售业绩；

2. 在研究产品和服务时，问一些有实际价值的问题；

3. 开发更新产品和服务知识的方法；

4. 制定定期更新产品和服务知识的时间表；

5. 练习：制定一个回顾产品和服务知识的时间表。

第十六章

关键四：持续更新销售技术

亚马逊是那些依靠技术取得了销售上的成功的公司的代表。亚马逊由对冲基金经理杰夫·贝佐斯（Jeff Bezos）于1994年创立，旨在利用互联网和电子商务的预期增长达成效益。在阅读了一篇关于电子商务将以每年2300%的速度增长的报告后，贝佐斯列出了一份可以在网上销售的产品的清单。他将产品清单范围缩小到5个最有前途的类别：硬件、软件、光盘、视频和书籍。最后，贝佐斯将目标定在了书籍上，因为全球都有这个需求，书籍数量也很多，并且每本书的单位成本又低。但他一直想将业务从书籍拓展到其他产品领域。

贝佐斯的首个目标是成为全世界最大的书商。他最开始从父母那里获得了起步资金。到1997年，他的公司已经成功上市。他预测在线书店将取代传统书店，由此来吸引投资者。上市第二年，亚马逊的业务朝国际化发展，并增加出售音乐和影片的业务。很快又增加了其他产品，如电子产品、电子游戏、玩具和家装产品。

同时，亚马逊聘请了沃尔玛的前高管，以了解沃尔玛电脑仓储管理系统是如何运作的，这个系统是让沃尔玛占据零售业主导地位的物流战略的关键。亚马逊还大举投资建设云基础设施，以处理极高的网络访问量。通过将其云服务和运输服务租给其他公司，亚马逊收入不菲。亚马逊将部分收入用来收购竞争对手公司和有价值的子公司，还投资改善自身的基础设施，实现了订单执行系统自动化。

这些技术投资使亚马逊得到了丰厚的回报。到2015年，就股票市场价值而言，亚马逊超越沃尔玛成了美国最有价值的零售商。2019年，亚马逊的收入超过2805.22亿美元，在《财富》"世界500强公司"中排名第13，领先于所有美国公司，除了位居榜首的沃尔玛；位居第8位的埃克森美孚公司（Exxon Mobile）；排名第11位的苹果公司；排名12位的伯克希尔-哈撒韦公司（Berkshire Hathaway）。2020年，亚马逊有望跻身《财富》"世界500强公司"前10，超过除沃尔玛以外的其他所有美国公司，沃尔玛继续蝉联榜首。为了超越沃尔玛，亚马逊正在向沃尔玛竞争对手杰西潘尼（JCPenney）

第十六章

关键四：持续更新销售技术

和西尔斯（Sears）先前所拥有的店铺空间进军。

那些表现最好的美国公司包括亚马逊、沃尔玛、苹果等在技术领域大举投资的公司，这并非巧合。跟上技术的步伐是在竞争中保持领先地位的关键。这也是实施 CSI 的第四个关键。在本章和接下来的章节中，我们将学习如何不断升级技术基础设施以使你的销售获得显著优势。

一、技术给予销售显著优势

要培养技术优先的心态，你必须认识到技术是可以让销售成绩获得显著优势的。技术之所以对销售如此重要，有几个主要原因。

在当今的商业环境中，大公司往往利用人工智能来实现成功的销售。人工智能是一种利用电脑和智能手机收集大量数据（通常被称为"大数据"），并对其进行分析并找到一定规律的技术。这种技术应用到市场营销后，实际用途非常广泛，能够大大地增加收入。

比如，你在观看在线视频时，有没有注意到侧边或视频下方会根据你的观看历史显示推荐视频列表？这就是人工智能在市场营销中的一种应用。这种应用让公司可以根据个人的浏览数据向你展示个性化的广告，这些营销信息与你的个人偏好较为匹配。谷歌、脸书、亚马逊和其他一些大型技术公司都使用这种技术发布高度个性化、高效的广告。这只是人工智能如何让你通过个性化的市场营销宣讲获得巨大优势的例子之一。

技术也让你能够更简单地与客户进行沟通。诸如智能手机、视频聊天、社交媒体和电子邮件等工具可以让你快速、轻松地联系到大量的客户。

数字营销工具可以进一步提升你接触大量客户的能力。通过使用博客、视频和搜索引擎等营销工具，销售渠道中的新客户数量可以增加数千倍。

你也可以用技术让你的销售宣讲更具针对性。利用客户关系管理软件，你可以管理客户及相关的历史数据。这样你就可以根据他们的个人数据修改你的销售宣讲内容，更专注于与他们需求相关的探查性问题和收益。

交易中，技术也使支付变得更加便利。比如，你可以通过贝宝（PayPal）等服务接受在线支付。

在完成一次销售后，技术也可以让你更容易地留住客户。你可以通过常见问卷页面、自动电话菜单和聊天机器人等工具，为客户提供更个性化、更快捷的服务。这能让你更高效地处理客户服务问题，提高客户满意度，并使客户更有可能从你那里再次购买产品或将你转介给其他人。

这是技术可以如何提高你的销售业绩并赋予你显著优势的一些例子。另一方面，如果你不应用技术，那么相对于应用技术手段的竞争对手，你就会处于劣势。如果你想提升自己的竞争力，你就需要随时掌握最新的销售技术。

二、采用技术并不难

意识到技术对销售的重要性很容易，但实际应用技术对一些人来说似乎很难。大多数销售员的社交能力都很强，但他们对技术并不是特别上心。如果对技术上心，他们从事的可能就是信息技术行业，而不是销售行业了。一般销售员掌握的技术和普通人差不多。像许多人一样，一些销售员对技术应用显得困惑或者胆怯。

幸运的是，技术制造商已经认识到，大多数用户并不是技术专家，他们努力使产品和服务尽可能平易近人，以适应普通人的使用。你可以从很多渠道学习到销售需要用到的最常见技术，包括：

（1）帮助菜单；

（2）教程；

（3）视频教学；

（4）常见问卷网页；

（5）在线讨论组；

（6）技术支持；

（7）家人、朋友和业务伙伴中的其他用户。

另外，你不必同时学习许多新技术。一次学习一个软件的一个功能就够了，再将这个学习过程分解成许多个部分，学习就会变得更容易。

利用可用的资源并分步骤地学习，就可以逐渐提升你的销售技术能力。

如果你不擅长技术，你可以变得擅长。如果你已经擅长应用技术，还可以变得更擅长。如果你已经很优秀，那你可以成为一名销售技术大师。你选择学习多少技术取决于你自己。根据你的需要，可以只学习一些基础的工具和功能。但你要学习适合你的技术。

三、销售技术类别

销售技术与销售方法是互补的。运用销售技术的目的是助你自动化销售过程，使销售过程实施更容易、更快捷、更有效。这意味着你可以把技术看作一种提高攀登"销售山峰"效率的方式，包括从新客户开发到培养回头客和转介关系等一切环节。技术还可以帮助你自动化与销售有关的其他业务活动，如办公室管理等。本书将重点介绍那些专门用于销售的应用技术工具。但你要明白，这里的运用原则同样也可以用于自动化其他业务流程。

一般来说，对于市场营销特别有用的应用技术工具至少有 8 种：

（1）商业智能工具；

（2）通信工具；

（3）数字营销工具；

（4）客户关系管理软件；

（5）支付处理软件；

（6）客户服务工具；

（7）辅助销售基础设施的办公应用程序；

（8）数字外包平台。

在后面的章节中我们将深入地探讨这些类别的技术。在这里，我们只是笼统地介绍一下这些工具有什么功用。

商业智能工具是人工智能在业务流程中的应用。出于市场营销的目的，商业智能工具可以用于分析潜在客户或买家的构成，确定哪些潜在客户最可能成为买家，或者如何面向个体买家设计个性化销售宣讲。

通信技术工具包括智能手机、短信、视频聊天、社交媒体和电子邮件等工具。这些工具能让你更简单地与客户进行沟通，与他们面谈、预约安排并进行销售宣讲等。

数字营销工具能够帮助你广泛接触客户，进行客户开发，还能用于培养回头客和转介关系。这些技术包括博客、视频营销、搜索引擎营销和电子邮件营销等。

客户关系管理软件能自动记录与客户的互动过程。客户关系管理软件可以存储客户数据、记录客户与你的团队的互动，并分析哪些客户最可能会购买。

支付处理软件能够帮助你自动接受在线支付或处理用智能手机进行支付的客户。这种技术包括在线支付按钮和数字钱包等。

客户服务工具能够为客户提供更好、更快的技术支持，促进销售并培养回头客。这种技术包括在线技术支持页面、自动电话菜单和聊天机器人等。

办公应用程序不是专门为销售而设计的，但也能够辅助销售和业务基础设施。这些应用程序包括电子表格、文字处理软件、演示软件、日历工具和项目管理应用软件等。

数字外包平台能够帮助你找到熟练的相关技术人员，这些人员可以协助你完成销售和其他许多业务功能、减少你的工作量并释放你的时间。

我们将在后面章节分别详细介绍上述的每种技术。你可以重点关注那些与你相关的技术。总而言之，我们就介绍这么多。

注意，这里介绍的工具，有的属于通用工具，而有的仅适用于特定行业。通用工具是被设计用于任何行业的任何业务的，而特定行业工具具有针对特定行业的特性。两种工具都有利有弊。通用工具适用范围更大、更容易与其他应用程序结合，但需要针对特定行业进行功能的定制。相比之下，特定行业工具具有特定的应用特性，适用范围较小，可定制性也较小。在用一个工具前，记得要先彻底研究下这个工具。

四、制定技术升级时间表

要想熟练使用销售技术，你需要采取行动。你可以将本书前面学到的目标设定和时间管理技巧用到制定技术升级时间表上。

开始的时候，先设定几个技术升级目标。本章中的哪些技术工具可以用来改善你的市场营销方式？所有这些工具中，哪些工具对你的销售收入影响最大？优先考虑会对你的销售结果产生最大影响的技术，然后检查你的日程安排，确定什么时候可以开始升级。

另外一种方式是，先不要考虑技术问题，先考虑哪些销售方法可以通过技术自动化。市场营销过程中哪个环节的提升会产生最大的影响？哪个环节你再怎么努力，也提升不了效率？先确定市场营销过程中能够通过技术改善受益最多的环节，然后再确定能够对这些环节提供帮助的技术方案。

> ### ✎ 练习：审视你的技术需求
>
> 在本章的练习中，你可以回顾一下前面学习的 8 种技术工具：
> （1）商业智能工具；
> （2）通信工具；
> （3）数字营销工具；
> （4）客户关系管理工具；
> （5）支付处理工具；
> （6）客户服务工具；
> （7）辅助销售基础设施的办公应用程序；
> （8）数字外包平台。
>
> 想一想你当前的市场营销流程，思考你是怎么做的，还有哪些工作没有做。在这 8 种工具中，哪些工具对你现在的销售业绩影响较大，无论是会增加收入还是可以节约时间或金钱？列出多种可能性，确定应该最先学习哪种工具，计划一下利用这个工具还可以学着做哪些事情。

小结

本章为你概述了可以用来自动化市场营销过程的技术工具，以及如何应用这些工具。在下面的章节中，我们将深入介绍如何使用上述工具，首先是商业智能工具。

第十六章 要点回顾

1. 技术可以让你在销售上取得优势；
2. 采用技术并不难；
3. 主要的销售技术工具包括自动化商业智能工具、通信工具、数字营销工具、客户关系管理工具、支付处理工具、客户服务工具、办公应用程序和数字外包平台；
4. 根据你的需要制定技术升级时间表；
5. 练习：审视你的技术需求。

第十七章

如何使用自动化工具实现智能销售

国际商用机器公司（International Business Machines Corporation），更广为人知的名字是IBM。一个多世纪以来，该公司一直销售它们开发的业务流程自动化方法。IBM的历史可以追溯到19世纪80年代，当时美国内战老兵、陆军图书管理员约翰·肖·比林斯（John Shaw Billings）接到了为1880年和1890年的美国人口普查收集信息的任务。比林斯请麻省理工学院工程师赫尔曼·何乐礼（Herman Hollerith）设计了一个机械系统，通过在卡片上打孔来记录信息。比如，如果某人结婚了，卡片上就会打一个孔，单身则不打孔。1896年，何乐礼利用他的打孔卡发明创办了自己的公司——制表机器公司（Tabulating Machine Company），此时正值1900年的人口普查。经过一次名称微调后，何乐礼的公司在1911年与三家生产类似设备的公司合并，成了计算制表记录公司（Computing-Tabulating-Recording Company, CTR），1924年更名为IBM公司。

那时，IBM由托马斯·J. 沃森（Thomas J. Watson）领导，他曾在国家收银机公司接受销售革新者约翰·亨利·帕特森（John Henry Patterson）的培训。比林斯的打孔卡发明和IBM的其他技术被证明对其他业务的自动化也很有用，如员工上下班打卡。在沃森的领导下，IBM还涉足了其他业务领域的自动化，如为美国社会保障管理局（Social Security Administration）保存记录。

IBM在这一领域的努力使其成为计算机革新的"领头羊"。1954年，IBM开发了人工智能的第一款实际应用，并推出了IBM704型计算机，这是第一款能够处理复杂计算的计算机。704型计算机编入了跳棋程序，它可以通过搜索过去的走法，避免会导致不利结果的走法，选择导向积极结果的走法。这就是模拟化的"学习"。

从那以后，IBM继续引领人工智能运动，开发了能够打败国际象棋大师和分析语言模式的电脑，为开发能够识别人类语言的计算机和搜索引擎奠定了基础。还使人工智能的商业应用成为可能，被称为"商业智能（BI）"。利用商业智能，各行业能够分析市场营销等数据、回顾历史趋势并预测未来走势等。基于精确的数据分析，而不是猜测，你可以做出更明智的商业决策。

商业智能是当今最强大的商业技术之一。据贝罗采购情报公司（Beroe Inc.）估计，如今全球商业智能市场价值超过 220 亿美元。据大视野市场研究有限公司（Grand View Research）预测，到 2027 年，商业智能的销售应用程序，即销售智能，其价值将超过 50 亿美元。

随着对商业自动化和商业智能应用需求的增长，IBM 等公司投资简化了这些技术，使其更利于小型公司和企业使用，即使他们对计算机一无所知也没关系。在本章中，我们将学习如何利用自动化来更精明地销售，获得更好的成果。

一、自动化销售和业务流程

商业在技术进步中受益最大的是可以将需要反复进行的相同步骤自动化。把技术应用于销售中，"销售山峰"次序中的步骤就可以自动化。

比如，假设你会用电子邮件的方式开发客户，你想创建一个电子邮件订阅者列表。你可以一次手动添加一个客户到数据库，但这需要你手动输入每个客户的信息，很麻烦。如果你采用自动化工具，就可以在网页上创建一个表格，由访客自己录入信息，这样数据就会自动存入你的客户数据库。以类似的方式，你还可以用技术来自动化其他客户开发的形式。

你还可以设置自动化预约。假设你想跟客户预约一次见面，你一般会手动检查你的日程安排，再让客户检查他们的日程安排，试着找一个你们双方都适宜的时间点。但是，如果你采用自动化的方式，就可以用一款预约设定应用程序，让客户看到你的可预约时间，然后从中选择一个也适合他们的时间点，甚至还可以在电脑或手机上将你的日程安排与他们的日程安排进行对比，然后建议几个时间点。这有利于节约你们双方的时间。

你还可以部分或整体地自动化销售宣讲。假设你与客户安排了一次面谈，可以在面谈前用在线表格向他们询问一些探查性问题，这样你就可以提前做好充分的准备。同时还可以使用客户关系管理软件分析客户的个人资料和购买历史，确定哪些好处最能吸引他们。还可以使用价格对比软件查看竞争对手的收费标准，这样就可以提出更具竞争力的报价。还可以创建一个自动开发电子邮件序列来进行升级销售和转介请求。甚至还可以录制完整的销售宣讲来进行虚拟宣讲。有很多很多的方法可以将自动化应用到销售过程中。

你还可以将自动化应用到销售脚本创建中。比如，假设你要根据不同类型客户的资料准备不同的销售脚本，可以使用客户关系管理软件分析客户的资料，并从脚本库中指定一个适合该客户的脚本。销售团队负责人甚至可以利用这种方法为现场的销售员提供"场外"帮助。

你还可以将自动化应用在辅助或对你销售过程有影响的其他业务功能上。比如，公司的会计要记录你的销售数据，准确记账。你可以将这个过程自动化，让销售数据自动录入会计账簿中。以类似的方式，你可以将费用报表、库存维护和客户服务等过程自动化，节省不少时间。

想一想你和你的团队日常执行的销售和业务任务中是否有能够自动化的重复性任务？自动化哪些任务能为你节省最多的精力或时间？一定要想办法将重复性任务自动化，能减少不少工作量或节省时间。

二、使用分析工具记录业绩

自动化的另一个重要应用场景是利用人工智能记录市场营销业绩。这类商业智能应用程序有不同名称，你可能听到有人称其为分析工具或大数据。这些名称的内涵是一致的：利用商业智能工具分析商业数据，来记录你当下的业绩、回顾历史趋势、预测未来走势，并做出相应调整，以实现你的目标。你可以将这种工具用在市场营销数据处理或其他业务领域。

分析工具有一种主要用途是记录网站的运营情况。记录诸如有多少访客访问了你的网站、他们来自哪里、他们在你的网站上做了什么、他们在你的网站上浏览了多久等这些变量。由此，你可以获得一些信息，如搜索引擎上哪些关键字更吸引访客。了解到这些信息有助于你评估你的数字营销策略是否达成了你想要的结果，以及你可以如何调整来改善结果。比如，

第十七章
如何使用自动化工具实现智能销售

如果某个关键字吸引了相对多的访客，就应该增加该关键字的广告投资，从而吸引更多的访问并开发更多的客户。

你还可以将分析工具用于记录销售业绩。如使用客户关系管理应用程序记录针对不同客户使用的不同版本销售脚本的效果和频次。如果你注意到某个版本的销售脚本比其他脚本促成的交易更多，那么就可以多采用该脚本。

这只是一些展示工具用途的例子。你也可以将分析工具用于业务的其他领域。比如可以用其记录公司的财务状况，以便做出预测和调整。还有一些商业智能软件可以帮助你记录账目、库存、客户服务信息，或实现几乎其他任何业务功能。

为了使用分析工具，必须有关键绩效指标（KPI）。关键绩效指标是可以量化的指标，目的是按一定比例衡量绩效。例如，访问网站的访客数量、销售转化率和销售收入都是市场营销关键绩效指标的例子。

每个业务领域，如市场营销，都有相应的关键绩效指标，这些指标可以在网上找到。你也可以构建你自己的个性化关键绩效指标。选择与你的销售或业务目标联系最紧密的关键绩效指标，然后用一款分析工具记录下与关键绩效指标相关的数据，并分析其规律。

不是只有分析专家才能使用商业智能工具。随着商业智能的应用越来越广泛，技术开发方简化了他们的应用程序，让非技术专家也能够轻易地使用。大多数应用程序采用仪表盘（dashboard）❶界面，在上面可以显示你想要记录的关键绩效指标，并创建个性化的报告，里面有你想要看到的数据。

虽然不是分析专家也能使用这些技术，但有一个专家帮助你也没什么坏处。该领域的专家常被称为商业智能分析师或分析专家。一些专攻某一特定领域的人可能会使用其他头衔。例如，网络分析顾问利用商业智能记录网站运营情况，也有专门从事销售咨询的销售分析顾问。如果有需要，你可以在网上找到相关专家帮助你构建分析系统。

---

❶ 商业智能仪表盘的简称，是一般商业智能都拥有的实现数据可视化的模块，是向企业展示度量信息和关键业务指标现状的数据虚拟化工具。——译者注

三、利用商业智能规划增长

商业智能除了能帮助你记录当前业绩，还能帮助你预测未来业绩，并帮你做出调整，以改善未来业绩。其中一种预测未来的方法是，改变可以影响结果的一个变量，模拟未来如何变化。

假设每个月有 1000 名访客访问你的网站，其中 10% 或 100 人注册进了你的邮件列表。而且这 100 人中，10% 或 10 人以 50 美元的单价购买了你的初级产品。利用这些数据，可以计算出你的网站每个月赚取 500 美元。

现在的商业智能程序可以模拟这些数据发生变化，会出现什么结果。比如，假设将邮件列表注册率提高到访客的 20%，那每个月就有 200 名新订阅客户。如果销售转化率保持 10% 不变，现在每个月就有 20 笔交易，可以赚取 1000 美元。

要是将销售转化率也提高到 20% 呢？那每月 200 个订户中就有 20% 转化为销售，相应地，你的月销售额也就增长到了 2000 美元。

这样可以观察需要做出什么样的调整才能实现既定的收入目标。你可以手动调整这些数据变量，就像我这样。但使用商业智能工具可以将这个过程自动化，你只需要输入相关数据即可，就像使用计算器那么简单。这种工具可以用来简化复杂的计算，模拟复杂的情况，从而不耗时费力地调整相关数据。

这样就可以简单高效地进行调整，从而提高相关的销售数值。比如，如果你发现需要增加网站访问量才能达到季度收入目标，就应该分配额外的资金到数字营销预算中，设法吸引更多的访客。或者，如果你发现需要提高销售转化率才能达成目标，可能就会开始注意不同版本广告文案或销售脚本的成效，并做出相应的调整，以提高销售转化率。

一个世纪以前，只有像埃尔默·惠勒这样的专业广告商才会使用一些复杂的记录方法优化他们的结果，现在，有了商业智能分析工具，即使是小公司和小企业也能使用这些方法了。你不必像专业营销机构那样用得那么复杂，它们是为了从中赚钱，你只需要养成以这种方式思考的习惯就可以获益良多。我建议你一开始这样做：预测你的销售数据，设想一下如何调整可以改善你的业绩。如果你发现这有用，还可以再进一步思考，一些

第十七章
如何使用自动化工具实现智能销售

商业智能应用程序是否可以进一步帮助你实现自动化。记住，如果你需要帮助，你可以进入这个快速发展、有众多的人才供你利用的领域。

> ### ✏️ 练习：想象一下自动化能够如何提升你的销售业绩
>
> 本章的练习中，我希望你想一下如何运用自动化和人工智能改善你的销售业绩。思考一下以下这些问题：
>
> （1）我的哪些日常任务可以自动化，以节省时间和金钱？
> （2）哪些关键绩效指标对我的业绩影响最大？
> （3）记录下这些数据后，我如何改善我的业绩？
>
> 基于对这些问题的回答，想一想采用自动化或商业智能工具是否对你有益。如果觉得有益，研究一下你可以使用哪些工具，以及你可以在哪里找到专家帮助你。

小结

自动化和人工智能是技术革新的关键内容。近年来，技术革新颠覆了传统的销售理念。另一个关键是新的通信工具的出现，如电子邮件、智能手机、短信、社交媒体和视频等。在下一章中，我们将学习如何使用这些通信工具提升销售业绩。

第十七章 要点回顾

1. 你可以自动化任何重复性的市场营销、销售和业务任务；
2. 你可以利用关键绩效指标分析工具来跟踪记录你在销售或其他业务领域中的业绩；
3. 商业智能让你可以采用一些分析工具预测如何通过调

整相关数值来提升你的业绩；
4. 如果你在实施自动化或分析的过程中需要帮助，有许多咨询专家可以选择；
5. 练习：想象一下自动化能如何提升你的销售业绩。

第十八章

如何利用当今的交流工具

美国床垫零售商 1800Mattress.com 创始人拿破仑·巴拉根（Napoleon Barragan）的成功说明了正确的交流工具可以让你在销售上取得优势。巴拉根 1941 年出生在厄瓜多尔的一个农场，17 岁时搬到了哥伦比亚。在那里，他做用驴子运送啤酒和苏打水的工作。结婚后，他于 1968 年和妻子搬到了纽约，在工厂里打几份零工，而他的妻子则销售雅芳（Avon）的产品。

1973 年，巴拉根开始在一家二手家具店做销售员。他学到了其中奥妙，并晋升为销售经理。1976 年，他用存下的钱，再借了一点，开了属于他自己的家具店。他一直在寻找提高销售水平的方法。

一天，巴拉根坐地铁看报纸时，看到了一则"电话订牛排"（Dial-A-Steak）的广告，这是一家允许其顾客通过电话订购熟牛排的公司，会安排送货送上门。巴拉根意识到这可能是一种销售床垫的好方法，于是他成立了一家名为"电话定床垫"（Dial-A-Mattress）的公司。

巴拉根在《村声》（*The Village Voice*）报纸上刊登了一则小广告，发起了一轮销售活动。客户喜欢这种便利的方式，他们通过电话选择一款床垫，然后商品很快就可以送到家里，而不用到店里去挑选，还要再等上六个星期。巴拉根获得的订单量迅速增加，到最后他不得不将送货地点限制在纽约的部分区域，因为已经无法满足所有的订单需求。后来他又投资开设了一家分店，并发起了新的广告活动。

巴拉根扩大了广告的范围，在价格较低的深夜播放电视广告，同时也在电台播放广告。起初，这些广告要求客户拨打纽约市当地的一个电话号码，但随着广播听众开始从纽约市以外的地方打进电话，巴拉根决定扩大宣传范围，他在广告中加入了一个免费号码，这样他就不必宣传不同区号的多个号码了。他买下了一个企业虚构号码 1-800-MATTRES。"mattress"（床垫）这个词太长了，这激发了一句广告语："1-800-MATTRES，没有最后一个'S'……那是省我的'$'。"

新的免费电话号码起到了作用。到 1988 年，公司的销售收入增长到了 400 万美元，并每年持续增长，到 1991 年达到了 1600 万美元。1994 年，

第十八章
如何利用当今的交流工具

巴拉根将公司业务拓展到了美国全国，很快成了美国最大的床垫销售商。1995年，公司的年收入达到了7500万美元。同时，公司的名称也变更成了"1-800-Mattress"。经历了合并和7.8亿美元的收购后，该公司今天继续以1800Mattress.com之名在运营，通过互联网和电话销售床垫。

巴拉根创新地将免费电话号码与电视和电台广告相结合，这说明了正确使用交流工具能改变销售结果。在本章中，我们将学习如何将销售技巧应用到不同的媒体上，包括一些使用智能手机、短信、社交媒体、电子邮件和视频营销的具体技巧。

一、将销售技巧应用到不同的媒体上

使用不同的媒体进行销售时，要考虑到第八章中学习的销售要点：
（1）销售模式；
（2）销售次序；
（3）销售脚本。
在销售过程中，交流工具就是实施这三个要点的工具。

比如，假设你采用"预约、一联成交"模式，你可以使用交流技术进行预约和销售面谈。比如，你可以在社交网站上给客户发送信息来安排预约，然后再使用视频聊天来进行面谈。要选择适合你销售模式的技术工具。

销售次序中也可以采用同样的方法。你可以在"销售山峰"次序中的每个步骤使用一种或多种交流工具。比如，你可以在社交媒体上发布视频来开发客户，这个视频会引导客户访问你的网站，并在上面注册你的电子邮件列表。然后你可以通过电子邮件自动回复功能与客户进行沟通，直到成功跟他们预约了面谈。接着，你可以用手机打电话跟他们进行预约。最后，用电子邮件给他们发数字合同的链接，他们也可以在网上用电子签名签署。如上所示，在完成销售的过程中，你可以通过多种交流渠道与客户进行沟通。在其他情况下，你也可以只使用一种交流渠道，或者线上交流技术和面对面沟通相结合的混合渠道。

相似地，你可以通过所有的交流渠道执行销售脚本。在用技术工具执行脚本时，你要注意你所使用的工具的优点和缺点。比如，如果通过电话交谈，要特别注意措辞和语音语调，因为你没法用肢体语言或可视内容表达自己。相反，如果你正使用视频聊天，就可以在口头宣讲中加入一些可视内容。如果通过短信沟通，你可以发送链接，指引客户查看可视内容或其他佐证你宣讲的信息。你要通过调整脚本来适应你使用的交流工具，从而充分发挥交流媒介的作用。

二、智能手机

智能手机可以说是最强大的交流工具。你可以将其视作一种通信工具，也可以辅以其他工具，包括短信、社交媒体、电子邮件和视频聊天。你可能大多时候都带着它或把它放在身边，其他人也大都如此。智能手机让你能够通过多种媒体工具在几乎任何地方联系到客户。

智能手机的一个重要的助力销售的功能是客户开发。你可以将智能手机当作一个便携数据库，来储存客户的联系方式，储存你通过电话联系过的、面对面见过的、通过智能手机访问其社交媒体或其他工具认识的客户。

智能手机也可以当作辅助客户开发和预约的工具。你可以使用智能手机拨打陌生电话，或者与已经对你的产品或服务表示兴趣的客户联系。如果你在社交活动中认识了某人，也可以使用智能手机进行跟进。智能手机可以用来联系那些在网站上填过表格或参加过你的公开演讲的客户。一旦联系了客户，你就可以进一步跟他们商议预约事宜。你可以打电话商议预约，或在手机上用其他工具跟他们商议，如短信。还可以下载一个日历程序，使预约安排变得更容易。

你也可以使用智能手机进行销售宣讲，通过语音通话或视频聊天来进行宣讲。

智能电话和这里谈及的其他交流工具有一个通用技巧，即要激发活力和传播正能量，我非常喜欢这个概念。人们通过短信或社交媒体给你分享的链接和图片会影响你的活力。例如，我分享一张图片给你，上面是你喜欢的球队，你的反应肯定跟我给你看你不喜欢的球队图片的反应不一样。

同样地，如果我给你分享一个链接，是一篇关于有争议的政治家的话题或一篇新闻，它也会影响你的活力。在某些情况下，它甚至会破坏你的情绪，影响你与周围的人交流，产生一系列连锁反应，从而毁掉你的一天。

我的做法是删除任何给我带来负能量的图片或视频，以及删除那些不断传播负能量的联系人。我想要每天以积极情绪开始充满活力的一天，智能手机和社交媒体不应该是妨碍我做到这一点的累赘。在使用数字交流工具时，你要学会激发活力，不要让智能手机上看到的任何东西干扰到你的生活。

三、短信

短信是一个重要的销售工具，可以通过智能手机使用。短信的专业技术术语是短信息服务（SMS）。智能手机内置短信息服务应用程序，用于发送信息。同时也有用于发布公开短信息的应用程序，如我们常见的一些社交网站平台的个人动态功能。

问问自己，有没有把短信作为销售交流策略的一部分？许多出于个人目的使用短信的人可能没有意识到它的商业价值。将短信纳入交流策略的一个理由是，人们都有自己喜欢的交流方式，有些人就是喜欢用短信。如果你不使用短信，可能就会失去这些客户。常用的交流形式也可以有多种。比如，你可以在留下语音留言后，再跟着发一条短信。

短信在销售中属于文本营销。文本营销是指向客户智能手机发送营销信息。比如，你可以给他们发送一条促销信息，或发送一个链接。文本营销可以用来邀请客户面谈或引导他们直接访问销售页面。

要想一次性向客户群发文本营销信息，你需要确保他们已经在你的订阅者名单内，这意味着你获得了给他们发短信的许可。你可以在客户看你的广告、访问你的网站或付款结账时邀请他们注册你的订阅名单。还可以提供赠礼来激励他们注册加入，比如免费信息、免费视频或折扣。

短信在销售中的另一个应用是安排预约。在与客户构建联系后，你可以通过短信跟他们交流，商议预约安排。可以给他们发送一个日历计划程序的链接，自动化预约安排过程。

短信还可以用来进行或辅助销售宣讲。比如，和客户在短信交流中问他们一些探查性问题，或者发给他们一个表格链接，让客户在里面填写你想知道的信息。你也可以给他们发送产品展示视频链接，还可以在成交环节时给他们发送支付链接或需要他们签署的电子文档链接。

下面是我喜欢用短信来做的事。许多人会花很多时间坐在椅子上或躺在床上看电视，同时在智能手机上阅读短信和社交媒体上的帖子。为什么要浪费时间做这些无意义的事情，而不去做些有成效的事情呢？休息时我时不时会浏览一些过去的短信，希望寻找到一些商机。我常常在这个过程中发现，在许多交流的开始阶段，有些人还表示对生意感兴趣，但是交流却一直没有结果。当我看到这样的机会，就会发条短信跟他们确认一下，问他们是否依然有需要，我是否可以帮助他们，看他们那周是否方便打电话详谈。

如果你几个月就这样做一次，你会发现许多被忽视掉的机会。你也可以使用这种方法浏览社交媒体上或电子邮件里的信息。

四、社交媒体

社交媒体是可以在智能手机、其他移动设备或电脑桌面使用的强大的销售工具。你可能已经出于个人目的在使用社交媒体了，但许多人并没有意识到社交媒体也可以用于商业。比如，你是否使用"飞书信"[1]（Facebook Messenger）作为你销售交流策略的一部分？社交媒体可以通过多种方式进行客户开发，也可以用于预约安排和销售宣讲。

作为客户开发的一个主要渠道，大多数社交媒体平台都有分析工具，可以用来研究你的目标市场。你可以用这些工具分析你的关注者的数据，找到统计规律，如年龄、性别、收入和兴趣。你也可以凭此结论寻找具有相似特征或其他指定特征的受众。有了这些功能，你就能根据聚焦的目标

---

[1] 一种即时通信软件，用以联系脸书上的好友。

受众调整你的营销信息。

一旦确定了目标市场，你就可以发布一些吸引受众的内容。在社交媒体上，你可以发布文字信息、图片、视频和声音文件。你还可以发布一个链接，引导受众访问你网站的登录页面或其他页面。这种方式可以用来建立你的品牌知名度、提升社交媒体关注度、为你的网站增加访问量、增加电子邮件订阅量或直接给客户发送销售页面。

这有一种我觉得有用的在社交媒体上发布消息的技巧。你可以每天或每隔几天在上面发布一段你出镜的两分钟的视频，在里面你可以简要地谈谈目标受众感兴趣的话题。以我为例，我会谈论一些我每天面临的常见销售问题，以及我是如何解决这些问题的。这就像是在社交媒体上播放你自己的真人秀，也是吸引关注者的一个好办法。

社交媒体上有一些信息工具可以用来跟客户私下交谈，就像跟他们发送短信或电子邮件一样。这在客户开发或预约安排方面是很有用的。

例如，在第10章讨论客户开发时，我写下了一个在社交媒体上开发客户的脚本。假设你使用这样的脚本每天联系5个人，一周进行5次，那你一周就可以联系25个新客户。一年下来，你就可以联系1300个客户。10年下来，你就可以建立一个13000客户的客户数据库。

在社交媒体上，你也可以创建交流群，在里面你可以同时与多人交谈。也可以加入目标受众聚集的群，与他们交流。在你自己的群里，你可以发布相关消息、开发客户和进行销售宣讲。在我建立的社交媒体交流群里，参加我电话研讨会和网络研讨会的成员可以与我和其他成员交流。我已经使用这种方法在我的电话研讨会和网络研讨会上辅助销售宣讲。

社交媒体另一个可以用来开发客户和销售的功能是广告。利用社交媒体分析工具，你可以将广告对象集中在具有目标市场特征的受众上。这会是一种强大、快速吸引关注者、开发客户或扩大销售的方法。

五、电子邮件

你也可以将电子邮件用于商业目的，就像使用短信一样。电子邮件也可以用来开发客户、安排预约或销售宣讲。

利用电子邮件开发客户最有效的方法是创建电子邮件订阅者名单，并在你的网站放上一个注册表格，客户可以通过填写这个表格进行注册。一旦他们同意你的发送邮件请求，你就可以把他们纳入邮件发送对象名单里，向他们发送市场营销和销售信息。然后，使用一个名为电子邮件自动回复的应用程序来发送促销广告或市场营销信息，为销售奠定基础。你还可以手动给名单里的人发送其他消息，这被称为电子邮件广播或群发。我们将在下一章数字营销中详细探讨如何使用这种方法。

电子邮件可以用来同时联系大量的客户。假设你每周给订阅者名单里的客户发送 1 封电子邮件，每个月就能发送 4 封，每个订阅者每年就能收到 48 封电子邮件。如果你有 1000 个订阅者，你一年就进行了 48000 次联络。10 年下来，就进行了 48 万次联络。如果其中 1% 转化成了销售，那就是 4800 笔销售。如果你的产品单价是 100 美元，你的销售额就是 48 万美元。算一下，就很容易看到这种方法的潜力。

你也可以通过电子邮件与客户单独联系。比如，假设你在推销网页设计服务，你可以通过网站找到网站管理员的联系邮箱地址，这样就可以联系他们，向他们推销服务，并通过电子邮件安排预约。通常，你需要同时利用其他方式，如电话或面对面交流进行真正的销售宣讲，但电子邮件可以用来辅助你的销售宣讲。例如，在成交后，你可以通过电子邮件发送一份合同，或者发送支付指引。在一些情况下，你甚至可以完全通过电子邮件来完成交易。

在使用电子邮件进行销售时，让邮件具有吸引力的关键是主题栏的内容。因为人们经常会收到垃圾邮件，他们一般会忽略那些主题看起来像推销信息的电子邮件。为了避免这种情况，尽可能让邮件主题看起来有亲切感是很重要的。一种很好的方法是直接回复别人发给你的电子邮件。这样，主题栏会在别人联系你用的主题的基础上自动生成一个主题，在生成的主题前面会有"Re"两个缩写字母，代表"关于（Regarding）"。收件人就能从主题看出来这是他们发给你的个人电子邮件的回复。

要让收件人收到你的电子邮件后有所行动，你发送的电子邮件就要尽量简洁，只写一段话或几段话，并且明确希望得到他们的回应。要让收件人便于做出回应。比如，如果你想收件人访问一个网站，那就附上网站链接；如果你想收件人回一个电话，那就将电话号码附在电子邮件结尾，并在署名之后再重复一次。

六、视频

本章讲到的其他工具所具备的许多功能，基本都能以视频实现。视频还有一个优势是受众可以看到你本人。还有一些与视频相关的应用程序，如视频聊天，你就可以看见对方。在销售宣讲中利用视频的优势，可以结合使用一些肢体语言和可视内容。

视频可以作为一个强大的客户开发工具。使用视频开发客户最有效的方式是在你网站的日志和社交媒体上发布相关视频内容。比如，你可以发布一段如何解决目标受众面临的问题的 2 分钟演示视频。这是一种在社交媒体上吸引关注和增加你网站访问量的好办法。

网络研讨会也可以这样使用。网络研讨会就像是使用幻灯片进行演示的长视频。你可以使用网络研讨会同时面向大量客户，邀请他们注册或进行推销。

你可以在你的个人网站上用视频指导注册表格填写。也可以在登录页面发布一个短视频，邀请访客订阅你的电子邮件列表、说明订阅赠礼，以及指引他们如何注册加入。

视频也可以发布在销售页面上。你可以录制一个销售宣讲短视频，发布在销售页面上，作为销售文本的辅助材料。

你也可以通过视频聊天与客户进行一对一交流。比如，在社交媒体上与客户取得联系后，邀请他们通过视频聊天继续沟通。视频聊天可以用来安排预约和进行销售宣讲。

> ✎ **练习：审视你的交流方法**
>
> 在本章的练习中，希望你审视一下你在销售过程中采用的交流方法，看看在哪些环节使用新工具可以提升效率。问问自己：

（1）我目前在销售过程中使用了哪些交流工具来开发客户、安排预约和促进成交；

（2）我还能通过哪些方式更有效地利用这些工具？

（3）还有哪些可以提高效率的工具还没有被我采用？

将答案写下来。在审视这些答案时，考虑一下应该采取哪些行动。根据你的情况，你可能需要学习用新方法使用你正在用的工具，或采用一种你还没有使用的工具。

小结

本章中谈及的交流技术工具并不是你所能使用的所有工具，但它们的确很重要。如果你能熟练掌握其中一种或多种工具，就可以用其来开发客户、安排预约和进行销售宣讲。在下一章中，我们将学习在使用短信、社交媒体和电子邮件等工具时，如何结合其他技术向更多客户进行数字营销。

第十八章要点回顾

1. 将交流技术视为实施你的销售模式、销售次序和销售脚本的工具，并选择你需要的工具；
2. 智能手机可以用来存储联系方式、开发客户、安排预约或进行销售宣讲；
3. 短信可以用来同时向许多客户推销、与单个客户交流来开发客户、安排预约和辅助销售宣讲；
4. 社交媒体可以用来研究目标受众、发布信息、与单个客户交流、进行群组讨论或发布广告；
5. 电子邮件可以用来给订阅者名单中的客户发送邮件，或与个人交流；

6. 视频可以用来发布信息、面向大量受众开展网络研讨会、辅助网站上注册表格的填写和销售页面的宣传，或与单个客户聊天；
7. 练习：审视你的交流方法。

"大师面对面"：采访赫克托·冈萨雷斯（Hector Gonzalez）

赫克托·冈萨雷斯利用他从埃里克那里学到的销售能力，从摄影师转行到全职公开演讲者，并且已经成长为当今顶级的西班牙语销售培训师之一。在跟埃里克谈论持续提升如何促进他的成功时，他提到了在线视频网站和社交媒体直播等数字交流工具在他的市场营销和销售中所起的作用。

埃里克：我这本书的题目是《被动成交：让业绩质变的微进步指南》，它是一本号召持续提升、永远进步、永不停歇的书。你是一个不断进步的很好例子。那你能不能谈谈我们认识这些年中你的经历，如果你不记得具体是哪一年了，或许可以谈谈我们认识的时候你都在做什么。就从这开始吧。

赫克托·冈萨雷斯：好的，我感觉我们认识的时候你正和马克·维克多·汉森（Mark Victor Hansen）一起举行研讨会。你还记得那是什么时候不？

埃里克：2002 年，那场研讨会是在 2002 年 10 月举行的。

赫克托·冈萨雷斯：我记得在那之前，你在派拉蒙商会（Paramount Chamber of Commerce）时我就见过你了，你当时正给你的研讨会做促销。我在 2002 年又见到了你，参加了你的研讨会，我记得我还买了你关于时间管理和销售能力的光盘。事情就是这样的，我就是这样开始了接受专业训练。我的摄影事业因此取得了进步。不仅如此，我确实还从摄影改行到了公开演讲。

埃里克：是的，我们是那时开始讨论公开演讲的。在一开始，你是既摄影又演讲，还是马上就转行全职公开演讲了？

赫克托·冈萨雷斯：实际上没有一下子转过来，开始的时候摄影和演讲我都在做。

埃里克：你是怎么做的？单开了一门课程还是提供咨询指导？你开始公开演讲时是怎么推广的？

赫克托·冈萨雷斯：我一开始出售音频，2张光盘的音频，那应该属于励志类的光盘。同时，我也录制了时间管理方面的光盘，一套4张。我曾经也出去演讲，跟你一样，做一些免费演讲，然后将这些演讲打包卖出去，单价大概是50美元。然后我几乎都是模仿你的做法，举行一些免费研讨会。后来又推出了为期一年的团队指导项目。

埃里克：是的，像我的银级培训项目。

赫克托·冈萨雷斯：的确，很像。

埃里克：是的，你推销的价格是多少？

赫克托·冈萨雷斯：开始的时候是一年140美元。

埃里克：后来呢？

赫克托·冈萨雷斯：然后我把价格提到了300美元，当然教的东西也更多。我在公开演讲和销售培训方面取得了很大进步。所以，到2008年，我差不多完全转行了。我不再摄影，只做公开演讲。我记得当时大概有一个有100名左右销售员的公司，是家杂志公司，他们老板同意为公司销售员出一半钱培训费。所以在课程结束时我赚了一大笔，好像是7500美元。销售员出一半，他们老板出一半。虽然这些钱也不算多，但是一个突破。

埃里克：的确。他们有没有说花7500美元学到了些什么？

赫克托·冈萨雷斯：公司每个销售员都有我的光盘、培训资料，我还在公司进行了3次课程。有点像你那些项目的综合体。

埃里克：你进行团队培训，还去了他们公司做了现场指导？

赫克托·冈萨雷斯：是的，去了3次。

埃里克：然后呢？

赫克托·冈萨雷斯：然后我出了2本书，我的培训项目也越做越大，就是团队培训。平均每年收入大约有10万美元。这就是我过去5年做的事，

第十八章
如何利用当今的交流工具

每年收入大概 10 万美元左右吧。

埃里克：是总收入 10 万美元吗？

赫克托·冈萨雷斯：是的，是总收入。

埃里克：你在这行 10 年了，那你总共赚了 75 万美元左右了哦。

赫克托·冈萨雷斯：不止，100 万美元了。

埃里克：是不是感觉难以置信？只是讲讲话，你讲的内容，就赚到 100 万美元了。

赫克托·冈萨雷斯：是的，有些难以置信。

埃里克：最近我常见到你，但在过去几年里都很少见到你。我现在会在社交媒体上看到你，你在用社交媒体的直播功能进行直播，你现在使用社交媒体的能力真的很强了。

赫克托·冈萨雷斯：是的，进步了不少。

埃里克：你会自己做些表情包吗？你以前是摄影师，你知道怎么做。

赫克托·冈萨雷斯：没有，我都是从以前参加过的课程中学的。

埃里克：好吧，你所有的演讲都是用的西班牙语，对吧？

赫克托·冈萨雷斯：是的，我想我在拉丁美洲市场从事摄影和公开演讲有超过 25 年的工作经验了吧。

埃里克：包括音频、视频和网络研讨会在内，你总共钻研过多少种产品？

赫克托·冈萨雷斯：总共有 20 多种产品了吧。

埃里克：你目前最贵的产品是什么？

赫克托·冈萨雷斯：现在我的团队培训项目收费 1000 美元，有 30 分钟的面对面课程。

埃里克：你有没有进行一对一指导？

赫克托·冈萨雷斯：有的。

埃里克：费用呢？一对一指导你收费多少？

赫克托·冈萨雷斯：500 美元。

埃里克：教些什么？

赫克托·冈萨雷斯：500 美元也可以获取一个套餐。

埃里克：好的，他们交 500 美元学些什么？

赫克托·冈萨雷斯：不，套餐是3000美元1年，每个月培训2次，每次1小时。

埃里克：就是他们交3000美元学习1年，每个月跟你学习2次。

赫克托·冈萨雷斯：是的。

埃里克：好的，让我们来谈谈2002年我们认识以后，你学会了哪些技能。我印象中你好像学会了开展网络课程。此外，你还学会了哪些技能？

赫克托·冈萨雷斯：我记得参加你在圣迭戈的研讨会时，你谈到了录制视频的重要性，受你的启发，我开始使用视频，放在我的在线视频网站频道上。同时也通过社交媒体开展了很多直播活动，并录制了很多视频。最近，我经常使用这些视频功能。

埃里克：你现在多少岁了？

赫克托·冈萨雷斯：53。

埃里克：53了，那你今后是不是计划一直从事销售培训？

赫克托·冈萨雷斯：是的，肯定是。

埃里克：我正在看你的在线视频网站频道，看起来真不错。你的视频有边框，这是你自己做的还是别人帮你做的？

赫克托·冈萨雷斯：不是我做的，我有个助手帮我处理视频。我负责录制视频，然后她来编辑。

埃里克：这些缩略图片做得相当不错。

赫克托·冈萨雷斯：是的。

埃里克：很好。你有些什么目标？你今年的业务目标是什么？

赫克托·冈萨雷斯：我的目标是把销售额提升到20万美元，在每年10万美元的基础上翻一番。我想要翻一番到20万，甚至25万美元。这样大概每月收入2.5万美元。过去几年里，我月均销售额合计大约1万美元。

埃里克：要翻一番，你想好怎么做了吗？

赫克托·冈萨雷斯：是的，我现在更多地采用社交媒体。我还一直在做免费演示，在当地免费演讲，最近更多是举行网络研讨会。

埃里克：很好。电子邮件营销呢？你有电子邮件列表吗？

赫克托·冈萨雷斯：是的，以前有好像5000个联系人。然后，因为我

第十八章
如何利用当今的交流工具

是自己一个人负责培训，不太有精力打理通讯列表，所以删掉了很多无法联系的人，联系人减少到了 2000。现在又恢复到 4000 或 5000 个了。

埃里克： 你多久给通讯列表上的联系人发一次电子邮件？

赫克托·冈萨雷斯： 每周至少发送一次行情通讯。

埃里克： 你是如何学会电子邮件营销的？

赫克托·冈萨雷斯： 很多是学你怎么做的，也会看看其他培训师是怎么做的。所以主要还是模仿，学习别人的做法。

埃里克： 你学做事的主要方式就是学习别人的做法吗？

赫克托·冈萨雷斯： 是的，因为我很擅长观察，所以我会看得很仔细，这样才能模仿别人。

埃里克： 你还会通过其他方式学习吗？比如看视频网站上的视频或读书。你还有其他常用的学习方式吗，还是主要就是模仿别人的做法？

赫克托·冈萨雷斯： 有的，我的确还会看书和看视频网站上的视频，并且也参加过其他培训。

埃里克： 除了向我学习之外，你还喜欢向其他哪些人学习？

赫克托·冈萨雷斯： 最近，我两次拜访了布兰登·伯查德（Brendon Burchard）。我和詹姆斯·马林查克（James Malinchak）一起去的，他创办了一个"赚钱演讲家训练营"（Big Money Speaker Boot Camp）。

埃里克： 你最近还见谁了吗？

赫克托·冈萨雷斯： 是的，还见了韦加斯（Vegas）。

埃里克： 你从他那里学的东西有什么不一样吗？

赫克托·冈萨雷斯： 我喜欢他教我们如何将公开演讲作为一门生意来做。他说，公开演讲不是在演讲，而是在推销。所以公开演讲就是在推销演讲业务。

埃里克： 是的，的确如此。关于持续提升你还有什么想说的吗？

赫克托·冈萨雷斯： 我完全赞成不断学习。这就是我如何在这行起步的，向专家学习，向大师学习。我还会继续这样做，一直学下去。因为如果我想发展我的业务，或提升业务水平，我就需要不断学习。

埃里克： 好的，赫克托，我们就聊这么多。我完成这本书后，会在出版前再告诉你。

赫克托·冈萨雷斯：好的，谢谢，我看好它。

埃里克：谢谢，赫克托。

赫克托·冈萨雷斯：好的，再见。

埃里克：再见。

第十九章

如何运用数字营销策略

数字营销有记录的历史可以追溯到 1978 年，当时营销经理加里·苏尔克（Gary Thuerk）成功地发起了首个电子邮件营销活动，他采用的策略就是我们今天称为"垃圾邮件"的东西。苏尔克任职于数字设备公司（Digital Equipment Corporation, DEC），该公司在 20 世纪 60 年代推出了第一批"小型计算机"，开辟了广阔市场空间。这是第一批比 20 世纪 50 年代特有的大型计算机更小的计算机，但仍然比 70 年代推出的"微型计算机"和我们今天熟悉的台式机要大。虽然数字设备公司以小型计算机而闻名，但他们当时的业务还涵盖了大型计算机市场。

苏尔克当时想向阿帕网（Advanced Research Project Agency Network, ARPANET）用户推送数字设备公司的大型计算机宣传资料，阿帕网是美国国防部早期创建的第一个互联网，是现今互联网的前身。苏尔克的目标市场是军方实验室、大学和非政府研究机构的用户。他想在 1978 年 12 月 20 日新产品发布之前安排好宣传资料的推广。

苏尔克居住在波士顿地区的东海岸，他很难通过传统的方式接触到阿帕网的用户。他担心使用纸质信件发送邀请会耽误太多时间，而他当时已经通过电子邮件与一些阿帕网用户进行了交流，所以他决定采用电子邮件群发的方式邀请用户参加产品的演示。他觉得这样效率更高。他也知道在阿帕网里，这样的操作会惹恼一些人，因为这个网络只应该用于美国政府的业务。但是他还是决定那样做。

当时还没有电子邮件群发应用程序，苏尔克不得不发明一种方式。他在一台电脑上用文本编辑程序编写了一份邀请函，让产品经理卡尔·加特利（Carl Gartley）在另外一台电脑上输入他在阿帕网纸质通讯录上标注的 397 个目标用户。然后，苏尔克和加特利将这些用户名与邀请函合并，发送了世界上第一封群发电子邮件，发送时间是 1978 年 5 月 3 日美国东部夏令时下午 12 点 33 分。

正如苏尔克所料，一些用户提出了抗议。几天后，一个空军少校打电话给他的老板，痛斥了他一顿，老板让他保证以后再也不这样做了。

第十九章
如何运用数字营销策略

尽管如此，苏尔克的电子邮件营销策略还是取得了巨大的成功。一些收件人将他们收到的邀请函转发给了其他用户。苏尔克面向397份邀请举办了两场产品演示活动，有40名与会者，销售额超过1200万美元。数字设备公司的市场主导地位因此更加稳固，但其主导地位很快因为20世纪80年代微型计算机的推出而颠覆。

自1978年以来，电子邮件营销发展成了一个价值数十亿美元的产业，2020年全球电子邮件促销支出经费估计达到了75亿美元，到2027年有望达到179亿美元。如今，苏尔克是计算机会议方面的名人，也是一名成功的商业顾问。他说，他注意到，多年来，尽管技术发生了变化，营销人员仍在犯1978年他们犯的同样的错误，还在走弯路。

希望本章的学习能让你少走些弯路。当今的数字营销人员除了电子邮件外，还有很多工具可以使用。这些工具包括博客、微博、社交媒体、短信、视频、音频和电子书，以及一些更重要的工具。电子邮件营销也变得更加复杂，其中也有专门为此而开发的应用程序。还有一些集成式的营销自动化平台，通过这个平台，你可以一站式地运用多种营销工具。在本章中，我们将学习如何使用当今一些主要的数字营销工具来开发客户和提升销售业绩。

如果你想扩大客户开发规模和增加收入，请特别留意本章的内容。要对本章做个评价的话，我觉得："本章价值千金。"

一、在销售过程中建立数字营销渠道

在分析每个数字营销工具之前，让我们先整体了解下它们是如何跟销售策略结合的。数字营销工具在"销售山峰"次序实施过程中具有辅助作用，能够帮助你增加网站访问量和提升客户质量，还可以引导客户经过销售过程直到完成交易，以及开发回头客或请求转介。数字营销工具可以看作是"销售山峰"次序实施过程中的筛选和指引工具。

一般来说，数字营销工具在实施"销售山峰"次序过程中的辅助功能有如下这些：

（1）以建立信任和友好关系以及让人对你销售的品牌产生兴趣的方式

来吸引客户的注意力；

（2）增加网站的访问量；

（3）对客户说明你能如何满足他们的需求、他们能获得什么好处和他们为什么应该从你那里购买而不是竞争对手那里；

（4）辅助成交；

（5）向已经购买过的客户提供交叉销售和升级销售服务；

（6）请求转介。

这里谈及的每个工具都具有一个或多个上述这些功能。博客、社交媒体、视频、播客和电子书等工具在网站吸引访问量方面特别有效。一旦网站访问量高了，就可以使用客户诱饵吸引访客注册进入你的电子邮件列表。正如第10章所讲，客户诱饵是一种有价值的东西，可以激励客户提供他们的联系方式。在数字营销环境中，数字客户诱饵可以是有价值的电子书、视频或播客等。一旦说服客户注册你的电子邮件列表，你就可以结合其他营销方式，使用电子邮件推进销售、开发回头客和请求转介。

这是使用数字营销工具并结合吸引网站访问量、将访客转化成电子邮件订阅者和向电子邮件订阅者促销以及请求转介等工具的一般策略。下面让我们看看这些工具每个都有什么功能。

二、博客营销

博客已经成为当今最基本的数字营销工具。"博客"（blog）这个词源于"网络日志"（web log），指按时间顺序发布在一个网站上的内容，如数字期刊。其按时间顺序的特征使博客有别于其他的网站内容，我们称之为"博文"（posts），许多其他内容都不是以时间顺序发布的，称为"页面"（pages）。

除了按时间顺序发布外，博文还可以按相关话题进行归类，称为"类别"（categories），或可以按关键词检索，称为"标签"（tags）。类别可以看作是书籍的目录，而标签与书籍索引相似。

博客可以是一个网站的唯一内容，也可以是一个模块。大多数商业网

第十九章
如何运用数字营销策略

站既有非时间排序的页面，也有按时间排序的博文。

博文主要是纯文字的，通常有几百个甚至几千个字，里面可以插入一些图片、视频或音频。可以是你的原创文章，也可以是对网络其他的地方文章的评论。例如，你可以发布影响你这行某个话题的一篇新闻报道或视频的链接，并附上你自己的评论。

博客在销售过程中可以发挥几个重要的功能。当你发布目标受众感兴趣的话题的相关内容时，你也在稳固你的品牌和这个网站在与你市场定位相关话题上的权威。你在通过你的网站和社交媒体账户分享这种内容时，会在目标受众中提高你品牌的知名度。数字营销人员称之为建立品牌知名度，可以与受众建立起信任和友好关系。

除了让受众了解你的品牌和网站，博客还能为你的网站吸引访问量，为提升你社交媒体账户的关注度、增加电子邮件订阅量和扩大客户数据库客户数量奠定基础。通过博客吸引网站访问量的一种方式是促进所谓的搜索引擎优化（SEO）❶或搜索引擎营销（SEM）❷。

搜索引擎优化是在你的博文里放置关键词，然后从其他网站链接到你的博文（反向链接），以提高你的网站在目标受众搜索字段中的排名。比如，假设你在卖空调，如果你能让你的网站在诸如"如何购买空调"这样的搜索结果页面中排名靠前，就有助于吸引客户去访问你的网站。为了提高你的搜索引擎排名，你可以在博客上发布一些关于如何购买空调的内容。然后，你可以通过从其他网站反向链接这些内容来进行推广，以进一步提高你的搜索引擎排名。通过这种方式产生的访问量为自然流量，因为这种访问量是通过搜索自然产生的。

你还可以通过在搜索引擎上投放付费广告来推广博客内容，产生所谓的付费流量，而不是自然流量。付费广告就是付钱来把你的内容链接放置

---

❶ 搜索引擎优化，是一种利用搜索引擎的规则提高网站在有关搜索引擎内的自然排名的方式。——译者注

❷ 搜索引擎营销，指基于搜索引擎平台的网络营销，利用人们对搜索引擎的依赖和使用习惯，在人们检索信息时将信息传递给目标用户。——译者注

在其他排名靠前的内容里。相对于自然流量，这种方式能够更快、更多地吸引访问量，但是成本也更高。

专业的营销机构通常采取自然流量和付费流量相结合的方式吸引访问量。一种有效的结合方式就是通过付费广告推广效果最好的自然流量链接内容。比如，你可以观察一下你的博客上，哪些内容吸引的客户最多，然后将付费投放广告进行推广。

在大规模投资付费广告前，你可以小规模地测试下你的广告，确保它有良好的转化率。可以分别测试同一广告的多个版本，看看哪个版本效果最好，这个过程被称为"对比测试"或"A/B测试"，如第11章所讲。

除了为网站吸引访问量外，博客还有助于实施销售过程中的各个环节。比如，在上面的例子中，关于如何购买空调的博文可能会讲到在购买空调时遇到的常见问题以及解决方案。你的解决方案要与公司产品包含的内容一致，为后续的销售奠定基础。这种技巧可以用来建立信任和友好关系、讨论探查性问题、陈述好处和回应异议。博文还可以链接到销售页面进行促销。

三、微博营销

你所熟悉的微博可能是社交媒体上发布的短文。顾名思义，微博正是使用这样的短消息服务发布类似于博文的短篇内容。不同之处在于，博文往往有几百个甚至几千个字长，而微博帖子通常在几百个字以内。有些博主因为字数超过限制，会通过好几个帖子推广他们的信息。

博文和微博帖子之间的另一个区别是，博文内容是存储在你自己的网站上，而微博帖子是发布在你网站以外社交媒体的栏目里的。微博实际上是社交媒体营销的一种形式，但我单独将它拿出来，是因为它还有一些独特的功能。因为微博是在社交媒体上进行的，你发布了信息，其他用户可能会喜欢你的帖子，给予评论，关注你，以及将你的帖子分享给其他人。

微博上的帖子一般都是文本类型，但也可以插入图片或视频。有些帖子甚至只是图片或视频。微博帖子发布的图片上通常有文字说明，构成了所谓的"表情包"。

除了可以发布内容，你还可以在微博平台个人账户里编辑个人资料。里面可以上传图片、自我简介，以及发布链接，链接到其他网站。个人资料的内容关系到人们是否会查看你的帖子或者关注你。

许多人出于个人目的使用微博，但你也可以将其用于商业目的。大多数微博平台都可以创建单独的商业资料，为商业用户提供特殊的服务，比如分析工具和广告服务。

微博帖子有博文一样的用途。可以建立品牌知名度、为网站吸引访问量或在销售过程中进行辅助。

博客使用关键字吸引搜索引擎用户访问，而微博有自己的内部搜索引擎，可以通过在关键字前面加上井号"#"来索引不同内容。分析工具可以用来查看哪些井号标签更受欢迎或流行，然后将这些标签融入你的帖子里，这样就可以吸引更多的用户阅读和点击。

微博帖子一个有用的用途是推广博客内容。比如，你在博客上发布一篇新博文后，可以在微博上发布一个这篇博文的链接，并附上简短的说明。

你也可以用博客推广微博帖子。将帖子的链接发布在你的网站上，访客点击后查看你的帖子。通过这种方式，可以让博客和微博相互促进。

微博平台也有消息收发应用程序，你也可以与其他客户进行一对一沟通。你可以通过这种方式开发客户、安排预约，甚至进行销售。

四、社交媒体营销

除了推特等微博平台，社交媒体还有其他平台，可以发布各种不同特色的内容。这些平台与微博平台有许多相似之处，可以以类似的方式使用，但也有重要区别。

一个主要的区别是，其他社交媒体平台可以发布的字数比微博更多。另外一个区别是，其他社交媒体是通过用户之间的社交关系建立的，而微博是通过分享帖子标签联系起来的。社交媒体的功能也更多，包括创建类似网站页面的个人资料页面、创建多人讨论群和进行私人视频通话。此外，每个平台都有自己独特的特点和规则。

和微博平台一样，其他社交媒体平台既可以用于个人目的，也可以用于商业目的。大多数平台都可以创建单独的商业概况资料并使用商业工具。

你可以像使用微博一样使用其他社交媒体，建立品牌知名度、为你的网站吸引访问量，或进行销售宣讲。你可以一次性与多人交流，也可以与个人一对一交流。

社交媒体平台在分享视频内容和表情包等图片内容方面尤其有效。这种内容通常能比纯文本内容得到更多的点赞和分享。一些平台还有自己的内置工具来录制和发布视频。

社交媒体也很适合创建目标受众感兴趣话题的讨论组。我在进行电话和网络培训期间，会使用社交媒体与学销售的学员进行互动。学员还可以提问和进行反馈，而不用打断我讲课，这大大促进了学员们的集体意识。

社交媒体的个人资料还可以链接到你的博客或微博，也可以通过博客或微博反向链接你的社交资料。

一个很擅长充分利用社交媒体的营销人员是二手车经销商杰克·韦登巴赫（Jake Weidenbach），他被称为"你的汽车伙计"（Your Car Guy）。他利用社交网站和视频网站上的帖子，结合其他工具，如电子邮件和博客，来吸引客户。比如，他发布视频，评论不同的车辆，或者只是展示他自己使用的不同车辆，来吸引那些正在寻找这些类型车辆相关信息的客户。通过这种方式，访问他网站的客户数量和经他购买车辆的客户数量都大大增多，超过了仅依赖传统方式吸引的客户数量。

五、短信营销

通过智能手机可以向客户进行短信营销，短信是另一个强大的营销工具。你可以群发短信进行营销，就像使用微博类社交平台一样。有一些短信营销服务可以实现这个目的。你还可以向单个客户进行短信营销，就如你通过社交媒体消息收发应用程序与他们交流一样。

要通过短信群发进行营销，你必须首先得到他们的许可。要做到这一点，你可以邀请他们注册，就像你在社交媒体上邀请他们关注你或订阅电子邮件列表一样。你可以在网站上发布一个注册邀请。为了提高注册率，你还可以为注册提供赠礼，如有价值的免费电子书或视频。

一旦人们同意接受你的短信营销，你就可以向他们发送营销信息。你可以发送几种不同类型的文本营销信息。一种是你提前编辑好的自动信息。这种信息可以提前编辑好，在特定事件下触发，比如某人关注你几天后，或者在他们浏览你的网页及进行其他操作时。你也可以发送临时编辑、一次性的信息，这称为文字广播。短信营销可以用来发送销售信息，也可以发送一些活动的提醒，如预约和网络研讨会。

你可以与单个客户进行短信交流，就像你通常用智能手机或社交媒体上的信息收发应用程序收发文字信息一样。你可以通过短信跟他们接触，来开发客户、安排预约、预约提醒、辅助通过其他媒体进行销售宣讲，甚至成交。你还可以利用短信发送成交后的支付指引，或者提供客户售后服务。

六、视频营销

视频营销可以结合博客、微博、社交媒体或文字消息一起使用。视频可以发布在博客、微博资料或社交媒体资料上。一些网站是专门用来发布视频的，还有一些社交媒体内置有视频制作工具。甚至还有些平台只有视频上传功能，并没有社交功能。你也可以通过网络研讨会和视频聊天进行视频直播和录制。

你可以创建你要在博客上发布的相同内容的视频格式，添加视听效果。这种情况下，你可以借助可视材料、肢体语言和语音语调。你还可以通过演示、生动和幽默的表现达到更好的效果。

如果你要在你自己的网站上发布一个视频，将视频上传到如亚马逊网络服务（Amazon Web Services, AWS）这样的外部托管服务，这样可以节省你的网络空间。这可以避免网站在大量访问者同时观看你的一个视频时崩溃。这个问题另外一个解决办法是将视频上传到别的在线视频网站。你只需要在你的网站上加入一个专门的链接，这个链接被称为"嵌入式链接"，即使视频是在别的网站上传的，访客也可以在你的网站上观看这个视频。

这样做的缺点是，如果你没支付广告费，一些外部网站可能会对你发布的内容进行商业限制，而你在自己网站上发布内容则更加自由。

在社交媒体网站或外部托管平台发布视频时，你可以同时创建个人资料，并对每个视频写下描述。个人资料可以作为塑造个性的一个渠道，与你分享的内容相一致。你还可以在描述中设置一些关键字，从视频托管服务商那里反向链接到你的网站和社交媒体档案。

视频在建立品牌知名度和开发客户方面很有效，还可以用来进行销售宣讲或为销售宣讲奠定基础。如果你将视频上传到外部网站，记得认真阅读关于发布商业相关内容的限制服务条款。如果你在视频里直接出售一件商品，可能需要支付相关广告费。然而，如果你进行的是一个只提供免费信息的促销活动，通常不必支付任何费用。

你还可以将视频发布在网站的注册表格文档页面和销售页面上，从视听角度强化你的产品，吸引那些对视频比对文本更敏感的客户。

视频既可以直播，也可以提前录制。你录制的视频可以作为营销或销售工具反复使用。你可以将一场网络研讨会的现场实况视频保存起来作为注册的赠礼或当作产品去销售。如果你打算录制视频销售，确保要在没有对视频销售进行商业限制的地方录制。

视频平台有内置的搜索引擎，就像其他搜索引擎一样使用关键字索引视频。你可以在视频的标题和描述中创建关键字，提高视频的观看率。

你可以将视频和相关视频放在一起构成一组视频，这叫播放列表。就某个话题创建一组视频有助于让观众看到更多你的视频。

你可以从外部视频网站反向链接你的博客、微博或社交媒体档案，也可以从这些渠道反向链接你的视频。

你可以将数字视频刻录到物理光盘。这样你就有东西亲手递给客户，在公开演讲活动中分发，或通过邮件寄送。

七、音频营销

音频营销包括许多不同的方法，其中最流行的是播客。播客通过你自已网站或外部托管服务商来播放音频文件。其工作原理跟视频营销一样，只不过内容仅限于音频，没有可视效果。这相当于你在网上拥有你自己的广播节目。

播客长度不尽相同，短的数秒，长的有数小时。可以进行独白、采访，甚至解答来电人员或社交媒体关注者的问题。既可以现场直播，也可以录制下来。

前文中视频营销的大多数功能，也可以通过博客实现。音频文件也可以上传在外部网站，从而节省你自己网站的空间。如果使用外部服务，你也可以创建个人资料和音频描述。

音频也可以用来建立品牌知名度、开发客户和销售宣讲，甚至用来吸引客户填写注册表格并推广销售页面。既可以用作免费赠礼，也可以当作产品进行销售。

你可以通过关键字在搜索引擎中推广播客，将内容制作成系列音频进行播放，在音频中提及你的网站和社交媒体档案。你也可以从你的网站、社交媒体档案和帖子，以及发送给订阅者的电子邮件中链接到你的播客。

播客的一个优势是，可以接触到通过博客或视频无法接触到的受众。收听播客既不需要用眼看，也不需要占用双手，所以能够被那些事务繁忙的客户接受。无论他们是在浏览其他网站还是在开车，都可以同时收听播客。

通过播客，你还可以与听众建立更亲密的联系，对他们耳语或在他们躺在床上时跟他们讲话。这会让你的销售宣讲效果更好，因为这时他们更放松，更关注你的声音。

数字音频文件也可以保存到物理光盘里，作为一种很好的客户开发或销售工具，可以送给客户、分发给现场观众，或通过邮件寄送。

八、电子书营销

电子书就是数字格式的图书，通常是在文字处理文档中创建的，如微软文档（Microsoft Word）。然后，还可以转换成几种阅读格式。还有一些数字图书是通过扫描实体书籍创建的。

一种流行的电子书格式是便携式文档（PDF），这种格式的电子书可以在奥多比阅读器（Adobe Acrobat Reader）等阅读程序中查看。另一种流行的电子书阅读方式是使用电子阅读器，如亚马逊公司的 Kindle 电子书阅读器。还有一些网站可以上传和发送各种格式的免费电子书，如互联网档案计划（Internet Archive）和 Librivox。

电子书可以很短，也可以很长，内容通常比一篇博文更有深度。你可以收集一些博文，再添加一个引言、目录和结尾就可以创建一本电子书。也可以像写一本传统书籍一样，从头开始写一本电子书。如果你写了一本传统书籍，假设你不愿与出版商签订合同从而受到版权限制，也可以将其转成电子书。

电子书除了文字也可以有其他直观材料，如照片、插图、图表和图形，还可以插入音频和视频文件，但是这需要更复杂的技术，也增加了电子书文件的大小。

电子书可以上传到你的网站，通过外部文件托管服务进行分享，或者作为电子邮件附件发送给他人。也可以通过亚马逊等在线书店出售或免费赠送。

你在自己的网站或他人的网站推广电子书时，也可以采用博客关键字一样的方式进行索引。关键字可以创建在电子书标题或描述中。在亚马逊这样的网站上，你也可以通过选择一个或多个合适的图书分类来提高电子书的出现率，从而增加读者检索到这类图书的概率。

电子书可以建立品牌知名度、建立信任和友好关系，可以让你成为所在市场的专家。

电子书还可以作为客户诱饵。你可以在其他数字材料和广告中宣传你的网站。还可以将其作为赠礼，送给订阅你电子邮件列表的访问者。

利用电子书，你可以进行超长的销售宣讲；通过分享有价值的信息去讲述引人入胜的故事，建立信任和友好关系；利用一些章节提出探查性问题，提供解决方案、展示益处和回应异议；还可以进行促销并请求转介。

电子书可以用来赠送或销售。大多数大众电子书的售价只是几美元。

如果是成套出售，价格就高些。一些电子书面向的对象是专业商业读者，被称为白皮书，售价高达数百或数千美元。例如，一本有重要市场研究成果或商业秘密的电子书可能比普通的电子书贵得多。

电子书可以用来邀请读者访问你的博客、在社交媒体上关注你，或订阅你的电子邮件列表。你也可以使用这些工具推广你的电子书。

最后，你可以将电子书转成传统书。这样你就可以在演讲和研讨会上分享实体书或寄给客户，有些客户就喜欢捧着实体书看。

九、电子邮件营销

上述所有的数字营销工具都可以用来扩大你网站的电子邮件订阅者列表，而电子邮件订阅者列表是最强大的数字销售工具之一。你可以使用诸如博客、微博、社交媒体帖子、视频、音频和电子书等工具吸引访客访问你的网站，在这个页面上放置一个注册到你的电子邮件订阅者列表的注册表，这被称为登录页面。然后，你可以为注册到列表提供一个赠礼。赠礼可以是视频、音频、电子书等数字产品，也可以是实体产品和服务或折扣。

为了让别人订阅你的列表，你需要一个表格，他们可以在里面录入电子邮件地址，汇总到你的客户数据库。你可以让网站管理员设计一个表格，或者套用电子邮件自动回复服务中的表格模板。电子邮件自动回复服务可以用来辅助电子邮件营销，提供订阅者列表注册表格模板、存储订阅者列表，以及一次性向全部列表人员群发电子邮件。自动回复程序还提供分析工具，帮助你跟踪记录并优化你的电子邮件营销活动。

当某人注册你的电子邮件列表后，自动回复服务主要以2种方式回复电子邮件：

（1）自动回复消息。这种消息是事先编辑好的，在一定情况下会触发，如新订阅者加入订阅名单列表、订阅者点击某个链接或到提供销售信息的时间；

（2）电子邮件广播或群发。这种消息是临时编辑的。

电子邮件自动回复服务是一种重要的客户开发工具，客户可以更便利地提供联系方式，并且还可以用某种激励机制吸引他们这么做。利用电子邮件自动回复，你可以创建一个数千、甚至数百万订阅者的数据库。

自动回复服务还可以帮助你实现销售次序的自动化。你可以给客户发送预约邀请，或是在一封电子邮件中发送一个完整的销售宣讲，或通过几封邮件分开发送。你可以在自动回复程序上提前设定好邮件发送顺序，然后根据订阅者的订阅天数或他们注册后做出的相关操作自动发送相关邮件。

一个有效的策略是通过一系列电子邮件建立信任和友好关系，邮件内容可以是一些有价值的免费信息，最后发送一个销售链接，链接到销售页面。先发送免费信息再发送销售信息通常效果会比上来就只发送销售信息要好。

另一个有效的策略是对各个环节自动回复的邮件进行编辑，这些邮件应该根据订阅者的行为编辑相应内容。比如，如果订阅者访问了你促销某种产品的网页，就可以通过自动回复程序给他们发送专门促销该产品的电子邮件。还有，如果客户已经购买了某个产品，你可以给他们发送一封升级销售的电子邮件。

自动回复程序也可以用来请求转介。比如，你可以在客户购买产品一周后发送一个售后调查，看看谁最满意你和你的产品。然后，可以通过自动回复程序给这些客户发送一封转介请求电子邮件。

用电子邮件营销来推广一些特殊活动的效果很好。你可以通过群发电子邮件来宣传销售、公开演讲活动或网络研讨会等。

还有一个强大的策略是将电子邮件营销与协同转介相结合，让其他人将你推荐给他们电子邮件列表中的联系人。这样可以有效扩大你的电子邮件营销范围，还可以利用协同伙伴跟客户建立起来的信任和友好关系。这种方式可以充分发挥客户的价值。

要运用这种方法，需要找到一个创建了电子邮件列表，且列表中有你的目标受众的人。给他们一些益处，请他们将你的促销信息推广给他们邮件列表中的联系人。好处可以是向他们介绍你自己邮件列表中的客户、让他们从推荐的客户购买产生的销售收入中按比例提成，或者仅仅请他们帮你一个忙。

除了电子邮件群发，电子邮件营销还可以与客户进行一对一交流。你可以使用一对一电子邮件开发客户、安排预约和进行销售。假设你正在向某个行业的高管销售某种产品，你可以将从网站和社交媒体上收集来的电子邮件地址手动编辑成一个列表，然后利用客户开发和安排预约的电子邮件脚本接近这些客户。

电子邮件营销可以用来交叉推广其他数字营销手段。比如，如果你刚刚发布了一篇博文或视频，你可以通过电子邮件告知列表联系人去哪里查看它。这既可以提升你社交媒体的关注度，也可以促进销售。

电子邮件营销可能是数字营销工具中最重要的一个。我有一名长期学生阿尔维·罗宾逊（Arvee Robinson）就是这方面一个很好的例子。经过这么多年，阿尔维在商业培训和指导方面已经成了一名非常成功的公开演讲家，部分原因是她有效地利用了电子邮件营销和其他技术工具，以及她有扎实的销售策略知识。她通过网络发布博文、发布视频以及在社交媒体上发布帖子等方式建立起了一个庞大的电子邮件列表。

你也可以使用电子邮件营销。使用它增加由其他工具开发的客户的销售转化率，或者使用电子邮件本身开发客户和成交。

十、结合多种方法扩大销售结果

正如上述关于电子邮件营销的描述，本章中谈及的营销工具既可以单独使用，也可以结合起来使用，这样效果会更佳。创建有效营销漏斗的一种方式是使用其他工具，如博客、微博、社交媒体和短信等，为你的电子邮件清单注册网页吸引访问量，这样你就可以对电子邮件列表上的联系人进行后续营销。一旦他们出现在你的列表名单上，就可以通过许多渠道与他们联系。同理，你可以邀请网站访客或电子邮件关注者注册你使用的社交媒体，这样你就可以在同一个社交媒体上跟他们进行后续营销。你要将所有的渠道结合起来，以提高品牌知名度，以及让客户通过你营销漏斗的筛选。

当然，也不必局限于使用数字营销方式，可以将数字营销与传统营销方式结合起来，如打电话、直邮等。比如，如果你收集了在你这买过东西的客户的住址，你可以给他们邮寄明信片，向他们宣传专门的升级销售信息。你要充分发挥你的创造力，结合各种营销方式，测试各种营销方式的组合，以确定哪些组合最适合你和你的目标市场。

我有一个很好的组合方法，我称其为"最理想的 100 个联系人"（Dream One Hundred List）。使用这种方法，可以确定哪 100 个联系人最具创收潜力。设定一个目标，在未来 12 个月与这 100 个人进行 7 次营销接触，目标是跟他们所有人成功预约销售。其中一次接触是采用任何营销方式联系到这个客户，比如在社交媒体上加他们好友、将他们添加到领英联系人中、给他们发一封电子邮件、给他们打电话或给他们寄一张明信片。使用哪种媒介都没有关系，目的是随着时间推移增进认识，增加与他们预约的机会。你可以这样试试，看看你能成功预约几次。你最终会惊讶地发现，这种简单但强大的方法有多有效。

十一、营销自动化平台

如果你正在使用诸如上述这些数字营销工具，你最终会拥有很多数字账户，每个账户都有其自己的密码和管理程序。一旦你的营销活动范围扩大，管理这些信息可能会变得很难。

为了解决这个问题，数字营销人员创建了一些营销自动化平台。有了这些平台，你可以在一个门户网站管理多个账户。你可以登录一个账户以管理多种工具上的内容，而不必登录多个账户，再在每个账户上发布内容。为了方便起见，你甚至可以设定在某个时间自动发布一些内容。

营销自动平台通常还会提供分析工具，帮助你记录营销活动的效果，以及测试各种营销活动，让你看到哪些内容有效或是无效，然后做出改进，并决定在哪些地方投资营销才是最好选择。

一些营销自动化平台是为企业用户设计的高端而昂贵的工具。还有一些是为小型企业用户设计和定价的。你可以浏览相关评论网站，找到哪些工具适合你的需求和资金预算。如果你有问题的话，跟客户服务代表谈一谈，或进行询价。

十二、将数字营销外包，以获得最佳结果

从本章可以看出，管理你自己的数字营销可能涉及许多不同类型的技术，并且很费时。幸运的是，你不必独自去完成。如果你觉得在数字营销方面需要帮助，有许多机构和顾问供你选择。一些服务可以帮助你推广、管理和记录数字营销活动，还有一些可以帮助你创建内容。

如果你考虑聘请一个数字营销机构或顾问，要注意考虑以下这些问题：
（1）他们提供哪些服务？
（2）他们经验丰富的？
（3）他们的客户是怎么评价他们的服务的？
（4）他们通过哪些程序确定你的需求？
（5）在这个过程中，你要付出什么，以及能控制什么？
（6）他们怎样衡量成果？
（7）他们如何跟你分享结果？
（8）他们收费多少？
（9）他们的合同条款有哪些？

在选择数字营销合作方时，你需要做足功课，三思而后行。

十三、12 个顶级数字营销技巧

现在我们已经了解了最重要的数字营销工具的功能，这里有一些技巧可以帮助你最大限度地使用这些工具：
（1）创建数字营销漏斗为你的网站吸引访问量，将访客转化成社交媒体关注者或电子邮件订阅者，通过电子邮件推销和请求转介；
（2）如果需要，将数字营销外包；
（3）使用一个主要平台来管理多个工具的账户；
（4）编辑内容之前，研究一下目标受众的需求以及他们感兴趣的关键字；

（5）在你的网站和社交媒体档案上定期、持续发布博文、视频和标题图片；

（6）将一种类型的内容转换成另一种形式发布在另一个媒体上，从而节省时间（如将博文转换成视频）；

（7）在一个数字营销渠道上发布内容后，利用其他渠道进行交叉推广；

（8）寻找协同推广伙伴，将你的内容推广给更多受众，给予一些回报，比如将他们推广给你的客户、给他们收入提成，或只是请他们帮你一个忙；

（9）选一个客户诱饵，如免费电子书或视频，作为访问你网站和订阅你电子邮件列表的奖励；

（10）编辑自动回复的电子邮件，将订阅者转化成客户，将客户转化成回头客；

（11）利用一些分析工具记录你的营销活动，看看哪些内容有用，哪些地方需要改善；

（12）测试各种形式的营销活动，以得到最好的结果。

上述每个技巧都能帮助你提升数字营销效果。如果将这些技巧结合起来使用，效果则更加明显。

练习：审视你的数字营销策略

在本章的练习中，我希望你审视一下你目前采用的数字营销策略，思考一下以下这些问题，将答案写下来：

（1）我目前在使用哪些数字营销工具，是本章谈到的工具还是其他什么工具？

（2）其中哪个工具目前对我的客户和销售影响最大？

（3）我学习更有效地使用哪个工具后，我的客户或销售受到影响最大？

（4）在我目前没有使用的工具中，如果我学会了使用哪个工具，对我的销售影响最大？

第十九章
如何运用数字营销策略

基于对这些问题的回答，你可以确定一个你能够学着去使用或学习使用得更好的数字营销工具。然后找到一个在线操作指南，你可以去阅读或观看，以了解更多关于这个工具的知识。你要至少花 5 分钟时间学习这个工具，并找到一种可以使用它提高结果的方法。

小结

运用本章所述的数字营销工具可以极大增长客户数量和销售业绩。随着客户数据库中客户数量的急剧增长，自动化客户管理过程就显得十分必要。在下一章中，我们将学习客户关系管理技术如何帮助你实现这一点。

第十九章 要点回顾

1. 结合使用数字营销工具，为你的网站吸引更多访问量，将访客转化成社交媒体关注者和电子邮件订阅者，并向客户数据库中的客户推广销售信息和请求转介；
2. 发布带有目标关键字的博文，为你的网站吸引更多通过搜索引擎而来的访客；
3. 发布带有标签的微博帖子，吸引一批关注者并向他们推广你其他媒介上的内容；
4. 使用社交媒体分享视频、表情包和博文链接，吸引关注者并为你的播客吸引访问量；
5. 使用短信向注册用户群发送信息，以及向单个联系人一对一发送信息；
6. 使用视频营销为你的网站吸引访问量、辅助你网站上的注册表格填写和销售页面推广，以及作为免费赠品赠送或作为产品进行销售；
7. 使用音频营销吸引访问量、辅助你网站上的注册表填写和销售页面推广、作为免费奖励赠送或作为产品进行销售，还可以触达工作繁忙的客户；

8. 使用电子书树立你的专家形象、为你的网站吸引访问量、作为注册的奖励、提供销售演示或作为产品进行销售；
9. 结合使用多种营销方法，让你的销售业绩增长；
10. 将其他数字营销工具上的客户汇聚到你的电子邮件订阅者登录页面，这样你就可以利用电子邮件营销和其他营销方式跟进接触他们；
11. 使用营销自动化平台管理多个数字账户，从而节省时间；
12. 如果你需要帮助，可以将数字营销外包给代理机构或相关专家；
13. 练习：审视你的数字营销策略。

"大师面对面"：采访乔丹·阿德勒（Jordan Adler）

乔丹·阿德勒，《海滩财富论：网络营销实现理想人生》的作者，在照片墙上的昵称是beachmoneyjordan，他是当今顶级网络营销师之一。在与埃里克谈论他如何致力于终生提升时，他谈到了在社交媒体等数字营销工具方面知识的增长有助于他的成功。

埃里克： 我在想，是什么真正影响了我的职业生涯。我是一名销售培训师，影响我的是不断提升的技能。我一直坚持阅读或参加研讨会，或者跟教练学习，努力让自己进步。这是我想告诉全世界的主要经验。这本书是把我的这种主张说给其他人听的，如果你想在我这个领域比别人优秀，想要在销售或商业上比别人优秀，你只需要提升技能并掌握相关知识。

这就是我的新书，名为《被动成交：让业绩质变的微进步指南》。我正在写这本书，我想要参考一些案例，一些从事这个领域的人的真实案例。

第十九章
如何运用数字营销策略

所以我想到了你，你就是那种不断追求进步的人。我想要听听你的想法，你究竟如何努力让自己不断进步。这就是我们今天交谈的目的。

乔丹·阿德勒：好的，我们要在电话上聊多久？

埃里克：10~15分钟吧。

乔丹·阿德勒：好的，没问题，我们现在开始？

埃里克：是的。

乔丹·阿德勒：你想我直接开始谈？

埃里克：是的，我会问你一些问题。

乔丹·阿德勒：好的。

埃里克：或许你可以谈谈你想要不断进步的想法。这种想法是天生的，还是导师教你的，或者是你经历了些什么，还是说你一直就是那种想要进步的人？

乔丹·阿德勒：没有人强迫我这么做。我只是喜欢这样，我对事情充满好奇，热爱生活，想要尽可能多地了解事物。我想要人生过得有意义。在很年轻的时候我就意识到了这一点，只有当你有欲望或动力，有让自己进步的技能，以及相应的财力，你才能真正获得一些经验。有些事情，如果没有财力和时间，你是无法获得的。我希望能够体验到我生活中很多在当时情况下无法体验到的事情。所以，即使在我还是个孩子的时候，我就非常渴望做一些我想做的事情，甚至我还认识到——当时我只有7岁，除非我有钱，否则我永远也做不到。

举个例子，从前有一个女孩，当时她15岁，我17岁。她来看望我来自巴尔的摩的邻居，我立即喜欢上了她。那时没有互联网、视频聊天工具之类的东西。她住在巴尔的摩，我住在芝加哥郊区，我父母并不富裕，所以每周我只能打3分钟长途电话。那时候长途电话每分钟40美分。我每周只能跟她说3分钟话，除非我出去打工赚钱给我父母，我才能跟我喜欢的女孩说话。后来，我想去看她，往返要250美元，我以前也从来没坐过飞机，所以不得不使劲存钱。

但有些事情，除非你有钱，否则你是不可能拥有的。比如，我在拉斯维加斯（Las Vegas）有点地位，这里有很多事除非你有钱，否则永远得不到。比如，如果你想在音乐会上有特权见到舞台上的人，这就要看你的人际关系、你的技能、你的财力，以及你帮助他人的能力。机会有很多。很多人经常联系我，他们因为各种原因想要钱，他们觉得这对他们很重要。面对那些情况，我很高兴我可以说没问题，我能帮助你。有时候他们只需要100美元或200美元，而有时候可能需要数千美元，但还是有很多人联系我，我想你也是，很多需要帮助的人联系你，他们因为一些对他们很重要的事情需要你帮助。我很高兴能帮到他们，而我也只有有了足够的财力才能那样做。有时我也想做志愿者，但唯一能这么做的办法是我不需要每天去上班。

正是这些事情让我感到压力。我想，正是梦想点燃了欲望，点燃了做我需要做的事情才能梦想成真的欲望，点燃了拥有足够财富去解决这一切的欲望。

埃里克： 是不是就好像你有了想要达成的目标，然后想："好吧，我怎么实现这个目标，是不是必须提升这个技能，是不是不得不在这个方面取得进步？"

乔丹·阿德勒： 我可能还没有那个意识。说起来可能不好听，我还是个孩子的时候，我去送报，摆摊卖柠檬汽车，都是因为这能赚些零花钱，这样我就有钱买一些我想要但父母不给我买的东西。开始可能就是这个原因。然后我进了大学，我记得我会去想我学的课程，真正仔细考虑将来我要做些什么，我可能做的工作并不能让我过上我真正想要的生活。

所以我立刻离开了大学，身上仅带着250美元，一把吉他和一个行李箱。这250美元还是我父母和祖父母给我的生日礼物。我带着那些钱就走了。我在亚利桑那州认识了一个人，然后来到了这里。我花200美元买了一辆摩托车，还剩下50美元，所以不得不去找份工作。

然后，我开始工作，应征报纸分类栏里的招聘广告，以寻找机会。我开始为得到机会去面试而听录音带，那时候是盒式磁带，还有读书。我尽可能学习更多的知识来提升我的技能和心态。然后，我花了很多很多年才第一次创业成功。虽然回过头看，我摆柠檬汽水摊和送报也很成功，但那些本身并不是生意。

来到亚利桑那州后，我做了很多零工。做过绘图员，在健身房工作过，

第十九章
如何运用数字营销策略

我做了很多工作来赚取足够的钱以支付房租。但是我一直在尝试创业，却没有赚到一分钱。10年来尝试过11次，但没赚到一分钱，没有雇佣任何人，从来没有真正卖出任何东西。但我一直在努力寻找一个能让我突破的机会。1992年，经过11年的追寻，我加入了第12个网络营销公司。你肯定听过一句话，可能还有类似经历，那就是，当机会出现在有准备的人面前，事情就变得水到渠成了。

我准备了许多年，读过很多书、学过很多知识、听过很多音频、参加过很多研讨会。我申请了22张信用卡，欠了36000美元信用卡债务，其中大部分都用来寻找商机、参加研讨会、买书和参加课程了。这有点像我在创业领域进行大学教育。我加入第12个公司后，终于知道了如何做演示、如何安排预约，真正熟练地建立关系。从那时起，我的生意开始腾飞。

我开始咖啡馆生意。在亚利桑那州坦佩市的米尔大道上开了一家小咖啡馆，就在美国西部航空公司（America West Airline）大楼中我办公室的楼下。当时我在这家航空公司工作，年薪28000美元。后来，这家航空公司申请了破产，我的工资被削减了一半，年薪变成了14000美元，所以我加入了第12个公司，一家网络营销公司。在这家公司我工作了13年，赚了800万美元。

我住在坦佩的一套房子里，这套房子不大，大概1000平方英尺（约93平方米），砖砌结构，还有2个室友。每人支付200美元租金，我住在独立的车库里。就在那时，我加入了第12个公司，赚了800万美元。

就这样，我生活中的一切都完全改变了，原因很明显。我从居住了大约3年的小车库搬到了山上，住进了山上森林里的一幢房子，景色非常漂亮，拥有几辆汽车，可以周游世界，甚至还有一架私人飞机，住在世界上最宜居的地方。这都是我抓住机会加入了网络营销领域的结果。

我已经准备了这么多年，现在是时候了。主要是因为我已经做好了准备，我学会了很多技能，建立了人际关系。而且，我真的有了动力。这一切都让我很激动。所有这些东西都结合在了一起。

埃里克：你还在提升技能吗，还是说已经满足了，觉得自己已经掌握了需要的技能，不需要再着重去提升了？

乔丹·阿德勒： 我一直在追求个人发展和成长，所以总是参加各种课程，做了很多笔记，一般都坐在前面。我尽力一直坐在前面，因为体验更好，就像是音乐会最好坐在前排一样。我一直在提升我的技能，直到现在也是。

埃里克： 你首选什么渠道提升技能？是看在线网络视频、参加现场活动，还是向专家学习，你一般如何学习？

乔丹·阿德勒： 我一般通过参加活动、做笔记和划出我想要应用的内容来学习，我十分想将笔记中记录的东西付诸实践。通常我在学习中得到的东西要比我能够付诸实践的要多，所以我利用学到的东西集中去做我真的想做的两三件事情。

例如，我在社交媒体上活跃很多年了，我也有一个照片墙账号，但是我一直没用过。我知道，在过去的几年里，照片墙比以往任何时候都要活跃。很多在其他社交媒体上做生意的人几乎都将活跃平台换成了照片墙。所以，我想要学好用照片墙。我不再看很多线上视频，而是参加很多活动，这些活动上的人都是使用照片墙的专家。

然后我也发现，我真正需要做的就是投入进去，并开始做事。我就像一个在照片墙世界迷失的孩子，试图弄清楚一切。当我有什么事情不清楚的时候，我就发信息给那些很了解的人，他们可以告诉我怎么做，再然后我也开始使用它。我进步得越来越快，每天都有越来越多的人关注我，我发布的内容也越来越好了。我会模仿其他做得好的人的做法。从他们有没有吸引到许多关注者就可以看出谁做得更好。做得很好的人自然会有大量人关注，这是众所周知的。

我也比较擅长营销。因此我知道，我可以通过帖子和我的标志成果，即《沙滩财富论》，吸引很多业务。如果有人想在照片墙上关注我，顺便说一下，我的昵称是 beachmoneyjordan。

埃里克： 好的，我可以在这本书里放上你的账号。你想写哪些？除了照片墙的昵称，还有其他什么吗？

乔丹·阿德勒： 只要在照片墙上关注我就可以了，关注 beachmoneyjordan，我的网站是 beachmoney.com。

第十九章
如何运用数字营销策略

埃里克： 你每周会花多少时间来提升自己？是听播客吗？

乔丹·阿德勒： 你知道的，如果参加一场现场活动，可能要花一整天，也就是一周花上8个小时。如果平均下来，可能有一天的时间，也可能没那么多，每周起码有6个小时吧，中间可能还会阅读一些东西。

但如果我想停下来，就像上周，虽然对我和理查德·布兰森（Richard Branson）来说在内克岛度假令人兴奋，但对我个人来说我整整一周都在提升。在这里，除了员工，我觉得自己完全是孤立的，因为这里的每个人都比我成功得多。许多非常非常聪明的人从白手起家到创建了大公司，他们很多人还拥有好几家公司。我获得了和这些人在一起的机会。每天晚上，我都会坐在卧室的书桌前，将白天学到和收集到的东西整理成一页或两页笔记。

埃里克： 你这样做已经很多年了吧？

乔丹·阿德勒： 是的。我有好几箱的笔记本。可能有上百本，都是在活动上的笔记和我想到的主意，或从别人那里得到的想法，你知道的。还有些清单，要做的事情的清单、人员名单的清单等。

埃里克： 你知道吗，我直觉上就知道你会说这些。这就是为什么我联系了你，因为我想跟人们分享的就是，如果你想要在某方面取得进步，你只需要去努力，如果你没有停止努力，没有停止提升业务技能，你肯定会不断地进步。你的照片墙经历就是一个很好的例子。我真的能理解，因为我在其他社交媒体上也很活跃，而我也还没太使用过照片墙，虽然我也有一个账号。我可以理解你所说的。你只是说，如果我想在使用照片墙运营上取得进步，我应该去模仿在这方面真正擅长的人，我可以学习他们的技巧。这就是不断追求进步的心态。我想让人们知道，他们也能做到这一点，他们的确可以追求不断进步，特别是在销售和商业领域，这会影响到我们的收入。

感谢你抽出时间和我聊这些。最后，你还有什么想法想分享的吗？

乔丹·阿德勒： 是的，还有两个方面。一是我发现，培养那些技能和必要心态最快的途径是向那些比你更成功的人学习。这是我注意到的第一个方面。

另一方面是你与人建立的关系，以及你想要与他们长期保持联系的期望和能力。正是人际关系可以让你梦想成真，在大多数情况下是这样的。所以，要培养与人建立关系的能力，并且以一种有意义的方式跟他们保持联系，这将是你最终实现梦想的途径。当你和任何实现了重要梦想的人交谈时，你问他们是如何实现的，是什么帮助实现了他们的梦想时，他们一般都会说是因为通过人际关系遇到了某人。所以说，人际关系网络真的是很强大的东西。人们说，什么事都不能一蹴而就，你必须一步一个脚印。但其实也是有捷径的，捷径就是你遇到的人，通过这个捷径你可以实现梦想。人际关系技能很重要，它能让你在一生中建立一个致力于为别人提供价值的人际网络。

埃里克： 说得非常好。最后这几点我肯定会写进书里。我采访过的其他人都没有提过这些观点，这些观点真的很好。你的成功故事的确令人印象深刻，非常感谢你的参与。我会在书中好好说说你，你肯定会很高兴的。

乔丹·阿德勒： 好啊，谢谢。有需要随时联系我，埃里克。我真的很高兴你将我写进这本书。

埃里克： 好的，谢谢，乔丹。

乔丹·阿德勒： 好的，再见，伙计，后面再联系。

埃里克： 再见。

第二十章

如何自动化客户关系管理

我们今天所知道的客户关系管理技术来自罗伯特·凯斯特鲍姆（Robert Kestnbaum）和他的助手罗伯特·肖（Robert Shaw），他们开发了后来被称为数据库营销（database marketing）的技术。凯斯特鲍姆出生于1932年，就读于哈佛商学院，是直销行业的先驱者。直销是一种使用实体邮件向客户销售商品的营销形式，实体邮件包括产品目录、报纸和杂志广告以及直接邮件推送（通常被称为垃圾邮件）。

凯斯特鲍姆于1959年进入直销行业，当时甚至还没有直销这个说法，他加入了芝加哥地区的贝灵巧公司（Bell & Howell），该公司制造诸如镜头、照相机和电影放映机等设备。凯斯特鲍姆说服了公司的高管，他认为以直销方式销售家庭放映设备更有效，这种方式在当时非常新颖。他帮助贝灵巧公司副总裁麦克斯韦·斯罗格（Maxwell Sroge）创立了一个独立机构——罗伯特·麦克斯韦公司（Robert Maxwell Company），主要通过邮购方式销售家庭放映设备。

最初，这种邮购的方式的预期规模很小，但事实证明它非常成功，在美国的相机市场中占据了10%的市场份额。1966年，凯斯特鲍姆被聘为蒙哥马利·沃德公司（Montgomery Ward）的直销经理，该公司是美国邮购目录销售的全国性大公司。第二年，他和他的妻子凯特（Kate）创立了他们自己的管理咨询公司——凯斯特鲍姆公司（Kestnbaum & Company）。他成了惠普（Hewlett-Packard）、IBM和美国运通（American Express）等大公司的顾问，并指导了很多未来的直销领袖。他的公司后来被其他的大公司收购，但是他继续将其当作自己的公司经营，直到2001年退休。同年，他入选了直销协会名人堂（Direct Marketing Association Hall of Fame），不久以后，2002年他因胰腺癌逝世。

凯斯特鲍姆给市场营销带来了许多重要的创新。他将直邮这种有局限性的做法转变成了直销，专注于通过邮件等传统工具和数字工具来培养与客户的长期关系。他推出了通过关键业绩指标进行数据衡量和跟踪记录客户关系。例如，他提出了客户终身价值概念，这个概念我们在第十三章谈论回头客时提及过。

对于客户关系管理技术的发展，最重要的是，20世纪80年代，凯斯特鲍姆与他公司的另一个成员罗伯特·肖合作，将他在直邮方面的直销创新引入到了线上环境中。那时，大多数客户的联系方式都以列表的形式离线储存在电子磁带中，但这种磁带储存的联系方式数量有限。凯斯特鲍姆和肖开始将联系方式列表储存在在线数据库，这样就可以储存更多的人名和相关信息。在1988年出版的一本书中，肖和合著者梅林·斯通（Merlin Stone）提出了"数据库营销"概念，他们将其定义为通过整合来自电子邮件、电话和销售宣讲等多种来源的数据来改善与客户的交流。他们所说的数据库营销现在被称为"客户关系管理"。

事实证明，客户关系管理对于销售是无价的，客户关系管理应用程序现在被各个行业和各种规模的公司所采用。程序开发方简化了他们的设计，因此你不需要有技术背景也能使用这些程序。在本章，我们将学习如何利用客户关系管理应用程序最大化提升你的销售结果。

一、数字化存储联系方式

客户关系管理应用程序最基本的用途是数字化储存联系方式。在20世纪下半叶，大多数销售员会手动将联系信息写在索引卡上，然后保存在特殊的文件夹中，可以从这个文件夹中翻阅这些卡片，这被称为"名片簿"（"滚动索引"）。但随着电脑和智能手机的使用越来越广泛，以及数据库营销的概念越来越流行，越来越多的销售专业人士开始使用数字联系方式储存系统。虽然名片簿仍然很有用，而且很多人仍然在使用它，但大多数专业销售人士现在都用客户关系管理工具进行数字化储存联系方式信息。

数字化存储你拥有的联系人信息有许多优点：

（1）你可以自动从智能手机信息和电子邮件注册表格等来源导入数据，而无须手动输入，从而节省你的体力和时间；

（2）你可以输入比小小的索引卡片更多的关于每个客户的信息，以及更多类型的信息；

（3）你可以在任何地方通过智能手机或笔记本电脑登录你的客户关系管理程序，而不必从放在办公室的纸质索引材料上去查找；

（4）你可以使用搜索工具即时检索信息，而不必手动翻阅卡片；可以一站式查看单个客户的所有信息；

（5）你可以搜索所有符合特定条件的联系人信息，比如所有符合你理想买家相关条件的客户，这样你就可以有针对性地进行目标营销；

（6）你可以同步客户关系管理工具和其他应用程序上的数据，如市场营销软件和电子邮件自动回复程序上的数据。

这只是一些为什么当今销售专业人士倾向于使用客户关系管理工具而不再去手动记录的原因。

如果使用客户关系管理工具的优势如此明显，那为什么不是每个人都使用它呢？我发现，最常见的不愿意采用客户关系管理工具的原因是有些人觉得自己不擅长使用新技术，还有些人使用名片簿太长时间，已经习以为常了。

如果你觉得你不擅长使用技术，我再重复我在这本书中一直说过的一句话。如果你不擅长使用客户关系管理技术，可以投入些时间去学习，慢慢就会了。如果你擅长使用客户关系管理技术，你还可以更加擅长。如果你在这方面已经很优秀了，那你还可以继续学习，成为这方面的大师。

如果你因为已经使用名片簿很多年，还在犹豫是否要换成客户关系管理工具，我希望你认真思考一下我下面讲的内容。的确，从名片簿换成客户关系管理工具需要花一些时间，特别是如果你有大量的名单需要录入的话。但是，学习客户关系管理工具本身并不需要花太多的时间，并且如果你不想自己去录名单，还可以花点钱请别人帮你来做这个工作。你从客户关系管理工具中获得的好处和收益会远远大于你在上面投入的时间和给予别人帮你录入数据的报酬。一旦你手上的数据输入到客户关系管理工具里，你就可以用它做一些名片簿永远无法做到的事情。比如，我的数据库中有成千上万个名字。如果我想手动筛选我的数据库，找到每个报名参加了我银级培训课程的人，给他们推广升级课程销售信息，这个过程可能要花我数周时间，因此我可能永远也不会这样做。有了客户关系管理工具，我可以在几分钟内完成这个工作。采用了客户关系管理技术，你的收入可以很轻松地增加25%、50%，甚至翻一番。

这并不是说你不可以同时使用书面记录，或者没有数字化记录你就无法在销售上取得成功。但是，我还是强烈建议你，无论你使用哪种书面存储方式，都可以同时使用如客户关系管理这样的数字化储存方法。

如果你选择了以数字化方式存储你的客户信息，记住一定养成以多种方式备份你的客户关系管理数据的习惯，以防遇到无法访问而引起的"灾难"，如电脑硬盘故障、网络攻击或火灾等。最好的做法是运用"1-2-3规则"：将3个数据备份存储在至少2个不同的媒介中，至少将数据备份存储在1个不同的物理存储工具上。比如，你可以在笔记本电脑上备份1份，在云备份服务器上再备份1份，第3份则备份在优盘上或打印出纸质版，保存在一个安全地点的防火保险柜或保险箱里。

二、整合多个来源的数据

使用客户关系管理技术的另外一个好处是，你可以将所有不同来源的客户数据整合到一个数据库中。比如，你可能有通过面对面、电话、语音信箱、短信、社交媒体和电子邮件进行交流的客户。你可以将来自每个来源的信息存储在多个系统中。但运用客户关系管理技术，你可以将某个客户的所有信息整合到一个地方。

这对客户开发和销售宣讲都有帮助。你可以将来自所有客户开发来源的数据整合到一个客户关系管理数据库里，这样你就能更好地了解单个客户处在销售漏斗的什么位置，以及是什么使他们进入到你的销售漏斗里。你还可以根据你掌握的客户所有信息个性化地设计销售演示材料。同样地，你还可以利用这个技术开发回头客业务，推广交叉销售和升级销售，并确定哪些联系人更适合请求转介。

三、存储客户历史记录

客户关系管理技术的另一个优势是，你可以存储尽可能多的关于你与新客户和老客户互动的历史。你不仅能存储联系方式，还可以存储与客户相关的其他数据信息、他们从你那里收到过的营销信息、他们在你的网站上查看了哪个产品页面、他们在上次预约见面时说了些什么或者他们买过什么产品。

这些信息非常有价值。一个好处是，可以自动记录你在营销活动过程中与客户进行了多少次营销联系（"接触"），并帮助你安排后续的接触。大多数客户不会首次看到你的营销信息就立即购买。许多客户要经过5、6次甚至10多次，或更多的接触才会购买。使用客户关系管理工具，你可以自动记录你已经与客户进行了多少次接触，并再安排一些接触使销售活动继续下去。比如，你可以编辑7封电子邮件为一个系列，将它们在电子邮件新订阅者加入你邮件列表的第一周以一天一封的频率发送给他们。你可以先这样做，如果他们做出了某些有购买意愿的行为，比如点击销售页面的链接，你就可以接触他们并尝试销售，如打电话或者发送直接邮件。有了客户关系管理技术，记录与客户接触和安排活动的过程都可以自动化。

客户关系管理记录还可以提高你针对性地与客户进行销售互动的能力。比如，你可以看到客户处在你销售漏斗的什么位置，以及销售次序的下一步应该是什么，以便让客户更接近成交。你可以在销售面谈之前看到客户会对你的探查性问题给予什么样的回答。你还可以看到客户已经购买了哪些产品和服务，从而让你更好地了解哪些交叉销售和升级销售可能适合他们。

四、给客户打分

客户关系管理技术可以通过一个评分系统把客户按优先顺序排序，由此来衡量他们是否符合你理想客户的条件，以及他们离成交还有多远距离。你可以将客户打分看作类似棒球比赛中的内场转变，这种技巧在对抗泰德·威廉姆斯（Ted Williams）时出了名，但在这之前它也曾被用来对抗过跟贝比·鲁斯（Babe Ruth）同代的赛·威廉姆斯（Cy Williams）。在棒球比赛中，大多数击球手都是右手击球，所以内野防守者通常让游击手防守左侧二垒和三垒之间的空隙，这个位置是右手击球手最可能将球击向的位置。但是，左手击球手通常会将球击向相反的方向，即一垒和二垒之间空隙的位置。为了防守这种击球，二垒手会回到一垒和二垒之间空隙的位置，扮演游击手通常在二垒和三垒之间空隙担任的相似角色，而游击手则会去防守二垒，三垒手则扮演游击手通常扮演的角色，防守二垒和三垒之间的空隙。外野也会做出相应的调整。这样就增加了对右侧高难度击球的防守概率。这种防守是基于击球手的站姿和左手击球手最可能击出的方向而实施的。

以类似的方式，你可以通过给客户打分，将注意力放在最可能购买的客户身上，增加你销售的机会。比如，如果某人一周五天都出现在我早上15分钟励志讲话上，这意味着他们十分关注我，也说明他们购买的意愿更大。我会将这一点计算到他们的分数里。每个讲话都有5分钟的奖励视频，所以如果他们坚持参加，他们的客户得分就会越高。如果客户积极打开我发送的邮件并点击里面的链接，这也会给他们计分。使用这种计分方法，你就可以预测谁最有可能从你那里购买产品。

在给客户打分时，你还要给客户类别打分。你可以使用一个数字刻度，如1～5或1～10来评价客户在每个类别中的级别。然后再将客户在每个类别中的得分加在一起得到一个总分。最后，你可以根据客户的总分给他们排序，看看你最应该将注意力放在哪些客户身上。

你可以使用的分类方式有：

（1）人口统计类：包括客户的年龄、性别、行业、收入水平等；

（2）销售漏斗类：包括客户是否确定了预约、有没有询价、有没有表示异议等；

（3）收入类：这笔交易的潜在价值有多大。

你可以设计适合自己的客户打分方法，也可以搜索那些有给客户打分方法的网站，找一些常见的打分案例。

你可以在客户关系管理工具中给客户打分。还有一些营销自动化平台也可以给客户打分，并且还能同步客户关系管理工具上的客户打分。

五、设计个性化销售演示

客户关系管理应用程序能够展示客户的历史记录，通过这些记录，你可以更有针对性地设计相应的销售演示内容。你可以查看客户的个人资料、在前期交流中与他们谈论过什么和他们的购买历史等。基于这些信息，你可以确定最适合问他们哪些探查性问题、提供什么样的益处、给出什么样的报价，以及如何对他们的异议做出回应等。你还可以确定谁可以进行交叉销售和升级销售。

如果你是在智能手机上进行客户关系管理，也可以利用这些信息选择适合特定客户的数字销售演示材料。比如，你可以建立一个为不同类型客户设计的销售演示视频的数字视频库，根据客户关系管理程序上客户的数据调用相应的视频。

你还可以使用它将特定的销售信息专门发送给你联系人数据库中符合一定条件的新客户或老客户，这种技术被称为"市场细分❶"（marketing segmentation）。假设你有一个面向已经购买了特定产品或服务的客户的升级销售，你可以使用客户关系管理工具找出所有属于这个类别的客户，然后向这部分的电子邮件订阅者发送电子邮件。你也可以将市场细分用于网站访客、社交媒体关注者和视频观看者。

这里有一个我用来帮助我的客户提升他们销售业绩的客户关系管理先进应用方法。我让我的客户向他们的新客户或老客户发送了一份调查表，并将调查结果储存在客户关系管理工具里。然后，我帮他们分析他们的客户关系管理数据，这样就可以根据这些数据有针对性地设计销售次序和销售脚本。

六、管理销售团队

从上面讲到的用途可以看出，客户关系管理工具对销售团队管理也很有用。除了存储客户的信息数据，客户关系管理工具还可以用来存储销售

---

❶ 指由收款人发出支付指令，指令对方银行将一事实上金额从对主银行客户的账户转移到收款人的银行账户中，债权人可用这种方式方法收取房租、水电费、保险费等。——译者注

第二十章
如何自动化客户关系管理

员的数据信息。从中你可以看到诸如销售员的销售渠道中有多少客户、在你的销售团队中谁的销售完成率最高、谁创造的收入最多以及谁目前有空等信息。

有了这些信息，销售经理可以以最佳的方式管理团队成员。比如，你可能有一个非常有潜力的客户，可以带来可观的收入。你想要将这个客户分配给一个并不忙碌的团队中最优秀的销售员。你就可以使用客户关系管理工具找出谁是最适合跟进这个客户的销售员。

练习：审视你的联系人管理需求

在本章的练习中，我希望你审视一下你的联系人管理需求，思考一下以下这些问题，并将答案写下来：

（1）你目前正在运用什么方法管理联系人信息？

（2）如果我目前没有使用客户关系管理技术，而现在开始使用的话会不会给我带来好处？

（3）如果我目前在使用客户关系管理技术，我如何更有效地使用它？

（4）我可以收集客户信息的来源有哪些（面对面交谈、电话、电子邮件等）？自动化录入这些数据的过程会不会对我有所帮助？将来自所有来源的信息存储在一个地方会不会对我有所帮助？

（5）我目前管理联系人信息的过程中哪个环节花费的时间最多？我可不可以将这个过程自动化，从而节省时间？

（6）数字化记录我与客户进行的互动会不会对我有所帮助？

（7）使用给客户打分的方法会不会对我有所帮助？

（8）使用客户关系管理工具针对性地设计销售演示会不会对我有所帮助？

（9）使用客户关系管理工具管理我的销售团队会不会对我有所帮助？

基于对这些问题的回答，你可以决定你是否需要采用客户关系管理技术、提升你目前使用客户关系管理技术的能力或采取更多的行动。

小结

高效地使用客户关系管理技术有助于帮你充分抓住销售机会。要想真正地成交，你还需要一种接受付款的方式。在下一章中，我们将学习技术如何使客户更容易地从你那里购买。

第二十章 要点回顾

1. 使用客户关系管理工具数字化存储联系方式信息，让你轻松录入数据、随时随地查看并快速检索你需要的信息；
2. 利用客户关系管理工具，你可以整合来自多个客户开发渠道的信息，包括面对面、电话、社交媒体和电子邮件等；
3. 使用客户关系管理工具记录客户历史记录，以确定客户处在你销售漏斗的什么位置，以及在先前交流中了解到的信息；
4. 在客户关系管理工具中给客户打分，重点关注那些最符合你理想买家条件或最可能购买的客户；
5. 使用来自客户账户的数据为单个客户或客户群针对性地设计销售演示内容；
6. 利用客户关系管理工具管理你的销售团队以提高效率；
7. 练习：审视你的联系人管理需求。

第二十一章

如何让客户的购买更容易

1994年，也就是亚马逊成立的同年，必胜客（Pizza Hut）收到了第一份在线食品订单。在该公司销售点开发总监乔恩·佩恩（Jon Payne）的指导下，该公司推出了一个专门处理在线订单的网站PizzaNet。要访问这个网站，你必须使用马赛克（Mosaic）浏览器，这是世界上第一款流行的网络浏览器。在这个网站上，你可以选择菜单项，并填写一个表格，输入你的地址和电话号码。该表格会被提交到位于堪萨斯州威奇托市的必胜客公司服务器，然后转送到客户家附近的必胜客。必胜客当地的销售员会打电话给这个号码确认订单，确保这不是一个恶作剧。为了避免安全风险，必胜客不接受信用卡网上支付，客户要在比萨送达时当面支付。

网站PizzaNet首先在加州的圣克鲁兹进行了小规模测试，以了解其运作效果。第一份在线订单订的是一张额外加了奶酪的大号意大利辣香肠和蘑菇比萨。

这种接受订单的新方式并没有立即流行起来，直到2001年，必胜客才开发出了一种接近我们现在使用的在线下单系统。事实证明，这是必胜客和其他企业新支付模式迈出的第一步。到2009年，大型比萨连锁店有多达30%的业务都是在网上进行的。到2013年，当必胜客准备庆祝首份在线订单20周年时，该连锁店每年的数字化销售额已经达到了60亿美元。2019年，美国消费者在网上消费共计6017.5亿美元。

支付技术的发展使企业比以往任何时候都更容易接受来自客户的支付。在本章中，我们将学习支付技术如何帮助你完成销售。

一、支付越容易，客户越有可能购买

为什么支付技术如此重要？我们要知道，人们喜欢一马平川，而不喜欢荆棘满地。如果从你那里购买商品很容易，他们就更有可能购买。而从你那里购买东西越难，他们就越不可能购买。当有人觉得购买过程很不流畅时，其实就是支付过程存在问题，客户会有意见。你肯定想尽一切可能来解决这个问题，让人们很容易进行支付。

支付技术可以帮助你做到这一点。支付技术可以让你更容易接受一些主要信用卡商家的支付，也方便客户从你那里购买，无论他们在哪里，无论他们使用什么设备，是在智能手机上支付也好，在台式电脑上支付也好，甚至跟你在同一个房间也可以这样支付。

支付技术也让你更方便地在销售过程中设置折扣优惠。比如，你可以设置一个数字化购物车，提供免费送货服务等。

你也可以使用支付技术推广交叉销售和升级销售。比如，如果某人快要完成一笔在线购买，你可以在结算系统中向他们推广相关的产品或服务，作为他们购买的补充。

支付技术的另外一个用途是让客户更容易续订，从而产生回头客。你可以允许客户自动续订，而不用他们再做其他任何操作。

通过所有这些方式和其他方式，支付技术可以让客户很容易从你那里购买。人们从你那里购买越方便，他们就越有可能购买。

二、支付方法

当今的技术可以用作数字化支付的方式主要有 5 种：
（1）信用卡或借记卡；
（2）在线支付服务商，如贝宝（PayPal）；
（3）电子商务平台，如易贝（eBay）；
（4）自动清算所（Automated Clearing House, ACH）；
（5）非接触式支付系统，如苹果支付（Apple Pay）。

信用卡和借记卡是客户最常用的电子支付方式。要能直接接受这两种支付方式，你需要申请一个商业账户，这是被称为收单银行的金融机构设立的一种特殊账户，收单银行可以处理信用卡和借记卡的支付。商业账户供应商与信用卡供应商合作，进行身份验证并处理其他交易技术细节。一旦交易被认可，他们就会把资金转入你的商业账户中。

从长远来看，申请一个商业账户比其他电子支付形式成本更低。但是，申请账户的过程需要一些时间，而且如果供应商认为你的业务具有较高风险的话，你还可能无法获得账户资格。

像贝宝这样的在线支付服务可以替代商业账户。这种服务供应商基本上等于允许你间接使用他们的商业账户，因此你没有商业账户也可以通过他们接受信用卡支付。作为使用回报，他们会收取一定费用，比你直接用商业账户支付的费用要高。

如果你不符合商业账户申请标准，或想要快速建立支付渠道，在线支付服务是很好的选择。缺点就是成本要高些。

在线支付服务商会为在线支付提供额外的安全和可靠性保障。如果你直接在网站上接受信用卡支付，就有责任确保你的网站从技术角度来看是安全的，如果你的网站被黑了，客户信息被盗，你可能就要承担责任。在线支付服务商允许你指引客户使用你网站的结算链接跳转到他们的安全页面，在那里他们会帮你处理安全问题。你也可以申请一个商业账户来做这个，但这可能需要更多的技术支持。支付过程应该确保客户在交易期间和交易之后都能继续浏览你的网站，不会让他们感觉离开了你的网站。

易贝等电子商务平台提供了另一种选择来替代商业账户。在这里，你通过电子商务平台出售你的产品或服务，平台服务商使用他们的商业账户接受买家信用卡或借记卡的支付。一旦交易确认，平台服务商会通过电子支付或在某些情况下通过其他方式，如邮寄支票，将资金转给你。

电子清算所处理是指通过一个被称为自动清算所网络的服务商网络，将资金从一个银行账户转到另一个银行账户的电子转账途径。电子清算所支持贷记转账❶，这是由付款方发起的，比如从雇主银行账户直接将资金存入雇员的银行账户。电子清算所也支持借记转账❷，这是由收款方在事先获得付款方的授权后发起的，比如水电气等物业账单的缴费，你授权公共事

---

❶ 指由付款人发出支付指令，指令其银行将一定金额转移到指定的收款人账户中去的转账支付。——译者注

❷ 指由收款人发出支付指令，指令对方银行将一事实上金额从对主银行客户的账户转移到收款人的银行账户中，债权人可用这种方式方法收取房租、水电费、保险费等。——译者注

业公司每月自动从你的账户扣取相应的费用。

一些在线支付服务商也支持电子清算所转账。

非接触式支付系统使用诸如无线电波或磁场等手段，通过将两个设备放置在足够近的范围内进行支付。比如，你可以在支付终端附近持一张非接触式信用卡进行支付，或用一部带有非接触式数字钱包应用程序的智能手机做同样的事情。一些技术开发商正在开发微芯片植入技术，该技术可以在没有信用卡的情况下进行非接触式支付，比如，在支付终端前挥挥手即可完成支付。

与上述专门为在线使用而设计的支付方式不同，非接触式支付系统是设计用来接受本人在场情况下的支付。为了接受非接触式支付，你需要特殊的实体设备，如非接触式读卡器。一些服务商提供便携式读卡器，以便你可以在任何地方接受交易。

非接触式支付系统与信用卡在处理安全问题的方式上有所不同。对于信用卡，你可能需要使用多种身份验证方法来核实交易，如个人身份识别码（PIN number）。而非接触式支付中涉及的技术使用的是一种不同的安全验证方法，并不需要个人身份识别码。

三、按需求使用最佳方法

这些支付方法每一个都有其自己的最佳用途。如果你刚刚开始通过你的网站接受在线支付，而且没有资格申请商业账户，在线支付服务商就是你起步的一个简单方式。一些小企业在开始的时候都会选择在线支付服务商，然后再转而申请一个商业账户，来节省一些费用。

如果你没有自己的网站，或者想要利用别人网站的访问量，电子商务平台是接受在线支付的一个好的选择。

如果你想接受来自你已经完成交易的个人客户的数字支付，电子清算所转账可能会很有用。

如果你想让客户在面对面的销售宣讲中以数字方式支付给你，非接触式支付系统可以让你接受来自非接触式信用卡或智能手机数字钱包的支付。

你还可以结合使用这些支付方法。比如，你可以在你的网站上使用在线支付服务，而在面对面与客户交易时使用非接触式支付。根据情况选择符合你需求的工具。

四、支付指引脚本

一些买家可能并不熟悉如何使用你提供的数字支付系统。另一些买家可能需要指导或劝说一下。将脚本运用到你的支付过程中是非常可取的，这样你就可以顺利地引导客户完成交易，而不会遇到任何障碍。

支付指引可以在线以数字文件的方式发送，也可以面对面口头传达。支付脚本可以很简单。比如，贝宝上面的支付按钮可以设计成"现在支付"（Pay now），同时在销售页面附上支持文本，对贝宝的按钮使用进行说明。

一些客户可能会在结算过程中遇到问题。其中有些常见的问题是可以预知的。你可以编辑好脚本，如果客户遇到了这些常见问题，就能指引他们怎么做。在一些情况下，你也可以使用脚本来防止客户遇到问题。比如，你可以附上一句话，示意刚刚点击授权支付的客户不要关闭窗口或点击返回按钮，直到支付完成。或者，如果客户的信用卡无法使用，你可以指引他们如何联系你的客户服务来寻求帮助。

五、测试和跟踪观察支付效率

为了获得最佳效果，你还需要测试和跟踪观察你的支付流程的运行情况。电子商务网站通常会因为客户无法完成结算而失去一定比例的销售机会。为了减少这类损失，你应该要进行测试和跟踪观察。

每当你采用一种新的支付技术，都应该先测试一下，确保支付系统运行正常。比如，你在你的网站新添加了贝宝支付的按钮，你可以试着自己购买点东西，支付少量的费用，测试一下支付流程。为确保所有支付工具正常运作，技术公司还会在多种设备上进行测试，包括智能手机、台式电脑，以及不同的操作系统和浏览器。在线支付服务商和电子商务平台还会提供被称为"沙盘"（sandboxes）的虚拟环境，在上面你可以不用真正交易来测试支付。你可以请网页开发技术人员协助你进行这个过程。

采用了某种支付系统后，你可以使用关键绩效指标来记录客户在使用这个支付系统时遇到问题的频率。比如，电子商务网站通常会记录一个名为"购物车放弃率"的关键绩效指标，通过这个指标，你可以知道客户开始结账但未能完成的频率。记录这样的指标有助于你发现结算过程中存在的问题，以便进行修复。

> ### ✏ 练习：审视你的支付处理需求
>
> 在本章的练习中，我希望你花几分钟时间评估一下支付处理的需求，思考一下下面这些问题，并将答案写下来：
>
> （1）我们目前使用的支付方式有哪些？
>
> （2）我在当前使用的支付方式中是否遇到过什么可以用技术解决的障碍？
>
> （3）我的客户是否曾经要求使用一种我没有采用的支付方式？
>
> （4）如果我采用其他支付方式，是否能完成更多的销售？
>
> （5）如果我采用其他支付方式，是否能提高完成销售的效率？
>
> （6）使用支付指引脚本是否有助于我接受支付？
>
> 基于你对这些问题的回答，可以确定你是否需要对当前的支付处理方法进行改进，是否需要采用新的支付技术，或是否需要开发一些支付指引脚本。

小结

顺利的支付过程有助于你完成销售并吸引客户。一旦你获得一名客户，你的客户服务质量对你是否能留住该客户起着关键作用。在下一章中，我们将学习如何利用技术来改善客户服务、留住客户，以获得更多的回头客。

第二十一章 要点回顾

1. 使用数字支付技术，让客户更容易从你那里购买，并消除潜在的销售异议；
2. 接受数字化支付的技术包括信用卡和借记卡支付、在线支付服务商代收、电子商务平台代收、电子清算所代收和非接触式支付系统支付；
3. 根据你销售过程的需要选择最适合的一种支付方式或结合使用多种支付方式；
4. 使用支付指引脚本帮助客户使用你的支付方法，避免障碍，并解决问题；
5. 测试和跟踪观察支付流程效率，以获得最佳效果；
6. 练习：审视你的支付处理需求。

第二十二章

如何利用客户服务技术建立持久关系

自从 1876 年亚历山大·格雷汉姆·贝尔（Alexander Graham Bell）发明电话以来，电话在客户服务技术发展中发挥了关键作用。最早的电话是成套出租的，这意味着你只能和拥有另一部电话的人通话。随着越来越多的人使用电话，服务商开始将一个地区的每一部电话与其他所有电话连接起来。这就需要很多的电线。比如，要连接 50 部电话，你需要 1000 多个连接点。

为了让客户更容易在不使用这么多电线的情况下与更多人通话，波士顿的电话服务商开始使用中央交换机（switchboards）。有了交换机，一个地区所有电话的电线都只需要连接到一个中心位置，减少了将一个地区每部电话连接在一起所需的电线数量。通过交换机，一方的电线可以连接到另一方，进行单独的通话。

要连接双方，你需要交换机中心将你连接到另一方。起初，波士顿电话调度公司（Boston Telephone Dispatch Company）试图雇佣小男孩来接线。但事实证明，这些小男孩年龄太小，不能胜任这项工作，所以后来公司尝试雇佣成年女性。1878 年 9 月 1 日，艾玛·纳特（Emma Nutt）成了世界上第一位女性电话接线员。事实再次证明，她在这项工作上的表现比小男孩要好得多，因此电话公司开始专门雇佣女性来进行接线。

在接下来的几十年里，电话公司开始开发自动交换机，取代了人工接线员。但是，人工接线员仍然存在于一些类型的通话中，如长途电话和对方付费电话。

交换机的出现促成了另一个重要的客户服务创新——呼叫中心。呼叫中心就是一个中央交换机办公室，有多个工作人员处理客户服务呼叫。第一个商用呼叫中心"生活发行公司"（Life Circulation Company）是由杂志出版商《时代》杂志公司于 1957 年成立的，用来处理大量来自《生活》（*Life*）杂志的订户电话。呼叫中心在 20 世纪 60 年代开始广泛使用，成为提供客户服务的普遍方法。今天，我们有了基于云计算的数字呼叫中心，销售员可以在任何地方处理客户服务电话。

第二十二章
如何利用客户服务技术建立持久关系

数字呼叫中心是当今企业和销售团队使用的众多客户服务技术工具之一。在本章中，我们将介绍一些当今最重要的工具，并学习如何利用这些工具帮助你提升客户服务，尽可能留住客户和吸引回头客。

一、客户服务越好，回头客和转介越多

如果你想知道投资客户服务技术是否值得，想一下客户满意度对你销售绩效的影响。一个满意的客户更有可能再次从你那里购买，也更有可能将你转介给新的客户。反过来，一个不满意的客户不仅会放弃从你那里购买，还会在别人面前诋毁你，这会让你损失销售机会。你要尽一切努力让你的客户满意符合你的最大利益。客户服务技术可以帮助你做到这一点。

二、客户服务技术

辅助数字销售过程的客户服务工具已经有很多。其中一些最重要的工具包括：

（1）在线知识库；
（2）聊天机器人；
（3）短信；
（4）交互式语音应答（IVR）；
（5）社交媒体支持；
（6）电子邮件支持。

下面我们分别看看每种工具都有什么功能。

（一）在线知识库

许多客户宁愿先自己想办法，实在不行才会向客户服务人员寻求帮助。有了自助服务工具，客户就能自己做到这一点。现在最常见的一个自助服务工具是在线知识库。

在线知识库是存储在你网站上的数字化数据库，访问你网站的访客可

以搜索一个主题并找到他们问题的答案。这些存储的信息可以是一篇文章、PDF文件、视频或其他形式的文件。还有一些工具方便检索相关信息，比如目录和搜索框。这些信息既可以供客户使用，也可以供客户服务人员使用，查找客户问题的答案。

在线知识数据库的一种常见形式是专门针对常见问题（FAQ）的网页。在常见问题网页上列出你最常见的客户服务问题，并提供如何解决这些问题的说明。设计一个常见问题网页可以让你的客户和服务人员更容易找到常规问题的答案。这既加快了问题的解决，也提升了客户的满意度，同时还减少了客户服务团队的工作量，节省了你的解答时间和成本。

除了常见问题网页，在线知识数据库还可以包括与产品相关的主题更全面的知识。这对那些在相关主题有问题，但在常见问题网页又找不到答案的客户很有用。同时也可以供你的客户服务人员参考。

（二）聊天机器人

聊天机器人是另一个可以帮助你的网站访客的工具。聊天机器人是一款人工智能软件应用程序，它通过实时聊天为网站访客提供自动帮助。经过编程，聊天机器人可以从你的在线知识数据库中搜索答案，自动回复一些常见的客户服务问题。如果遇到需要人工回答的问题，聊天机器人还可以将有问题的客户转给客户服务团队的工作人员。

聊天机器人还可以提高为需要帮助的网站访客解答问题的效率。也可以在结账过程中保留相应的协助功能，减少客户的购物车放弃率。

在应用聊天机器人等自动工具时，要确保里面有人工服务的选择，以便客户在需要的时候可以很容易跟客服人员取得联系。没有什么比不能从在线工作人员那里得到帮助更让客户恼火了。如果客户等了很长时间都没有客服人员在线的话，你还可以给他们一个选择，要求工作人员通过另一种方式跟他们取得联系，比如短信、电话或电子邮件等。

（三）短信

你可以使用短信来提供客户服务既可以单独使用短信，也可以跟其他工具一起使用。你可以在你的网站上提供一个号码，客户可以向其发短信寻求帮助，也可以发布一个在线表格，如果客户想要工作人员通过短信联系他们就填写这个表格。你也可以使用智能手机或其他设备给已经在你通讯录里的客户发送短信。你还可以将短信与聊天机器人或社交媒体消息服务结合起来使用，这样需要人工服务的咨询就可以转至短信服务。

在使用短信交流时，你既可以使用普通的短信应用程序，也可以使用专门的商业短信应用程序。面向商业使用的应用程序有一些你可能会觉得有用的额外功能，比如可以创建通讯录、保存常见问题的回复模板，以及添加多个团队用户等。

（四）交互式语音应答

许多客户还是喜欢选择电话求助，并且也有一些求助通过电话更容易解决。一种处理电话求助的有效方式是使用交互式语音应答。交互式语音应答系统使用人工智能，让客户通过手机按键或语音向你表达他们的通话目的。在一些情况下，交互式语音应答甚至能简单地将呼入号码与他们的账户信息进行对照，预测电话呼入目的。

如果求助者问的是常见问题，交互式语音应答系统常常可以提供录制好的意见或要求对方提供诸如订单号之类的信息来进行处理。如果求助者要求人工服务，交互式语音应答系统可以将电话转到相关部门或者工作人员。

交互式语音应答系统可以快速处理求助问题，提升客户满意度，同时减少人工服务团队的工作量。确保客户可以选择跟工作人员交谈，或者安排工作人员给客户回电话。

（五）社交媒体支持

社交媒体可以通过多种方式用来提供帮助。你可以创建一些关于如何解决常见问题的帖子，指导访问者如何避免这些问题。如果你的产品或服务有一个已知的问题，比如软件漏洞，你可以使用你的个人资料来提醒关注者注意这个问题。还可以使用社交媒体消息应用程序，为客户提供聊天机器人和短信服务。

社交媒体还可以帮你解决客户的投诉。许多发现产品出现问题的客户会在你的社交媒体上表达失望。所以最好随时监控你的个人主页，留意客户服务请求和投诉，这样你就可以在问题升级之前迅速解决问题。

（六）电子邮件支持

一些客户更喜欢通过电子邮件寻求帮助。你可以使用电子邮件提供和短信服务相同的帮助，但也有一些明显区别。电子邮件内容可以比短信长。电子邮件一次只能显示一条信息，而通过短信或社交媒体进行的对话，你可以看到一连串的信息。但电子邮件比短信更容易搜索以前的信息。

三、为客户提供多种帮助选择

在寻求帮助的时候，不同的客户有不同的偏好。一些客户喜欢自助，不愿意跟客服人员打交道。另外一些客户喜欢收发短信。还有一些客户喜欢在电话上跟别人交谈。也有一些客户喜欢用电子邮件。你提供的选择越多，客户就会越满意。

与此同时，你必须清楚，你实际上能够运用多少沟通渠道提供帮助。如果你一个人就是一个团队，要管理这里所述的所有这些渠道可就太耗时了。在这种情况下，你可以考虑只使用大多数客户喜欢的渠道提供帮助。你还可以考虑将某些不需要你直接参与的日常帮助外包给别人。

四、将脚本与客户服务技术相结合

很多时候，客户向客服求助的都是同样的问题。比如，如果你的网站允许访客登录，可能会遇到许多用户忘记了密码的情况，你得给他们重置密码。对于这种常见的客户服务问题，你可以像使用销售脚本一样运用一些帮助脚本。

这里有几种在客户服务过程中使用脚本的方式。一是将脚本储存在你的在线知识库，你的客户、工作人员和自动工具都可以检索。二是创建脚本模板，可以将其用于聊天机器人、短信、社交媒体和电子邮件等渠道的帮助。三是将脚本提供给客户服务人员，以供他们在帮助客户时使用。

五、记录和测试你的客户服务效果

为了尽可能提供优质的服务，你可以运用统计分析的方法来记录你的帮助效果并测试改进效果。客户服务专业人士使用关键绩效指标来衡量客户服务效果和满意度。你可以根据这些记录进行适当调整，并测试调整后是否能够改善服务效果。

比如，你可以记录客户在寻求电话帮助时等待在线工作人员的平均时长。然后，你可以测试使用不同的自动菜单选项是否能够缩短你提供帮助的时间。你可以使用这种方法来记录和测试不同的帮助渠道、针对常见服务问题的不同解决办法和不同的帮助脚本。

练习：审视你的客户支持技术需求

在本章的练习中，我希望你审视一下你的客户支持技术需求，思考一下以下这些问题，并将答案写下来：

（1）每周我或我的团队要收到多少次客户的求助？
（2）有没有经常反复出现的常见问题？
（3）我收到的大多数求助是来自哪些渠道？
（4）我目前有没有使用任何技术处理求助问题？如果有，用的哪种技术？
（5）如果改善我目前使用的技术，能不能节省我或客户的时间，或者能不能提升我的服务效果。
（6）如果采用新的技术，能不能节省我或客户的时间，或者能不能提升我的服务效果。

> 你可以基于对上述问题的回答，评估你的客户支持技术需求，并决定是否还要采取进一步行动。

小结

客户服务技术可以帮助你提供更好的服务支持，并通过提高你的运营效率，吸引回头客。还有其他一些应用程序也可以帮助你改善销售方法，提升销售效率。在下一章中，我们将学习如何运用基本的办公应用软件辅助销售。

第二十二章 要点回顾

1. 更好的客户服务意味着更高的客户满意度，吸引更多的回头客和转介；
2. 自动化支持的普遍方法包括在线知识数据库、聊天机器人、短信、交互式语音应答电话支持、社交媒体和电子邮件等；
3. 提供多种求助选择可以帮助你满足更广泛的客户偏好；
4. 使用脚本可以为常见的客户求助问题提供支持；
5. 为了获得理想的结果，记录你的客户服务效果并测试改进效果；
6. 练习：审视你的客户支持技术需求。

第二十三章

如何运用基本办公软件辅助销售

1975年，西雅图人比尔·盖茨（Bill Gates）和保罗·艾伦（Paul Allen）创建了微软公司（Microsoft），现在微软已经成长为世界上最有价值的品牌之一，2020年第二季度年报收入1430亿美元，在福布斯排行榜世界上最有价值的品牌的排名仅次于苹果、谷歌和亚马逊。微软的崛起归功于其操作系统的创新，该创新使得使用微软磁盘操作系统（MS-DOS）和视窗操作系统（Windows）等计算机软件更加容易。这些操作系统也使微软成为办公软件领域的领头羊。

微软进入商业软件市场开始于与IBM的合作。1980年，微软与IBM签订合同，开发在IBM个人电脑上运行的操作系统。当时，企业才刚刚开始意识到个人电脑的价值，为商业应用程序开辟了一个崭新的市场。当时最热门的应用程序是石灰粉（VisiCalc），这是一个可以让"苹果二代"（Apple Ⅱ）电脑显示电子表格的软件程序。电子表格是一款以行和列显示数据的程序，便于数学计算，对会计等商业目标很有用。通过在Apple Ⅱ上运行电子表格，石灰粉首次证明了个人电脑不仅仅是技术爱好者的玩具，还可以用于商业目的。

为了进入商业应用程序的新市场，1981年，微软聘请麻省理工学院毕业生道格拉斯·克兰德（Douglas Klunder）开发了一个电子表格程序，与石灰粉竞争。克兰德最初开发了一个名为"Multiplan"的程序，并于1982年发布。在三年内，Multiplan就赶上了石灰粉的销售量，但又面临一个新的电子表格产品竞争对手——莲花1-2-3的竞争。莲花1-2-3是在使用微软操作系统的IBM个人电脑上运行的，将电子表格和图表结合到了一个程序中。1985年，莲花1-2-3在销售上超过了石灰粉和Multiplan。

为了超过莲花1-2-3，克兰德和他的团队开发了一个更快、更强大的新版Multiplan，称为Excel。Excel于1985年9月首次发布用于麦金塔（Macintosh）操作系统，后来又用于当年11月发布的Windows系统。Windows操作系统允许用户使用图形界面和鼠标，而不是键盘控制的纯文本界面与计算机进行交互。Windows越来越受商业用户的欢迎，而莲花1-2-3

的开发者适应新环境的速度缓慢，这使 Excel 获得了市场优势。

1990 年，微软开始将 Excel 与一个名为"Word"的文字处理程序和一个名为"PowerPoint"的幻灯片演示程序捆绑在了一起，将这 3 个应用程序打包在一起，命名为"Office"，在 Windows 系统中运行。Office 让微软公司取得了巨大的成功，为微软公司在商业应用程序市场的主导地位奠定了基础。直到今天，Excel 仍然是最受欢迎的电子表格程序，而基于云计算的 Office 版本——Office 365 在市场地位上也领先于谷歌的 G Suite。

这些类型应用程序的受欢迎程度反映了它们对商业用户的价值。公司使用商业应用程序来自动化一些关键流程，如会计、沟通和项目管理等。在本章中，我们将学习一些可以辅助你销售的基础工具。

一、会计应用程序

财务是销售和商业的核心，但是记录财务状况可能既费力又费时。会计应用程序可以帮助你自动化这个过程，让你在记账和报税时节省无数时间。

许多小企业业主都使用 Excel 等电子表格程序来进行财务核算。你可以这样做，只是不像使用专门为会计而设计的程序，如 QuickBooks Online，那样高效。如果使用电子表格，你必须自己设置公式和导出报告，而会计应用程序已经内置了这些功能。这既节省了你的时间，也能减少产生错误的风险。会计应用程序还提供了支持会计的额外功能，如发票工具、审计工具，以及集费用记录和报税于一体的应用程序。

第一代会计应用程序是在台式电脑上使用的，但现在最好的应用程序是基于云计算的，在移动设备和台式电脑上都可以使用。除了可以在移动设备上访问，基于云计算的会计应用程序相对于台式电脑工具还有其他几点优势。

基于云计算的工具更容易与其他软件同步。比如，你可以设置让网站上的订单自动进入基于云计算的会计应用程序。基于云计算的工具也可以让你实时访问你的财务记录，有助于你做出更好的财务规划决策。你还可以通过云端与你的会计人员共享会计数据，缩短会计人员帮助你的时间。出于这些以及其他原因，相对于台式电脑工具，会计专业人士越来越推崇基于云计算的工具。

虽然在记账方面会计应用程序比电子表格好用，但电子表格仍然扮演着重要的角色。在会计领域的一个重要作用就是文件共享和备份。你可以将会计应用程序中的数据保存在电子表格中，以便与会计人员共享或导出后上传到另一个应用程序中，还可以将会计应用程序的数据备份到电子表格中。

二、生产力应用程序

生产力应用程序是一款用于生成包含数字、字母、多媒体或其他格式信息文件的应用程序。常见的生产力应用程序包括电子表格、文字处理程序、数据库和演示程序。这些类型的程序通常与其他商业软件捆绑在一起，被称为"生产力套件"或者"办公生产力套件"。常见的生产力套件是 Microsoft Office 和 Google Suite。

台式电脑和云计算设备都有生产力套件。一些类型的生产力应用程序，如文字处理程序，更容易用台式电脑或笔记本电脑键盘使用。还有一些方便智能手机使用。你可以根据你的需要和偏好选择最适合你的程序。

生产力应用程序和套件有免费的，也有收费的。哪个版本适合你，取决于你的预算、功能需求，以及你需要用它面向多少用户和设备。

三、电子表格

生产力套件为销售提供了许多有价值的应用程序。一些销售员使用电子表格来存储联系人信息。我建议使用客户关系管理软件来存储更好，当然你想用电子表格也没关系。你也可以用电子表格备份客户关系管理数据，或者将这些数据导入到另外一个应用程序。

四、文字处理程序

文字处理程序对于市场营销和销售非常有用。你可以使用文字处理程序创建和存储销售脚本、网站销售页面副本、博文、社交媒体帖子、电子邮件模板和其他市场营销文档。

五、演示程序

你可以使用演示程序的幻灯片和动画等方式进行自动演示。演示程序可以借助可视材料增强现场销售宣讲或演讲活动的效果，还可以用来创建在线宣讲材料和为网络研讨会提供视觉辅助。

六、创新型工具

一些应用程序旨在创建和编辑多媒体文件，例如：
（1）图形编辑软件，如 Adobe Photoshop；
（2）视频编辑软件，如 Apple iMovie；
（3）声音编辑软件，如 Audacity；
（4）动画软件；
（5）虚拟现实编辑软件。

创新型工具可以单独使用，也可以捆绑在创新型工具套件中，如 Adobe Creative Cloud。创新型工具有免费使用的，也有付费使用的。

七、时间管理应用程序

技术可以帮助你在商业活动和个人活动中自动化时间管理。时间管理的一个重要工具是数字日历软件。利用软件应用程序，你可以通过电子方式安排活动、核对时间冲突，以及通过电子邮件、短信或社交媒体自动给你自己和其他人发送邀请和提醒信息。利用在线日历工具，你还可以使用任何设备在任何地方实现这些功能。一些日历应用程序是独立的工具，也有一些，如 Microsoft Outlook，则会与办公套件软件或其他应用程序集成使用。有些工具既可以供个人使用，也可以用于商业目的，而也有一些则是专门为商业目的设计的。有些是免费的，而也有一些是需要付费的。

日历应用程序技术的一个扩展功能是预约安排应用程序。利用这种程序，你可以使用在线日历安排预约，并自动发送邀请和提醒。你可以在预约安排应用程序上发布一个空闲的时间段，然后邀请对方从中选择面谈时间。一些应用程序甚至可以自动将对方的时间表与你的时间表进行对比，从而找到一个适合你们双方的时间。这既可以节省你的时间，也可以节省客户的时间，还能避免日程冲突。

八、任务和项目管理应用程序

另外一类可以帮助你进行目标设定和时间管理的工具是任务和项目管理应用程序。你可以用这类应用程序来设定目标、安排任务、管理任务和记录任务进度。被归类为任务管理应用程序的通常是供个人使用的，而那些归类为项目管理应用程序的，虽然名称有时相同，通常却是供团队使用的。

任务管理应用程序可以用来创建待办事项和制定任务时间表。利用一些应用程序，你可以将任务归类、创建子任务、确定优先级任务、自动发送提醒，并将任务与其他应用程序同步。

项目管理应用程序可以用来定义任务、将任务分配给团队成员和设定截止日期。你可以使用这种应用程序，通过内置的信息收发功能或结合诸如电子邮件等工具，与其他团队成员进行沟通。你也可以通过这种应用程序共享文件。

项目管理应用程序既可以单独使用，也可以集成到其他软件包使用。一些客户关系管理应用程序就有供销售团队使用的内置项目管理功能。任务和项目管理工具也有免费使用和付费使用两种。

九、应用程序集成工具

有些应用程序，被称为应用程序接口（application programming interface, API）、任务自动化应用程序（task automation application）或小程序（applet），可以用来将其他应用程序集成在一起，以便自动化不同的工作流程。比如，假设每次有人给你发送的电子邮件都带有附件，你想要把附件存到一个文件共享账户中，你可以使用一个应用程序接口自动保存电子邮件中的文件。

你可以使用这种工具真正地自动化一系列涉及多个应用程序的任务。方法就是先设定一个触发事件和要执行的操作。在上面的示例中，触发事件就是收到电子邮件附件，要执行的操作就是保存这个附件。你可以替换成你想要的任何类型的触发事件和要执行的操作。

应用程序集成工具也是有免费使用的，也有付费使用的。这样的工具有 Zapier、IFTTT（If This Then That）和 Microsoft Flow 等。

✎ 练习：审视你的办公应用程序需求

在本章，我希望你花几分钟时间回顾一下你已经在使用什么软件。问自己以下几个问题，并将答案写下来：

（1）我目前是否有使用任何自动记账的应用程序？它会不会节省我的时间，或者是否有助于我使用会计软件应用程序、提升我使用目前应用程序的能力，或者我是否需要使用另一个应用程序？

（2）我目前使用了哪些生产力应用程序，如电子表格、文字处理程序和演示程序？这有助于我使用任何新功能或应用程序吗？

（3）我目前使用了何种创新型工具，如图形、视频或声音编辑工具？这有助于我使用任何新功能或应用程序吗？

（4）我目前使用了何种时间管理应用程序？这有助于我使用任何新功能或应用程序吗？

（5）我目前使用了何种任务或项目管理应用程序？这有助于我使用任

何新功能或应用程序吗？

（6）我日常执行的任务是否会用到多种应用程序，这些程序是否可以通过一种应用程序集成工具实现自动化？

对这些问题的回答决定你下一步应该做什么。

小结

你可以使用本章和前几章提到的技术工具真正自动化销售的任何环节或者任何商业基本工具。但是，每个新技术工具都需要一个学习过程，需要投入不少时间，有时还需要投入金钱，这可能会成为一些人犹豫不决的原因。在下一章中，我们将学习如何通过数字平台进行外包来克服这个障碍。

第二十三章 要点回顾

1. 会计应用程序可以节省你记账和报税的时间；
2. 电子表格、文字处理程序和演示程序等生产力应用程序可以帮助你自动化备份通讯录、存储销售脚本和准备销售演示文稿等任务；
3. 创新型工具可以帮助你生成图形、视频和音频等多种类型的文件；
4. 时间管理应用程序可以自动化日历安排和预约设置；
5. 任务和项目管理应用程序可以帮助你管理个人待办事项和团体项目；
6. 应用程序集成工具可以帮助你自动化涉及多个应用程序的日常任务；
7. 练习：审视你的办公应用程序需求。

第二十四章

如何利用数字化外包服务

克雷格·纽马克（Craig Newmark）因"克雷格列表"（Craigslist）而知名，克雷格列表是在线分类广告网站的先驱。纽马克1952年出生于新泽西州的莫里斯敦，他在凯斯西储大学（Case Western Reserve University）获得了理学硕士学位，凭此他在IBM找到了一份程序员的工作。在IBM工作了17年之后，纽马克于1933年搬到了旧金山，为金融服务商查尔斯·嘉信（Charles Schwab）工作。他在旧金山不认识任何人，因而感到十分孤独。当时互联网刚刚变得流行，所以他决定创建一个在线社区。他创建了一个电子邮件通讯列表，人们可以在那里向旧金山地区的软件和网站开发者发布当地感兴趣的事情。

列表发展很迅速，由于没有限制，人们发布的信息开始超出了纽马克最初的设想。这些信息包括广告，人们可以通过列表买卖商品和服务，就像他们从前使用报纸分类广告一样。最终，这项创新将纽马克造就成了一名亿万富翁。

克雷格列表的事迹表现在很多方面，但就本章的目的而言，其早期发展的关键是，技术人员找工作时发现纽马克的列表是寻找就业机会的有效方式。这一发现为在线用户使用互联网，将有才能的工人与需要他们才能的雇主联系起来的服务奠定了基础。如今，有LinkedIn、Fiverr和Upwork等网站提供同样的服务。

你可以使用这样的数字化平台外包你的销售任务和其他业务，从而更有效地进行销售。在本章中，我将教你一些如何使用外包方式提升销售水平的技巧。

一、不必事事亲力亲为

许多企业家和销售专业人士经营着自己的公司，但大部分时间都是事事亲力亲为。有这样的积极性难能可贵，但面对需负责的各种任务也会感到应接不暇。而如果你缺乏成功所需的销售、业务或技术等领域的专业知

第二十四章
如何利用数字化外包服务

识，你更会感到不知所措。

好消息是，你可以不必事事亲力亲为。通过互联网，你很容易找到任何你需要的技能上的帮助。

一种做法是雇佣员工。这样做有很多好处，比如能够确保你随时都能获得可靠、全力的帮助。缺点是成本比较高，还要进行人员管理、工资发放和报税等，这些也很麻烦。

另一种做法是外包。这样做比雇佣员工的成本低，因为你不必支付福利等费用，管理起来也简单得多。缺点是你基本不能挑选工人，对工人的监督也不可能太多。但如果你在外包出去时，对外包工人进行了充分调查，外包也可以既高效又经济，还节省你的时间和金钱。

二、确定什么要外包

几乎任何业务、市场营销和销售工作都可以外包。但是，有些业务相对来说外包的情况更多。常见的有：

（1）市场营销；
（2）网站开发与设计；
（3）客户开发；
（4）航运与物流；
（5）收债；
（6）客户服务；
（7）行政支持；
（8）会计；
（9）报税；
（10）法律支持；
（11）人力资源管理；
（12）制造；
（13）技术支持（人工智能）。

在决定要外包什么时，可以看看哪些任务符合以下一个或多个条件：

（1）超出你和你的内部员工核心能力范围的任务；

（2）内部员工处理会花费过多时间的任务；

（3）内部员工处理成本过高的任务；

（4）如果外包，可以扩大规模从而增加收入或者削减成本的任务。

任何符合以上一个或多个条件的任务都可以外包。比如，我要安排很多客户预约、处理很多客户付款和管理很多社交媒体账户，其中一些任务我可以自己来做，但却要花费很多时间，有这些时间我可以进行更多的销售宣讲和销售培训，做这些事情反而减少了我的收入。但是，如果我雇佣一名行政助理，就可以减少我的工作量，我可以花更多时间去做我最擅长的事情，比如销售和销售培训。

再例如，假设你想通过给陌生人打电话开发客户，你可以自己打很多电话，但这会花你很多时间，而有这个时间，你完全可以进行更多的销售宣讲。但如果你雇佣别人用你设计的脚本帮你打这些电话、开发客户和安排预约，这样你就可以专心做销售宣讲。

你还可以使用相同方法在网上开发客户。所有的数字营销你都可以自己做，但如果你将客户开发外包给数字营销代理机构，他们可以帮你联系到更多的客户。

还有其他许多地方可以用这种方法。审视一下你自己的需求，看看将什么外包对你最有利。

三、聘请外包伙伴

聘请外包伙伴最重要的是选对人。你可以通过询问他们一些问题来进行探查，评估他们的水平，以此来进行筛选。有些问题可以通过自己的调查找到答案，还有些问题可以面对面跟他们详谈得到答案。

你可以问外包伙伴以下这些问题：

（1）他们提供什么服务？

（2）是熟人介绍给你的吗？

（3）在他们的销售资料或网站上有什么相关证明？

（4）网上是怎么评价他们的？
（5）他们干这行多久了？
（6）他们有没有什么专业证书？
（7）他们回复短信、电子邮件和电话积不积极？
（8）他们的政策声明和合同的服务条款有哪些？
（9）他们是否提供报价？
（10）他们是否提供担保或退款？

要问哪些问题取决于你需要哪种服务。比如，你在找会计师的时候才会要各种各样的证书，而找网站开发人员却不用。你还可以在网上看看找不同行业的人可以询问哪些问题。

✏️ 练习：确定外包内容

在本章的练习中，我希望你看看你有什么任务可以外包，思考一下以下这些问题，并将答案写下来：

（1）我和我的内部团队需要做的哪些重要工作不太好外包？
（2）有哪些任务因为我和我的内部团队缺乏专业知识而无法完成？
（3）外包哪些任务可以节省时间？
（4）外包哪些任务可以节省成本？
（5）外包哪些创收任务可以扩大收入？
（6）基于前面的问题确定的外包任务中，哪三个有助于我节省最多的时间或金钱，或者最大地扩大我的收入？
（7）在这三个拟外包任务中，哪个任务现在就外包出去最有意义？

你可以基于对这些问题的回答，确定哪些任务通过外包收益最多，并采取相应的行动。

小结

外包可以减少你的工作量、节省你的时间和金钱，还能完成一些你自己无法完成的工作。外包可以帮助你扩大销售规模，取得比你想象更大的成功，这就是 CSI 的意义所在。在下一章中，我们将分享一些销售大师鼓舞人心的故事，他们运用本书中讲到的一些原则取得了巨大的成功。

第二十四章 要点回顾

1. 你不必事事亲力亲为，通过外包，你既可节省体力和时间，又可以完成更多的工作；
2. 几乎所有的业务、市场营销或销售任务都可以外包；
3. 可以外包的任务包括非核心能力任务、内部员工做起来费时或费钱的任务，以及通过外包可以扩大规模从而获得更多收入的任务；
4. 通过提问进行探查并筛选外包伙伴；
5. 练习：确定外包内容。

第二十五章

掇菁撷华：顶级销售技巧合集

整本书中，我分享了"精华"：如涓涓细流的销售智慧，却可以带来波澜壮阔的成就。在本章中，我将把每章中的顶级技巧汇集起来，供你参考和使用。本章旨在回顾本书，帮助你熟记最适合你的技巧，并就书中涉及的不同主题提出我自己的看法。

引言：我成功销售的秘诀 要点回顾：

1.CSI 是一种坚持，是活到老学到老，是不断提升自我、提升销售能力到更高水平；

2.练习：加入 CSI 行动。

第一章：为什么要实施 CSI 要点回顾：

1.CSI 分为三个主要部分：决定要提升、小步的持续提升、销售能力的持续提升；

2.CSI 的原则也适用于除销售外的业务及生活的其他方面；

3.CSI 的实施成功与否取决于有没有强大的驱动力（努力的原因）来达成目标；

4.CSI 的好处不仅包括能够提升销售能力，还包括提升自我；

5.要成功实施 CSI，一次选择一个小领域提升；

6.练习：你努力的原因是什么？

第二章：实施 CSI 的四个关键 要点回顾：

1.实施 CSI 应具备四个关键方面：个人提升、销售能力提升、产品和服务知识更新及技术升级；

2.要兼顾四个关键；

3.练习：检测对实践 CSI 四个关键的具备程度。

第三章：关键一：持续自我提升 要点回顾：

1. 持续自我提升是"内部规则"和"行为表现"，是 CSI 的组成部分。
2. 持续自我提升包括以下几个方面：
   （1）心态；
   （2）目标设定；
   （3）时间管理；
   （4）身心健康；
   （5）人际关系；
   （6）精神状态。
3. 练习：找到需要自我提升的方面。

第四章：如何树立端正的心态 要点回顾：

1. 用"销售＝服务"的心态取代对销售的消极信念；
2. 信念法则：你反复告知自己的东西会影响你的信念和行为；
3. 坚定"销售＝服务"的信念；
4. 销售促成岁差值；
5. 创建一份激励语清单并运用到生活的每个方面；
6. 养成持续得 7 分以上的习惯，争取得 10 分；
7. 练习：选择激励言语树立胜利心态。

培养销售积极心态的激励言语

1. 我每一天都变得更聪明；
2. 每一次经历都让我都越来越坚强；
3. 我很享受"现在"；
4. 我现在有足够的钱来做我想做的事情；
5. 我所有的投资都是有利可图的；
6. 大家喜欢从我这买东西；
7. 大家喜欢帮我宣传；

8. 成功对我来说不费吹灰之力；

9. 我有创造我想要的生活所需要的一切；

10. 我成就了现在的我；

11. 我有坚定的信念；

12. 我有足够的时间来做我想做的事情；

13. 我的团队吸引了世界知名人物加入。

第五章：如何进行目标设定 要点回顾：

1. 目标设定是一个过程，而不只是一个目标；

2. 利用潜意识达成目标需要目标设定；

3. 目标必须写下来；

4. 遵循十步目标设定法达成目标；

5. 光有规划和目标设定还不够，还必须采取行动；

6. 将目标设定看成一种提升业绩的策略；

7. 制订一生规划，而不只是一个月；

8. 想象一下成绩斐然的最后一天；

9. 制订百年计划；

10. 利用"智囊团原则"；

11. 只要行动就是胜利；

12. 练习：目标设定实践。

十步目标设定法

1. 想想你要什么，并写下来；

2. 仔细想想你要什么，并写下来；

3. 确保你的目标是可以衡量的；

4. 确定你想要这个目标的具体原因，并写下来；

5. 确定一个明确的目标实现日期，并写下来；

6. 列出你为实现目标所需要采取的行动步骤，并写下来；

7. 根据行动步骤列表创建一个行动计划，并写下来；

8. 采取行动；

9. 每天都要做一些与之有关的事情；

10. 尽可能多地查看你的目标。

第六章：如何进行时间管理 要点回顾：

1. 时间管理就是做出更好的时间选择；

2. 树立时间管理大师的心态；

3. 每个人都拥有等量的时间；

4. 时间具有未来价值；

5. 一些活动相对于其他活动具有更高效益；

6. 每天早上花 14 分钟做一天的计划；

7. 利用充分想象到的问题做计划；

8. 运用八二法则确定需要优先考虑的活动；

9. 利用无限时间；

10. 收集好主意；

11. 一切都很重要；

12. 注重完成而非完美；

13. 练习：时间管理实践。

三步时间管理法

1. 每天花 14 分钟在纸上计划你的一天；

2. 在 14 分钟的计划过程中，写下今天要如何分配你的时间；

3. 运用八二法则确定今天可以产出最大价值的两个重要活动，在一天的计划中优先考虑这两个活动。

第七章：关键二：持续提升销售能力 要点回顾：

1. 可重复的销售模式是维持销售稳定的关键；

2. 成功销售包含三个要点：销售模式、销售次序和销售脚本；

3. 提高愿景能够提高成果产出；

4. 增加客户活动能够促进收入最大化；

5. 提高下单率能够卖出更多东西；

6. 掌握异议处理能力能够挽救销售机会；

7. 利用回头客能够增加销售量；

8. 发展客户转介能够促进收入最大化；

9. 练习：审视你目前的销售模式。

第八章：销售优化要点：模式、次序、脚本 要点回顾：

1. 成功销售三要点是销售模式、"销售山峰"次序和销售脚本；

2. 销售模式可以通过销售过程中进行了几次面谈和其他因素来判断；

3. "销售山峰"勾画出销售过程中的每个步骤，指出了每个步骤中涵盖的要点；

4. 在销售过程中的每个步骤创建销售脚本有助于进行更有效的销售；

5. 使用议程脚本预见宣讲效果；

6. 研究成功销售三要点在不同行业的应用，以便将技巧运用到自己的产品或服务销售中；

7. 练习：找到你销售过程中的症结所在。

第九章：如何构思成功销售的愿景 要点回顾：

1. 有愿景是一种可以学习的思维技能；

2. 对自己的期望影响你的行动；

3. 有愿景可以提高成就；

4. 使用"Z策略"构思愿景、找到能够吸引他人的发展空间；

5. 使用"四个阶段策略"绘就实现远期目标的道路；

6. 将目标想象成20层楼的楼顶，开始向楼顶攀爬；

7. 练习：明确你的愿景。

Z策略

1. 从新起点开始；

2. 构思一个愿景；

3. 找到发展空间；

4. 招募其他人进入这个空间。

四个阶段策略

1. 第一阶段：从开始到第 6 个月；

2. 第二阶段：从第 7 个月到第 24 个月；

3. 第三阶段：从第 25 个月到目标完成前第 24 个月；

4. 第四阶段：目标完成期限往前推 24 个月。

第十章：如何专业地进行客户开发 要点回顾：

1. 你需要进行客户开发来发现新客户和实现销售；

2. 客户开发时，只要你采取了行动，无论如何你都赢了；

3. 客户开发的目的是开发而不是立即进行销售；

4. 设计多种客户开发方法，将客户开发效率最大化；

5. 采用"一对多"客户开发方法提高开发效率；

6. 利用与有影响力的人的关系；

7. 用诱饵吸引客户；

8. 自动收集客户开发结果能够提高客户开发效率；

9. 使用脚本创造客户开发机会；

10. 创建脚本，如电梯行销脚本，来进行面对面客户开发；

11. 创建社交媒体脚本和电子邮件脚本进行线上客户开发；

12. 练习：审视你的客户开发方法。

第十一章：如何成交 要点回顾：

1. 要掌握成交技能，应从掌握成交的基础知识开始：心态、销售山峰和成交脚本；

2. 成功的成交销售员的心态是，成交是优质销售宣讲的自然结果；

3. 成功的成交销售员知道什么时候会成交，什么时候停止成交和什么时候保持沉默；

4. 成交分为三个阶段：过渡到预成交阶段、预成交阶段、逼单完成销售；

5. 预演成交过程，直到成为下意识行为；

6. 模仿成交大师的心态；

7. 培养自信和表演技巧，成为成交大师；

8. 在销售宣讲前就想一想如何成交；

9. 练习识别购买信号以及如何回应不同购买信号；

10. 开发多种成交技巧和脚本；

11. 测试不同成交脚本和同一成交脚本的不同版本，以确认哪些脚本能产出最好的结果；

12. 练习：采访一名成功的成交销售员。

提升成交技能的十大方法

1. 参加面对面、在线或电话连线的销售和成交课程。我每周都会以网络活动和电话会议的方式教授一门销售课程；

2. 在在线视频网站上看一些关于促进成交的视频。比如，你可以找我和本书提到的顶级销售培训师的相关视频；

3. 阅读关于销售和成交的书籍；

4. 当擅长成交的人成交时，跟着他们，观察他们是如何做的。你可以通过现场、电话或视频观察他们；

5. 采访那些擅长成交的人，问他们是如何做的，有什么见解，对你有什么建议；

6. 如果销售经理在场，问下他们是否有关于成交的见解可以分享；

7. 使用"回放技巧"：思考一下你成交和未能成交的经历，看看你为了顺利成交做了什么事情；

8. 通过录下你成交的过程、收听录下的音频和与他人进行角色扮演来练习成交；

9. 在销售宣讲前，清晰地设定你想要的结果；

10. 在销售宣讲前，通过想象预演一下你打算如何成交。

第十二章：如何通过异议处理挽救销售机会 要点回顾：

1. 掌握异议处理的基础知识：心态、"销售山峰"次序、创建脚本；

2. 树立异议处理其实是与客户优雅共舞的心态；

3. 回应异议可以在成交前、成交中或成交后；

4. 利用脚本为回应常见异议做好准备；

5. 改变你的异议处理思维，从而改变你的心态和表现；

6. 把握异议处理的节奏；

7. 在异议出现前提前化解异议；

8. 像处理烫手山芋一样处理异议；

9. 练习让你能够有准备地面对意外出现的异议；

10. 利用案例回应异议；

11. 有时候，你只需要坚持；

12. 练习：练习处理你最常见的异议。

14 个顶级异议处理技巧

1. 有意在异议处理方面取得进步。

2. 使用激励言语："如果我不断练习，我可以在异议处理方面变得擅长、变得优秀，甚至成为异议处理大师"。

3. 研究线上视频，收集异议处理技巧和脚本。

4. 阅读异议处理方面的销售书籍。

5. 询问你的销售经理如何回应你经常遇到的具体异议。

6. 如果你在某个社交媒体群里，针对你遇到最麻烦的异议咨询群友的意见。

7. 咨询你所在行业和其他行业的人，他们是如何处理常见异议的。

8. 提出一个异议并给予 3 至 4 个回应，用手机录下整个过程，反复查看视频，直到你能无意识地使用这些回应。

9. 创建异议处理脚本集，针对每个最常见的异议写下 5 个以上回应。

10. 主动教你的销售团队或朋友异议处理技巧。

11. 研究其他销售员的异议处理脚本。

12. 运用"销售最大化者"概念激活你的想象力。你可以问自己："从1级到10级，我的异议处理能力在第几级？我如何能在未来90天内提升1级？"

13. 综合使用这些技巧，去进行我所说的"组合思考"。比如，你可以向销售经理咨询他们认为的最佳回应，将他们的回应融入你的脚本集，然后录下你的回应。这种做法结合了上述的3种策略。

14. 最后是莫伊博士教我的一种先进策略：针对不同的个性和异议形成多种回应。每个人都是不一样的，你可能会在不同情况下从不同角度应对异议。

第十三章：如何利用回头客增加收入 要点回顾：

1. 要认识到客户的终身价值：买家一直是买家；
2. 成为客户的持续价值来源；
3. 绘制客户终身价值关系图，规划开发回头客的步骤；
4. 开发向现有客户销售的方法；
5. 为终身客户关系图的各个步骤创建交叉销售和升级销售脚本；
6. 通过问探查性问题创建交叉销售和升级销售脚本，在恰当的时刻创造销售机会；
7. 练习：开始赚取重复销售收入。

开发回头客的十大顶级技巧

1. 有意成为值得客户信赖的终身资源；
2. 努力提供优质的客户服务，激励客户再次从你那里购买；
3. 绘制你与客户之间的终身客户关系图；
4. 调查一下客户在购买了你的产品和服务后还有什么需求，这样就可以确定你能向他们推销什么；
5. 开发交叉销售和升级销售产品和服务，这样就能为开发回头客创造机会；
6. 与现有产品和服务的供应商合作，以换取向客户销售的佣金；

7. 首次销售后，使用电子邮件与客户保持联系；

8. 通过社交媒体与客户保持联系；

9. 给忠实客户提供特别优惠；

10. 根据客户购买记录，分别推销个性化产品或服务。

第十四章：如何利用转介使利润最大化 要点回顾：

1. 无论你目前的转介技能水平如何，你都可以提升你的转介技能，变得更擅长、杰出，甚至成为大师；

2. 与品牌代言人建立长期关系，推动转介；

3. 主动请求转介；

4. 将转介纳入"销售山峰"次序；

5. 构建转介客户开发方法；

6. 转介请求可以在5个环节中提出：新客户开发过程中、成交前、顺利成交后、成交失败后和后续市场营销过程中；

7. 创建转介脚本；

8. 为转介提供奖励，"给车轮抹上润滑油"；

9. 练习：寻求转介机会。

10种顶级转介方法

1. 树立客户就是品牌代言人的心态；

2. 有意地推动客户转介；

3. 将转介纳入销售过程，使其成为必不可少的一部分；

4. 创建用于在你那里购买过产品的客户上的转介脚本；

5. 创建用于没有在你那里购买过产品的客户上的转介脚本；

6. 创建用于协同伙伴上的转介脚本；

7. 为转介者提供折扣；

8. 为转介者提供佣金；

9. 确定最佳客户转介来源，寻求长期合作关系；

10. 确定当前客户之外的最佳客户转介来源。

第十五章：关键三：持续更新产品和服务知识 要点回顾：

1. 通过更新产品和服务知识来提升销售业绩；
2. 在研究产品和服务时，问一些有实际价值的问题；
3. 开发更新产品和服务知识的方法；
4. 制定定期更新产品和服务知识的时间表；
5. 练习：制定一个回顾产品和服务知识的时间表。

第十六章：关键四：持续更新销售技术 要点回顾：

1. 技术可以让你在销售上取得优势；
2. 采用技术并不难；
3. 主要的销售技术工具包括自动化商业智能工具、通信工具、数字营销工具、客户关系管理工具、支付处理工具、客户服务工具、办公应用程序和数字外包平台；
4. 根据你的需要制定技术升级时间表；
5. 练习：审视你的技术需求。

第十七章：如何使用自动化工具实现智能销售 要点回顾：

1. 你可以自动化任何重复性的市场营销、销售和业务任务；
2. 你可以利用关键绩效指标分析工具来跟踪记录你在销售或其他业务领域中的业绩；
3. 商业智能让你可以采用一些分析工具预测如何通过调整相关数值来提升你的业绩；
4. 如果你在实施自动化或分析的过程中需要帮助，有许多咨询专家可以选择；
5. 练习：想象一下自动化能够如何提升你的销售业绩。

第十八章：如何利用当今的交流工具 要点回顾：

1. 将交流技术视为实施你的销售模式、销售次序和销售脚本的工具，并选择你需要的工具；

2. 智能手机可以用来存储联系方式、开发客户、安排预约或进行销售宣讲；

3. 短信可以用来同时向许多客户推销、与单个客户交流来开发客户、安排预约和辅助销售宣讲；

4. 社交媒体可以用来研究目标受众、发布信息、与单个客户交流、进行群组讨论或发布广告；

5. 电子邮件可以用来给订阅者名单中的客户发送邮件，或与个人交流；

6. 视频可以用来发布信息、面向大量受众开展网络研讨会、辅助网站上注册表格的填写和销售页面的宣传，或与单个客户聊天；

7. 练习：审视你的交流方法。

第十九章：如何运用数字营销策略 要点回顾：

1. 结合数字营销工具，为你的网站吸引更多访问量，将访客转化成社交媒体关注者和电子邮件订阅者，并向客户数据库中的客户推广销售信息和请求转介；

2. 发布带有目标关键字的博文，为你的网站吸引更多通过搜索引擎而来的访客；

3. 发布带有标签的微博帖子，吸引一批关注者并向他们推广你其他媒介上的内容；

4. 社交媒体可以分享视频、表情包和博文链接，吸引关注者并为你的播客吸引访问量；

5. 使用短信向注册用户群发送信息，以及向单个联系人一对一发送信息；

6. 使用视频为你的网站吸引访问量、辅助你网站上的注册表格填写和销售页面推广，以及作为免费赠品赠送或作为产品进行销售；

7. 使用音频营销吸引访问量、辅助你网站上的注册表填写和销售页面推广、作为免费奖励赠送或作为产品进行销售，还可以触达工作繁忙的客户；

8. 使用电子书树立你的专家形象、为你的网站吸引访问量、作为注册的奖励、提供销售演示或作为产品进行销售；

9. 结合多种营销方法，让你的销售业绩增长；

10. 将其他数字营销工具上的客户汇聚到你的电子邮件订阅者登录页面，这样你就可以利用电子邮件营销和其他营销方式跟进接触他们；

11. 使用营销自动化平台管理多个数字账户，从而节省时间；

12. 如果你需要帮助，可以将数字营销外包给代理机构或相关专家；

13. 练习：审视你的数字营销策略。

12 个顶级数字营销技巧

1. 创建数字营销漏斗为你的网站吸引更多访客，将访客转化成社交媒体关注者或电子邮件订阅者，通过电子邮件推销和请求转介；

2. 如果需要，将数字营销外包；

3. 使用一个主要平台管理多个工具的账户；

4. 编辑内容之前，研究一下目标受众的需求和他们感兴趣的关键字；

5. 在你的网站和社交媒体档案上定期、持续发布博文、视频和标题图片；

6. 将一种类型的内容转换成新内容发布在另一个媒体上，从而节省时间（如将博文转换成视频）；

7. 在一个数字营销渠道上发布内容后，利用其他渠道进行交叉推广；

8. 寻找协同推广伙伴，将你的内容推广给更多受众，给予对方一些回报，比如将他们推广给你的客户、给他们收入提成，或只是请他们帮你一个忙；

9. 选一个客户诱饵，如免费电子书或视频，作为访问你网站和注册加入你电子邮件订阅者列表的奖励；

10. 编辑自动回复系列电子邮件，将订阅者转化成客户，将客户转化成回头客；

11. 利用一些分析工具记录你的营销活动，看看哪些内容有用，哪些地方需要改善；

12. 测试各种形式的营销活动，以得到最好的结果。

第二十章：如何自动化客户关系管理 要点回顾：

1. 使用客户关系管理工具数字化存储联系方式信息，让你轻松录入数据、随时随地查看并快速检索你需要的信息；

2. 利用客户关系管理工具，你可以整合来自多个客户开发渠道的信息，包括面对面、电话、社交媒体和电子邮件等；

3. 使用客户关系管理工具记录关于客户的历史记录，以确定客户处在你销售漏斗的什么位置，以及在先前交流中了解到的信息；

4. 在客户关系管理工具中给客户打分，重点关注那些最符合你理想买家条件或最可能购买的客户；

5. 使用来自客户账户的数据为单个客户或客户群有针对性地设计销售演示内容；

6. 利用客户关系管理工具管理你的销售团队以提高效率；

7. 练习：审视你的联系人管理需求。

第二十一章：如何让客户的购买更容易 要点回顾：

1. 使用数字支付技术，让客户更容易从你那里购买，并消除潜在的销售异议；

2. 接受数字化支付的技术包括信用卡和借记卡支付、在线支付服务商代收、电子商务平台代收、电子清算所代收和非接触式支付系统；

3. 根据你销售过程的需要选择最适合的一种支付方式或结合使用多种支付方式；

4. 使用支付指引脚本帮助客户使用你的支付方法，避免障碍，并解决问题；

5. 测试和跟踪观察支付流程效率，以获得最佳效果；

6. 练习：审视你的支付处理需求。

第二十二章：如何利用客户服务技术建立持久关系 要点回顾：

1. 更好的客户服务意味着更高的客户满意度，吸引更多的回头客和转介；

2. 自动化支持的普遍方法包括在线知识数据库、聊天机器人、短信、交互式语音应答电话支持、社交媒体和电子邮件等；

3. 提供多种求助选择可以帮助你满足更广泛的客户偏好；

4. 使用脚本可以为常见的客户求助问题提供支持；

5. 为了获得理想的结果，记录你的客户服务效果并测试改进效果；

6. 练习：审视你的客户支持技术需求。

第二十三章：如何运用基本办公软件辅助销售 要点回顾：

1. 会计应用程序可以节省你记账和报税的时间；

2. 电子表格、文字处理程序和演示程序等生产力应用程序可以帮助你自动化备份通讯录、存储销售脚本和准备销售演示文稿等任务；

3. 创新型工具可以帮助你生成图形、视频和音频等多种类型的文件；

4. 时间管理应用程序可以自动化日历安排和预约设置；

5. 任务和项目管理应用程序可以帮助你管理个人待办事项和团体项目；

6. 应用程序集成工具可以帮助你自动化涉及多个应用程序的日常任务；

7. 练习：审视你的办公应用程序需求。

第二十四章：如何利用数字化外包服务 要点回顾：

1. 你不必事事亲力亲为，通过外包，你既可节省体力和时间，又可以完成更多的工作；

2. 几乎所有的业务、市场营销或销售任务都可以外包；

3. 可以外包的任务包括非核心能力任务、内部员工做起来费时或费钱的任务，以及可以通过外包扩大规模从而获得更多收入的任务；

4. 通过提问进行探查并筛选外包伙伴；

5. 练习：确定外包内容。

致谢

我想感谢一路来帮助过我的每个人,特别是那些在我达到今天成就过程中发挥了关键作用的人,他们分别是:

但丁·佩拉诺(Dante Perano),他给予我了高度信任。在我没有简历的情况下,给我面试的机会;在我没有证明自己能力的情况下,他给了我演讲的机会。

托尼·马丁内斯(Tony Martinez),他照顾我、教导我、教我销售、训练我演讲。他从1992年起就一直是我的朋友、我的导师。

唐纳德·莫伊(Donald Moine)博士,他从1993起一直是我的导师、教练,现在是我的商业伙伴。

托尼·罗宾斯(Tony Robbins),他的有声书《个人潜能》(*Personal Power*)激励我去追寻更高的目标。在他的公司工作时,他给了我机会去学习演讲。

吉米·罗恩(Jim Rohn),他的音频、研讨会和对托尼·罗宾斯的影响引导我形成了持续提升的哲学。

W.爱德华兹·戴明(W. Edwards Deming),他帮助我将持续提升的思想面世。

杰·亚伯拉罕(Jay Abraham),他教过我市场营销。十余年来他一直给予我支持,每次我寻求他的支持他都会应承。

麦克·格伯(Michael Gerber),他教会我如何系统地思考问题。

维基·拉瓦里亚斯(Vicky Lavarias),多年来,她一直勤勤恳恳、任劳任怨地承担幕后工作,帮助我们为客户创造了巨大的价值。她与我在埃里克·洛夫霍尔姆国际培训公司已经共事12年多了。除了管理事业外,她还付出了很多,包括照顾我的儿子和女儿。

后记
持续提升销售能力永不停息

终于完成了这本书,值得庆祝!你也跟着读完了这本书,但你的 CSI 之旅才刚刚开始。持续地提升销售能力是一个不断追求进步的人生旅程,这种进步体现在四个领域:自我提升、销售能力、产品和服务知识,以及新兴技术。无论你现在处于什么水平,都有提升的空间。无论你离你的目标还有多远,你都可以不断取得进步。

在本书的引言中,我邀请过你加入 CSI 行动,从现在开始直到职业生涯结束,坚持每周花 15 分钟到 1 个小时左右提升你的销售能力。在这里,我想再次邀请你加入,接受这个挑战,对于你们中觉得自己已经加入了的人,我希望你们接受更大的挑战,就像我从一开始就说的:如果你觉得自己不擅长销售,你可以变得擅长;如果你已经擅长,可以变得更擅长,甚至变得非常优秀;如果你已经很优秀了,你还可以更优秀,成为一名销售大师。你们中的一些人读了本书可能会变得擅长此道,一些人可能在销售领域变得很优秀,还有一些人可能会变成销售大师。

对于每个读此书的人,我都建议你余生每周都至少花 15 分钟到 1 个小时或更多的时间提升你的销售能力。同时也邀请你加入我们的 CSI 大家庭。作为大家庭的部分福利,我们有许多免费和付费的资源可供你在 CSI 旅程中使用。我们的免费资源包括网站、CSI 每月大师课程、脸谱网群、领英群、照片墙简讯、推特简讯、在线视频频道、播客和每月虚拟网络活动。付费资源包括现场研讨会和网络研讨会、每周电话团队培训、私人一对一指导和公司团体培训。

对于那些想要更上一个台阶的读者,我建议你回过头再浏览一下目录,看看哪些章节的内容对你的销售事业帮助最大,重新读一读,深入学习和实践里面的技巧和练习。

对于那些想要提升更多的读者，我建议你重新读一下整本书，并且将每一章的技巧付诸实践。

对于那些想要提升到顶级水平，成为一名销售大师的读者，我建议你定期学习这本书，就像这是一本参考资料一样。这也是你学习诸如《思考致富》(Think and Grow Rich)、《人性的弱点》(How to Win Friends and Influence People)或《激发无限潜能》(Unlimited Power)等经典书籍的方式。这些经典书籍你还不能只读一次，你还需要细细品味他们、运用它们，再回顾它们，从而加深你对阅读内容的理解。

对这本书的每个读者，我都建议你下定决心成为下一个埃里克·洛夫霍尔姆，就像在这本书中提到的一些人一样，他们已经使用我的方法取得了令人瞩目的成就。只要你下定决心想要取得一定成绩，我就会很自豪地在我的网站上、公开演讲活动中或在我下一本书里提到你。

倡议书

回顾一下后记中建议要努力达到的4个层次：

（1）加入CSI行动，在今后的职业生涯中，每周花15分钟到1个小时或更多时间提升你的销售能力（我们将此定为"7级"）；

（2）回顾和实践最适合你的章节内容（8级）；

（3）重新阅读整本书（9级）；

（4）定期持续学习此书，成为销售大师（10级）。